白鶴梁題刻史料輯錄

劉興亮　輯

白鶴梁題刻研究叢書之三

程武彦　主編

上海古籍出版社

圖書在版編目(CIP)數據

白鶴梁題刻史料輯録 / 劉興亮輯. —上海：上海
古籍出版社，2020.11
（白鶴梁題刻研究叢書）
ISBN 978-7-5325-9801-4

Ⅰ. ①白… Ⅱ. ①劉… Ⅲ. ①水文石刻（考古）—史料
—涪陵區 Ⅳ. ①K877.49

中國版本圖書館 CIP 數據核字（2020）第 217925 號

白鶴梁題刻研究叢書
白鶴梁題刻史料輯録
劉興亮　輯
上海古籍出版社出版發行
（上海瑞金二路 272 號　郵政編碼 200020）
（1）網址：www.guji.com.cn
（2）E-mail：guji1@guji.com.cn
（3）易文網網址：www.ewen.co
常熟市新驊印刷有限公司印刷
開本 787×1092　1/16　印張 14.5　插頁 6　字數 320,000
2020 年 11 月第 1 版　2020 年 11 月第 1 次印刷
ISBN 978-7-5325-9801-4
K·2922　定價：88.00 元
如有質量問題，請與承印公司聯繫

“十三五”國家重點圖書、音像、電子出版物規劃項目

2018 年度國家古籍整理出版專項經費資助

前　言

《白鶴梁題刻研究叢書》編委會

　　白鶴梁題刻位於中國重慶市涪陵區城北,烏江匯入長江處上游約 1 公里的地方。這裏的長江中有一道與該段長江河道大致平行的天然石梁,石梁分爲東、中、西三段,以中段石梁的石面最爲寬闊和平整,適宜於雕刻,因而古人在這段石梁上鐫刻了兩尾魚形圖案"石魚",人們也因此將這道石梁稱爲"石魚";又因傳説有修行者在這道石梁上乘坐白鶴升仙,清代以來這道石梁又有了"白鶴梁"之名。名爲白鶴梁的石梁位置很低,幾乎長年淹没於江中,只有在冬春時節才部分露出江面。唐代的人們已經注意到長江枯水時水位綫在石梁上的高低變化,有無名氏以平均年份石梁斜面上的最低枯水綫爲基準,雕刻石魚作爲標準水位,以後的人們則通過測量當時水位與石魚的高低距離,用在石魚附近梁面鐫刻文字的辦法將水位記錄下來。平時隱入江水中的石魚在枯水年份露出水面的現象,引起了歷代文人和游客的注意,他們在白鶴梁的石魚水標旁刻下了大量的吟咏詩文或游記題名。久而久之,白鶴梁的梁面就滿布不同時期的題刻,其中不乏著名文人學士的留題。這些石刻又引起當地民衆的興趣,在枯水時節前往觀看白鶴梁水文石刻及石魚,就成爲涪陵當地一項重要的民俗。

　　由於長期遭受江水的沖刷、船隻的碰擦及游人的踩踏,白鶴梁上不少題刻已經不存,保留到近代有記錄的題刻,有石魚 14 組 18 尾,其他圖像雕刻 3 幅(其中白鶴雕刻 1 幅、觀音及人物綫刻 2 幅),文字題刻 187 則約 12 000 字。不過,由於近代以來又有所損壞,現存於世的白鶴梁題刻只有 175 則,石魚 14 組 18 尾。在所有年代明確的題刻中,最早的一則是唐廣德元年(763)前的石魚及"石魚"二字,最晚的兩則已經到1963 年。文字題刻的年代分布包括唐代 1 則、宋代 103 則、元代 5 則、明代 20 則、清代 21 則、民國 12 則、現代 3 則,年代不詳者 22 則。這些題刻均刻於面向長江主航道的傾斜石面上,以唐代石魚和清代蕭星拱重鐫石魚爲中心展開,越靠近這兩組石魚水標,題刻就越密集。各題刻的大小幅面差異很大,大者兩米見方,小者幅不盈尺。題刻的主刻者大都爲歷代涪陵地方官吏、涪陵當地人士、途經或寓居涪陵的官宦和文人，有名可稽者超過 300 人，其中不乏歷史上的名人。題刻主要有三方面的内容：一是記述石魚出水的枯水現象和枯水程度，二是就石魚出水現象與本年或來年農業豐收的關係發表議論和感言，三是觀看石魚者的題名。此外，還有少許其他内容的題刻。這些題刻記録了自唐廣德二年（764）至清宣統元年（1909）近 1 200 年間 60 個年份的枯水數據，是長江上游建立現代水文觀測站前枯水水文信息的來源，堪稱中國古代不可移動的實物水文檔案庫，具有重要的歷史價值、科學價值和藝術價值。

　　白鶴梁題刻因位於江心，登臨和摹拓不便，外界了解不多，引起學術界的關注較晚。清光緒元年（1875）冬，金石學家、藏書家繆荃孫受時任川東兵備道道員姚覲元之托，對白鶴梁的宋元題刻進行了椎拓。這些拓片經錢保塘、姚覲元、繆荃孫、陸心源等人的整理和刊印，白鶴梁題刻才廣爲學術界所知悉。中華人民共和國成立後，20 世紀60 年代初，原重慶市博物館副研究館員龔廷萬等兩次調查白鶴梁題刻，除了統計題刻數量和捶打拓片外，還給題刻編號、拍攝照片、測量繪圖，並注意到石魚與古代題刻所示枯水水位的關係，首次發現了白鶴梁題刻的水文價值，爲日後長江上游的"水文考古"提供了綫索。20 世紀 70 年代前期，爲了給規劃中的長江三峽水利樞紐工程提供歷史水文資料，長江流域規劃辦公室和重慶市博物館組成枯水調查組，對宜昌到重慶河段的其他歷史枯水題記做了調查和研究，其中白鶴梁題刻是其核心和重點。其調研成果《渝宜段歷史枯水調查報告》及簡報，刊布了以白鶴梁枯水題刻爲主體的長江枯水題刻資料，並通過白鶴梁所存與水文有關的 103 段題刻，推算出從唐代以來72 個年份的枯水水位高程數字，得到長江上游涪陵白鶴梁段歷代枯水水位高程紀録表。此項研究結論儘管還存在一些需要繼續討論的問題，但其成果爲葛洲壩和三峽水利樞紐工程的設計提供了千年以來的枯水數據，這些數據在其他相關人文和自然科學領域裏也得到了應用。

　　從那以後，不少研究者開始對白鶴梁題刻產生的歷史背景、文化特徵進行考察，通過將白鶴梁題刻與其他題刻比較分析，對白鶴梁題刻的價值作了更加廣泛的研究。尤其是 1993 年長江三峽水利樞紐工程啟動後，研究者除了進一步對白鶴梁歷史枯水題刻在科學研究和工程建設中的應用進行研討外，更多研究的關注點已經轉移到白鶴梁題刻的保護和展示上。由於長江三峽水庫建成蓄水後，長江涪陵河段的水位將發生改變，從原來的 137—170 米海拔高程，變爲 145—175 米海拔高程，白鶴梁石梁頂端最高海拔僅 139.96 米，三峽水庫蓄水後將永久淹没於水下，不再露出水面，人們很可能無法再看到白鶴梁題刻。不僅如此，三峽水庫正常運行後，涪陵段長江水動力環境也將發生很大變化，泥沙淤積和主槽位置擺移都會影響到題刻的安全。爲了消除白鶴梁題刻在三峽水庫蓄水後可能面臨的隱患，也爲了使後來的人們能够繼續欣賞這處重要的文化遺産，白鶴梁題刻的保護和展示研究就成爲當務之急。國家文物行政主管部門因此組織國内各大科研機構和高等院校，對白鶴梁題刻保護和展示的方法和途徑進行研究，並組織權威專家對這些保護方案進行論證，試圖尋找出一種最科學的保護和展示方式。因此，在世紀之交前後這些年間，涌現出了一大批研究成果，白鶴梁題刻的研究也進入了一個高峰期。

正是基於大量的基礎和應用研究，通過反復論證和研討，白鶴梁題刻的保護和展示方案得以最後論定。這個方案是中國科學院武漢岩土力學研究所葛修潤在 2001 年提出的，其基本構想，是在擬保護的白鶴梁題刻集中區覆罩　座無壓覆室，其内注滿清水，覆室内外採用專設的循環過濾系統與長江水連通，使題刻處在無壓覆室的保護中，而覆室本身基本處於水壓平衡的狀態；另修建　條耐壓的水下管道通過無壓覆室，游人通行於管道中，透過耐壓玻璃或水下攝像系統實時觀賞水中的題刻。可以這樣説，目前實施的白鶴梁題刻的保護展示方案，應該是一個考慮較爲周全且費效比較低的水下博物館方案。它以"無壓覆室"爲"展室"，以大部分題刻實物爲展品，實現了白鶴梁主要題刻的原址保護與展示；它以水下加固封護的方式，將白鶴梁題刻的次要部分緊閉在水下的"庫房"中，以較少的經費投入實現了這部分題刻的保護而未實現展示。有學者批評白鶴梁題刻的保護工程未能達到保護該遺産完整性的目標，這種批評是不準確的。經歷了保護展示工程的白鶴梁題刻，實現了遺産保護的真實性和完整性，只是展示的完整性未能實現而已。

白鶴梁水下博物館建成開館後，重慶中國三峽博物館和重慶涪陵白鶴梁題刻保護管理處召開過多次學術研討會，交流新的研究成果，提出新的研究問題，集思廣益，通過各種方式改進白鶴梁題刻的保護措施，調整展示内容以優化展示效果，完善管理制度，提高管理水平。在這期間，根據保護規劃和保護方案，白鶴梁題刻保護管理部門在無壓覆室外的上游方向修建了防撞墩，解決了可能存在的外部安全問題。白鶴梁覆室内部也更换了參觀廊道的雙層耐壓舷窗，再加上覆室内水中照明燈光的重置，在提高安全係數的同時，也使得水下題刻的觀覽清晰度顯著提高。白鶴梁題刻的管理者通過長時間的管理實踐，也摸索出了覆室内清水更换的最佳時間間隔，在運行成本與參觀效果之間達成了較好的平衡。白鶴梁水下博物館的地面展廳面積很小，原先的二樓展廳上下出入口與進入水下展廳的出入口相鄰，可能帶來擁堵等問題，保護管理部門根據專家的建議，在博物館改動陳列時調整了地面展廳二樓的出入口位置，消除了安全隱患。除此以外，涪陵區人民政府還拆除了白鶴梁水下博物館側沿江的休閑餐飲設施,拓展了博物館水面展廳一側的室外空間,改善了參觀環境。客觀地說,白鶴梁題刻是文博行業迄今爲止保護、管理難度最大的文物遺迹,白鶴梁題刻保護管理部門很好地完成了國家和公衆賦予的保護職責和管理任務。

　　回顧白鶴梁題刻的著録、研究和保護歷程,我們不難發現,經過學術界的不懈努力,白鶴梁題刻的價值意義、保護展示和管理利用等方面已經取得了很大的進展,白鶴梁題刻本身也被列入全國重點文物保護單位和中國世界文化遺產預備名單。不過,由於白鶴梁題刻記録和刊布的不全面,有的題刻文字還有殘損,不少題刻的名稱、録文、句讀和釋讀都還存在一些問題。白鶴梁題刻的保護,儘管實施了堪稱目前世界科技水平最高的文物保護和展示工程,但對該工程的作用和價值的認識還需要時間,題刻的地面復原展示目前還沒有實現,題刻的水下原址展示效果還有進一步優化的空間。白鶴梁題刻博物館開館以後,由於這是目前世界唯一的非潛水可達的文物原址原狀保護的水下博物館,管理難度相當大。比如如何徹底消除安全隱患並有效應對可能出現的突發事件,如何應對可能出現的更大游客量,以及如何在有限的場地空間中更全面地展示和闡釋白鶴梁題刻的自身價值以及國家爲保護白鶴梁所付出的巨大努力。所有這些,都有待進一步的基礎研究和應用研究。因此,編寫一套白鶴梁題刻研究叢書,完整準確地記録、描述和校釋白鶴梁題刻的全部信息,全面系統地分析、闡釋和提煉白鶴梁題刻的歷史和價值,恰當公允地回顧、歸納和評價白鶴梁題刻的保護、管理和展示的歷程,以及在此基礎上研討白鶴梁題刻今後進一步的保護、管理、展示等工作的方略,應該很有必要。

　　"白鶴梁題刻研究叢書"擬由三部分組成,包括報告、專著和文集等八部著作,其基本情況如下:

1. 白鶴梁題刻文本研究

　　白鶴梁題刻的著録和校釋是早在清代末期就已經開始的基礎研究。不過,過去的著述在題刻的命名、録文、句讀、斷代等方面都還存在着一些問題。題刻命名錯誤的例子,如第 103 號《朱仲隱題記》,原先的記録者和研究者都名之爲《符直夫題記》,從該題記"崇寧元年正月廿四日,同雲安符直夫、臨江 宇文 深之來觀 故 相朱公留題,襄 回久 之,四世孫仲隱□□。孫義叟敬書。致君、致□侍行"録文,以及留題者是"同雲安符直夫""來觀"等内容來看,留題的應該是朱昂四世孫朱仲隱,不是涪陵縣令符直夫。題刻録文錯誤的例子,包括誤録和漏録兩種情況。誤録文字的情況較多,此不例舉;漏録的如第 5 號《李寬題記》,該題記因受後來增刻陰綫邊框的影響,現代諸家録文都以爲最上端的陰綫就是題刻範圍的上限,故均漏録了每行陰綫以上的兩個字,從而造成題刻録文不全。題刻句讀錯誤的例子,如第 10 號《黄仲武題記》"濮國黄仲武梁公、壽春明宋子應小艇同來"一句,除李勝外的所有著述都誤斷作"濮國黄仲武、梁公壽春明、宋子應小艇同來"(李勝斷句也有錯誤)。題刻年代錯誤的例子,包括年代可明而未明的,如第 59 號《都儒主簿題名》,該題刻未署年代,或以爲屬於南宋題刻,但從留題者官職爲都儒縣主簿代理縣令,而都儒縣在北宋嘉祐八年已廢的狀況看,該題刻當在北宋嘉祐八年(1063)前。題刻解釋錯誤的例子,如第 57 號《孫海題白鶴梁》,該題刻落款籍貫爲"鹵州",不少研究者都將其誤讀作"瀘州";而孫海在白鶴梁題刻第 150 號《孫海白鶴梁銘》落款的籍貫明明是"秦州",顯然此"鹵州"應讀作"西州"而非"瀘州"(《説文》"鹵,西方鹹地也","東方謂之㡿,西方謂之鹵")。類似問題在現有的白鶴梁題刻著録和研究著作中還存在不少。因此,需要針對先前著録和整理中存在的問題,對白鶴梁題刻本身以及先前的著述分别進行整理,力圖通過摹録題刻、校正失誤、考辨事實,形成白鶴梁題刻研究中最系統和最準確的材料集成。

　　這一部分由三本專著組成,它們的基本狀況如下:

　　(1)《白鶴梁題刻摹録校論》。該書是白鶴梁題刻内容的全面概述、記録和校論。題刻概論部分是對白鶴梁題刻歷史、現狀、價值和問題的全面闡述,重點考證白鶴梁題刻的數量、損壞情況、現存字數、枯水題刻和歷史背景等問題。題刻摹録校論部分則主要以淹没前夕的白鶴梁題刻的拓本爲基礎,參照北京大學圖書館、貴州省博物館、重慶中國三峽博物館所藏不同時期的白鶴梁題刻拓本,利用不同的記録手段儘可能客觀、全面、準確地反映全部白鶴梁題刻的信息,並在校記中針對題刻名稱、年代、人名互見情況等進行分析和論述。

　　(2)《巴渝石刻文獻兩種合校》。該書是對清人所編著《涪州石魚文字所見録》所載白鶴梁題刻以及《龍脊石題刻》所載龍脊石題刻兩種石刻文獻的釋讀和校注,並廣泛搜集材料,對於舊著所缺題刻,分列"石魚文字補遺"、"龍脊石題刻文字補遺",加以輯補。全書校注,除校勘义字、釐正題刻篇次外,主要以史實及年代的考訂爲主,凡著者所作考語,均盡力搜集現有史料,廣爲疏證,以期爲學者研究題刻内容提供較爲系統的原始資料。此外,題刻原文中所涉及的人物仕履及與題刻内容相關的史事,亦擇要録入。

　　(3)《白鶴梁題刻史料輯録》。該書主要匯集了自唐代以來,歷代文獻中有關白鶴梁題刻的諸多記載,舉凡題刻區位描述、人物仕履、題刻詩詞引録、内容考校等方面的文獻均原文收録,涉及正史、别史、文集、筆記、雜記,以及近現代報紙、期刊等多種文獻,力爭爲研究者查證資料提供便利。

2. 白鶴梁題刻專題研究

我們曾經這樣評估白鶴梁題刻的價值:"白鶴梁題刻是開始年代較早、延續時間很長、記錄手段比較科學、相關信息最爲豐富的古代枯水水文石刻,是中國長江上游枯水水文記錄數據的石刻檔案庫。來自白鶴梁的長達1138年的歷史枯水記錄,是長江上游修建現代水文觀測站前枯水水文信息的主要來源,是研究長江上游水文史的重要史料。它對長江上游現代航運和水利工程的建設具有應用價值,對於研究北半球的氣候學、氣象學和環境變遷也有參考價值。""白鶴梁題刻采用的以石魚水標作爲基準點、以石刻文字記錄水位距離基準點尺度的記錄方式,與世界已知記錄水位方式皆不同,是一種基於中國文化傳統的獨特發明創造,同時具備了科學和藝術價值。創造這種獨特水位記錄方式的人們,把枯燥的數字記錄變成富有文化和藝術内涵的藝術創作,並將其與觀看石魚出水、預測豐收等當地民俗活動結合起來,使這些記錄成爲當地人們的自覺行爲,從而具有長久的生命力。"這種評價的依據是什麼,評價是否全面和準確,都有待於匯集證據,並作比較分析,才具有説服力。由於文物保護學界、水利工程學界和社會公衆對白鶴梁題刻不同於一般題刻的科學價值已經有所認識,當長江三峽水利樞紐工程開始建設,白鶴梁題刻將要永久淹没水底,不能再被人們觀看的時候,大家都既希望這些水文題刻能夠在水下原址被永久保護,又希望子孫後代今後還能夠繼續看到這些石刻。水下原址保護題刻是比較容易的,只要對題刻所在石梁進行加固和封護,就能夠做到;岸上異地保護石刻,儘管失去了位置和環境的真實性,却也很容易實現;難就難在既要水下原址保護石刻,又要兼顧公衆繼續觀看石刻的需求。文物保護學界通過大量的前期研究,終於基本圓滿地解決了這一矛盾,所以對白鶴梁題刻的保護展示工程進行回顧、描述和評價,當然也很有必要。

這一部分也由三本專書組成,它們的基本情況如下:

(4)《白鶴梁題刻的歷史與價值》。這是基於白鶴梁題刻申報世界文化遺產文本初稿,補充相關論證材料而形成的全面介紹白鶴梁歷史背景、保存現狀、價值意義、保護工程、展示工程和管理工作的專書。該書吸納了現有白鶴梁題刻基礎研究、應用研究和綜合研究的主要成果,書後還附有白鶴梁題刻大事記,閱讀此書就可以對白鶴梁題刻有相對全面的了解。該書可以在今後白鶴梁題刻申報世界文化遺產時,作爲修改完善文本的基礎。

(5)《白鶴梁題刻比較研究》。白鶴梁題刻屬於具有科學價值的水文遺產,以具有特色的枯水水位記錄爲特點。白鶴梁題刻的科學價值,需要通過與長江流域其他水文題刻(主要是枯水題刻)、中國其他地區的水文文物以及世界其他地區與水文相關的遺産進行對比才能呈現出來。本書全面收集了長江流域自四川都江堰的石人和水尺設立以來所有與枯水水位記錄相關的文物、中國其他流域古代用於水位測量的文物,以及埃及尼羅河上著名的水位測量遺産——尼羅尺等資料,通過與這些資料的比較分析,從水文方面展現白鶴梁題刻的價值。

(6)《白鶴梁題刻保護研究》。該書按照白鶴梁題刻的保護歷程,全面收錄了關於白鶴梁題刻前期的保護方案、實施的保護方案和補充的保護規劃,比較全面地反映了白鶴梁題刻的保護研究狀況。將已經實施的保護方案與其他方案進行比較研究,既有助於更恰當地評價白鶴梁保護工程,也能够爲今後相關文物的保護提供借鑒。此外,該書闡述的關於白鶴梁題刻保護的管理規劃,也爲進一步深化和優化白鶴梁題刻的展示利用提供了新的思路。

3. 白鶴梁題刻綜合研究

自 20 世紀 60 年代初期白鶴梁題刻的科學價值被學術界認識以後,除了石刻專家和地方史家以外,考古學家、水利史家和水利工程專家都很關注白鶴梁題刻,他們各自從自己學科和專業的角度,撰寫了調研報告和學術論文。這些研究成果既有對白鶴梁題刻的現狀、歷史和價值的總體闡述,也有對單則代表性題刻的歷史事實和社會背景所作的分析;既有對白鶴梁題刻歷史和文化的宏觀闡釋,也有對白鶴梁題刻水文記錄的專門研究;既有對白鶴梁題刻保護方法的思考,也有對白鶴梁題刻展示的具體設計。這些研究成果,有的已經刊布但分散在不同的刊物上,有的只有摘要發表(如《渝宜段歷史枯水調查報告》),以及一些新的會議論文還沒有結集出版。學術界對於白鶴梁題刻的研究全貌,尤其是近年的研究進展,還缺乏了解。匯集先前白鶴梁題刻研究的代表作,編輯新近跟白鶴梁題刻有關的會議文集,將有利於信息交流,亦有助於學術進步。

本部分由兩部學術文集組成,它們的基本情況如下:

(7)《白鶴梁題刻探研集》,即白鶴梁題刻研究論文選。該書精選自 20 世紀 50 年代白鶴梁題刻水文價值發現以來至 2015 年發表的代表性研究論文,分爲五個部分:一是白鶴梁題刻研究狀況的學術綜述,二是白鶴梁題刻基本歷史信息的考證,三是白鶴梁題刻遺産價值的梳理,四是白鶴梁題刻保護方案的探討,五是白鶴梁題刻管理問題的分析。這些論文基本反映了 2015 年以前白鶴梁題刻的研究狀況。

(8)《白鶴梁題刻求索集》,即 2016 年在重慶涪陵召開的白鶴梁題刻文化與保護管理學術研討會論文集。這次學術會議的主題,除了繼續白鶴梁題刻歷史和文化研究外,重點是白鶴梁題刻的保護、展示和管理。所收論文按照歷史研究、保護研究、展示研究和管理研究的順序排列，還有若干海洋考古和博物館管理等方面的相關論文，是新形勢下應對白鶴梁題刻保護和管理新要求的最新研究成果的匯集。

　　除了上述八種論著，歷年積累的白鶴梁題刻本身的照片、考古工作（包括水下考古）的照片、保護工程建設期間的照片以及白鶴梁水下博物館運行期間的照片，都是白鶴梁題刻研究、保護和管理歷程的影像記録，具有重要的歷史和文化價值，將來也應該分類整理、標目排序和撰寫説明，形成一本白鶴梁題刻的"圖志"予以刊布。

　　我們希望，這套白鶴梁題刻研究叢書能够最全面地反映迄今爲止有關白鶴梁題刻的著録、研究、保護和管理狀況，糾正過去關於白鶴梁題刻本身及其保護工程的不當認識，爲進一步做好題刻的保護、展示和管理工作，以及撰寫和修訂白鶴梁題刻申報世界遺産文本，奠定堅實的學術基礎。

　　感謝所有爲白鶴梁題刻做出貢獻的學者，感謝所有關心白鶴梁題刻的人們。

目　　錄

附編

餘編

附録

徵引書目

凡　　例

一、本書搜羅有關白鶴梁歷史資料，分正編、附編、餘編三部分，既爲當前白鶴梁題刻研究工作服務，也爲有系統地長久保存和積累相關史料。

二、本書的輯録，采取以下方式：

① 正編按成書早晚綜合輯録資料。

② 附編按題名人所歷時代順序彙編有關資料，凡史事不清或人名存疑者不録，凡相似史料輾轉傳鈔者，不重複羅列；

③ 清末以來對白鶴梁題刻研究有所貢獻的人物傳記資料，以餘編形式置於最後。

三、涪州的疆域，幾經變動。爲全面反映涪州白鶴梁題刻歷史狀況，各個歷史時期的資料，均按當時政區範圍收録；至於在歷史上不屬涪州而現在歸涪陵管轄的那些地方，本書將儘可能將其歷史資料包羅進相應的時期中去。

四、爲便於讀者查閱利用，本書所引録史料，凡原文已有點校本者，均予照録，并注明出處、頁碼等。凡刻本、稿本、鈔本、影印本等，則均注明具體版本情況，録文除將原始文獻中因刊刻、傳抄、避諱等産生的訛字、缺字等一概改正、考補外，其餘文字不作更改。

五、本書收録的資料，皆按現代文書格式排印，對於篇幅較長的文字，將根據内容適當劃分段落。對所引史料，需要注釋者，注釋一律以脚注形式標出。

六、本書輯録，原文中説明性文字，不論以正文或雙行夾注出現，皆以小號字標出。原文泐損或模糊不明處，用“□”代表一個字標出。

七、白鶴梁石刻文獻資料，《巴渝石刻文獻兩種合校》已做系統整理，故白鶴梁題刻相關著録著作，本書不再收録，僅將整理所得完整的石刻文本及繆荃孫《金石分地編目》中石魚題刻部分作爲附録，列於書後，供讀者參考，具體内容請參《合校》。

正編

《太平寰宇記》

宋樂史撰。一白卷。宋太宗太平興國年間成書。是書博采山經地志，以十一道爲主，起於東京，訖於周邊各少數民族與外國。後晉割讓給遼國的燕雲十六州之地皆列其名，以示恢復之志。所列門類較前朝《元和郡縣圖志》增補風俗、人物、姓氏、土産等門，開創方志必列人物、藝文之體例。今據中華書局 2007 年整理本（王文楚等點校）引録。

雜居溪洞，多是蠻獠，其性獷悍，其風淫祀，禮法之道，固不知之。開寶四年，黔南上言："江心有石魚見，上有古記，云：'廣德元年二月，大江水退，石魚見。'部民相傳豐稔之兆。"[卷　百二十，第 2395 頁]

《輿地紀勝》

南宋王象之撰。二百卷。宋理宗寶慶三年(1227)成書。該書記述始於行在所，訖於天水軍。分府州沿革、風俗形勝、景物、古迹、碑記等目，所載多南宋事。該書引用史料豐富，其中多存佚書，可補它書之缺略。今所據爲中華書局 1992 年影印道光二十九年(1849)刻本。

石魚，在涪陵縣下江心[1]，有雙魚刻石上，每一魚三十六鱗，一銜蓂草，一銜蓮花。有石秤、石斗在傍。三五年或十年方一出，出必豐年。唐大順元年鐫，古今詩甚多，劉忠順有詩見在石上。[卷一百七十四，第 4527 頁]

頻看召客趨金馬，再見豐年出石魚。《太守楊子方儀門詩》。蓋石魚在涪陵江中，每出則年必豐故也。劉忠順詩云："七十二鱗波底鐫，一銜萱草一銜蓮。出來非爲貪香餌，奏去應同報稔年。"[卷一百七十四，第 4540 頁]

地據襟喉重，城依雉堞堅。東漸鄰楚分，南望帶夷邊。舟楫三川會，封疆五郡連。人烟繁峽内，風物冠江前。溪自吳公邑，園由妃子傳。許雄山共峻，馬援堁相聯。灘

---

[1]《方輿勝覽》所記，只云"在涪陵縣江心"。其餘文字大體相沿其説。又，《增訂廣輿記》、《明一統志》亦沿此説，均不再録。

急群潏沸，崖高落馬懸。石魚占歲稔，鐵櫃驗晴天。地暖冬無雪，人貧歲不綿。巖標山谷字，觀塑爾朱仙。[1] 馬提幹《涪州五十韻詩》。[卷一百七十四，第4540—4541頁]

石魚。開寶四年，黔南上言江心有□□見，上有古記云：“廣德元年二月，大江水退[2]，□□見。”部民相傳豐稔之兆。[卷一百七十六，第4574頁]

廣德元年碑。[3]《寰宇記》云：開寶四年，黔南上言江心有石魚見，上有古記云：“廣德元年二月，大江水退，石魚見。”部民相傳豐稔之兆。[4] [卷一百七十六，第4581頁]

《方輿勝覽》

南宋祝穆撰。七十卷。以行在臨安府爲首，所記十七路，每路載所屬府縣風俗、形勝、土産、山川、學館、堂院、題咏、四六等目。所記於建置沿革、疆域道里、田賦户口、關塞險要甚爲簡略，而詳於名勝古迹、詩賦序記。《四庫全書總目》云：此書“蓋爲登臨題咏而設，不爲考證而設，名爲地記，實則類書也”。今據中華書局2003年整理本引録。

北巖、在大江之北。相傳王真人修煉於此。石甕磧；與州治相對，東渡高峰之上。耆舊云：“國初太守吳侯來游，遇一婦人打縴步行，指石甕磧云：‘我久居其地。’又取玉環一付廂吏，云：‘爲我以此謝史君，異日當顯仕，子孫復來守此州。’言訖不見。”涪江、自思州之上費溪發源，經五十八節名灘方至黔州溉，自黔州溉與施州江會流九十里，經彭水、武德二縣，凡五百餘里，與蜀江會於州之東。水常湛然徹底。以其出於黔州，又呼黔江。坡詩：“合水來如電，黔江綠似藍。”又名内江。昔司馬錯泝此水南上，擊奪楚黔中地。蜀江、發源岷山，經嘉、敘、瀘、重慶至城下。自成都登舟十三程，至此會合黔江，過忠、萬、雲安、夔、歸、峽，至荆南一千七百七十里。鑑湖、有景物之勝。白鶴灘、在州之上流。錦綉洲。在銅柱灘東北。洲人能織錦屬，故名。[卷六十一，第1069頁]

四六。銅虎疏榮，石魚標瑞。惟涪陵之名郡，控夔峽之上流。眷龜陵千里之邦，爲夔門一道之冠。臨荔子之邦，詩請賡於杜牧；玩松紋之石，迹難訪於爾朱。連五郡之封疆，此爲要地；薰四賢之德義，尚把遺風。[卷六十一，第1071頁]

---

［1］　此詩另見《方輿勝覽》卷六十一、《全蜀藝文志》卷五，文字略有不同。

［2］　原書作“人水退”，今據《全蜀藝文志》（綫裝書局，第1597—1598頁）及“謝□□題記”拓本所載改。

［3］　所記另見《全蜀藝文志》卷五十二。

［4］　此記載另見《輿地碑記目》、《蜀碑記》，均列爲黔州碑。

《（雍正）四川通志》

清黄廷桂等監修、張晋生等纂。四十七卷。鑒於明季所修《四川總志》訛誤較多，纂修諸人肆力搜討，盡補其遺漏，并校訂訛誤，有關人口、田賦、藝文、官制、人物的記述十分詳備。被譽爲蜀中首部"内容翔實、體制得宜"的通志。[1] 今據《四庫全書》本（《文淵閣四庫全書》，臺灣商務印書館，1986 年）引録。

白鶴灘。[2] 在州西一里，爾朱真人沖舉之處。《志》云："爾朱真人浮江而下，漁人有白石者舉網得之，擊磬方醒。遂於涪西灘前修煉，後乘白鶴仙去，因以名灘。"[卷二十二，第 560 册，第 349 頁]

爾朱真人，名通微，號歸元子，其先出元魏爾朱族。遇異人得道，唐末遂落魄成都市中。嘗於江濱取白石投水，衆莫測，後自果至合，賣丹於市，價十二萬，刺史召問其故，更增十倍。以其反覆，盛以篾籠棄諸江。至涪州，漁人石姓者得之，因授以丹，二人俱仙去。[3] [卷三十八之三，第 561 册，第 219 頁]

《重慶府涪州志》

董維祺、馮懋柱等纂修。存四卷。前有董維祺《重慶府涪州志序》及文珂、劉之益、夏國孝等舊序三篇，凡例七則，末附孫十朝《涪州志跋》一篇。正文分爲二十七目，附七目。因該志屬明季兵燹以後，舊志僅存殘帙背景下的首次編纂，甚少憑藉，文獻無徵，故除藝文、職官、人物稍詳外，其餘門類均較簡約，且不免等後修諸方志偶有編次失當之處。有關白鶴梁題刻史料，後多爲《（乾隆）涪州志》、《（道光）涪州志》引録。今據《中國地方志集成・重慶府縣志輯》第 16 册（巴蜀書社，2016 年）影印康熙五十三年刻本引録。

白鶴時鳴。治西有石梁横江，集鶴無數，昔仙子爾朱者，常乘鶴至此，聲徹九皋。[卷一，第 490 頁]

---

[1] 刁美林、邵巖著：《故宫博物院藏清代珍本方志解題》，紫禁城出版社，2013 年，第 281 頁。
[2] 相同記載另見《（乾隆）涪州志》卷一。
[3] （明）杜應芳、胡承詔輯《補續全蜀藝文志》卷五十一云："爾朱真人，金雞闕下有石室、石像，故《志》稱《通鑑》云：姓朱氏，字通微，不知何許時人。少遇異人受還元煉丹不死之方，自號歸元子，隱煉於此山。一日常游成都、新都、廣都間，至暮仍還丹室，有'日游三都，夜宿金雞'之諺。余考《重慶志》云：爾朱洞，其先出元魏爾朱族。遇異人得道，唐僖懿間，樂拓[疑即"落魄"]成都市中。於江濱取白石投水，衆莫測，後自果至合，賣丹於市，價十二萬，刺史召問其值，更增十倍。以其反覆，以蔑籠棄諸江。漁人姓白石得之，授以丹，二人俱仙去。張商英爲作傳，再考其客蓬州，亦類是焉。"又，《重慶府涪州志》卷三、《（乾隆）涪州志》卷十二、《（道光）涪州志》卷十一亦有相似記載。

江心石魚。[1] 州鑑湖上流有石梁，上刻雙魚，皆三十六鱗。一銜芝草，一銜蓮花。旁一秤、一斗，現則年豐。[2][卷一，第 492 頁]

江心石魚歌

杜同春

江心石梁亘千尺，下有雙魚古時迹。霜飛石出寒江空，波静魚浮苔影碧。相傳神物兆年豐，刻鑿寧論自化工。盈虛消息本至理，胡爲魚也居其功。我來涪陵值儉歲，斗米三百困生計。心尤是物不肯出，未挽天心早默契。今年江波照眼明，春沙漾日波紋輕。少府携我醉石畔，指點真魚鬐鬛平。可憐歲久苦蕩蝕，拂沙捫石始物色。三十六鱗乍有無，芷兮蓮兮那可識。更聞去年冠蓋集，魯眭鯢鮂還濺濺。失水寧憂遭豫且，經過豈效河中泣。奈何爲休反咎徵，苦饑怪爾終難憑。翻疑濤湧浪花拍，一朝變化俱雲騰。乃今見爾心偪側，念爾濟時恐無力。鼓翼難隨石燕飛，潛聲倖免漁人得。忽逢一顧使君仁，拂拭重施巧匠勒。年年且慰蒼生望，慎勿傷心已失真。[3][卷四，第 572 頁]

白鶴時鳴

余　光

苔長漁磯水落潮，浪吟仙子鶴鳴霄。北牖午夜頻驚覺，疑是虞廷奏九韶。[卷四，第 573 頁]

白鶴時鳴

夏邦謨

萬丈玉龍趨[4]壑哀，地幽[5]塵絶景奇哉。當年雲水鳴仙侶[6]，此日名灘漾碧苔。風外羽從三島去，浪頭聲向九皋來。蓬窗睡起船頭坐，雪浪催詩次第裁。[卷四，第 574 頁]

---

[1] 宋人修《涪州志》云："江心石魚，出則大稔。"今該志已佚。
[2] 此詩另見收於王士禎《帶經堂集》卷二十七、《漁陽先生精華録》卷七、《蜀都碎事》卷一。清宋長白撰《柳亭詩話》卷十五云："涪川鑑湖上流有石刻雙魚，皆三十六鱗。一銜萱草，一銜蓮花，有石秤、石斗在旁。土人云'現則年豐'。新城王學士過此有詩曰：'涪陵水落見雙魚，北望鄉關萬里餘。三十六鱗空自好，乘潮不寄一封書。'學士即阮亭，有《漁洋集》。"
[3] 此文另見《(乾隆)涪州志》卷十一(《中國地方志集成・重慶府縣志輯》，第 17 册，第 271 頁。)《(道光)涪州志》卷十一(《中國地方志集成・重慶府縣志輯》，第 18 册，第 107 頁。)後志將不再行引録。
[4] "趨"，《(道光)涪州志》作"生"。
[5] "幽"，《(道光)涪州志》作"悠"。
[6] "侶"，《(道光)涪州志》作"倡"。

石魚兆豐
章　緒

波心遺迹幾千年，何事神魚壁石[1]鐫。出没槎頭應瑞物，浮沉半面[2]識機元。時和抱石雙雙見，歲穰文鱗六六全。藉有詩詞揚不朽，大書豐稔至今傳。［卷四，第575頁］

白鶴時鳴
章　緒

江上潺湲白鶴洲，於今鶴去歲千秋。吹笙不復緱山見，雷鼓遺音蜀水頭。日口潮聲鳴太液，年年羽化咽清流。共傳華表歸飛後，仙語星星逐浪愁。［卷四，第576頁］

白鶴時鳴
夏景宣

不到華亭不自哀，戛然江上亦悠哉。羽隨雪浪標清態，聲答銀濤鄉綠苔。謾擬乘軒投衛去，或曾入夢見虞來。江城得此清歌侶，幾度閑吟漫取裁。［卷四，第577頁］

白鶴時鳴
董維祺

城西有石梁橫江，昔有朱仙乘鶴至此，聲聞於天。素羽爲仙驥，曾鳴達九霄。猿啼千古恨，雁陣幾行空。此地非棲處，何緣偶息翀。惟於清夜裏，領略夢遼東。［卷四，第577—578頁］

石魚兆豐
董維祺

州前江中石梁如帶，上刻石魚，一銜芝草，一銜蓮花，旁有斗、秤，見則年豐。石磴雙鱗甲，何年勒水宮。芝蓮供吐吸，星鬥任傍通。既倒瀾將返，中流波更紅。前人多少句，總爲兆年豐。［卷四，第578頁］

---

[1]　"壁石"，《（道光）涪州志》作"石壁"。
[2]　"半面"，《（道光）涪州志》作"水面"。

《(乾隆)涪州志》

多澤厚修,陳于宣等纂。乾隆五十年(1785)成書,共十二卷。該志約十八萬字,卷首列舊序八篇,凡例十四則,次及修志姓氏以及總目數項。正文分十二綱八十四目,共十二卷。該志以康熙舊志爲基礎,旁收博采,對舊志做了大幅補訂增編,爲現存涪州諸志中首部體例完整的方志。該志有關白鶴梁題刻的記載,多摘自《重慶府涪州志》,凡已見於前志者,姑不另輯。今據《中國地方志集成·重慶府志輯》第17册影印乾隆五十年刻本引録。

劉昌祚,號瀛臺,美豐儀,精詞翰,雖屢試臺省,毫無貴介氣。神宗朝以祖忠懋公之蔭,屢旨起用,皆高尚不就。時有七叟爲侣,共聯題咏,今江心石魚尚存“七叟勝游”之刻。[卷十,第184頁]

白鶴時鳴
夏道碩

圖馬圖龍不世游,白鶴仙人下釣鈎。浪拂千尋疑羽翼,至今長聽唳聲悠。[卷十一,第280頁]

題江心石魚留别涪陵耆庶
羅克昌

古涪江心卧石梁,梁上鑿魚魚徜祥。豈是王餘留半面,非同沙内曳紅裳。三十六鱗形質全,聞説在昔唐人鐫。此石成魚魚賴水,胡爲失水偏有年。鳴呼噫嘻知之矣,紀聞紀見俱至理。白魚入舟周載祥,聖嗣鍾靈獨夢鯉。講堂鸛鶴集三鱣,公卿象服説非俚。太人占之曰維豐,此事更與瑞麟通。獨繭苣釣强不起,石文潛見悉天工。我來涪陵魚常出,歲歲倉箱盈百室。今兹休暇復往觀,魚高水面空唘窟。額手稱慶與農夫,乃時舉籽莫荒蕪。聖朝仁愛天心見,人事承麻切自圖。主伯亞旅勤胼胝,三時不懈凍餒無。純孝裂冰雙鯉躍,類推集祉在中孚。我將去矣無多囑,願爾群黎共惇篤。作善降祥魚效靈,江石千年兆人足。[1][卷十一,第280—281頁]

---

[1]　此文亦見於《(道光)涪州志》卷十一。

江心石魚
王士禎

涪陵水落見雙魚,北望鄉園萬里餘。三十六鱗空自好,乘潮不寄一封書。［卷十一,第 285 頁］

白鶴梁
鄒澍寧

石鶴成形望宛然,中流屹立幾經年。不同鷗鷺隨波下,寧讓蛟龍得水先。洗盡浮塵新羽翼,聽來清籟雜潺湲。崆峒舊有凌霄志,應許飛鳴鳳閣邊。［卷十一,第 293 頁］

白鶴時鳴
王正策

飛來金穴下河梁,獨立亭亭水一方。石上風回翻素翮,雲間響徹引員吭。只期侶鳳諧韶濩,豈屑群雞飽稻粱。學得緱山仙子訣,佇看跨鶴唳青蒼。［卷十一,第 298 頁］

石魚兆豐
王正策

擬化雲龍雨未行,隔年偏可慰蒼生。只須石落雙鱗出,即是秋高百穀成。魚兆夢中豐有象,雪飛陌上瑞同呈。石梁自昔鐫金鯉,萬億千倉歲歲盈。［卷十一,第 298 頁］

白鶴時鳴
蕭學旬

聞道朱仙鶴,灘頭曾自鳴。風高聲更足,秋老氣難平。釣艇燈全暗,蘆汀月正明。即今何處去,四顧野雲橫。［卷十一,第 299 頁］

石魚兆豐
蕭學旬

不向龍門躍,淹留蟹稻鄉。我方懷尺素,人共慶倉箱。葦壓三冬雪,楓凋兩岸霜。音書何處達,好倩雁翔翔。［卷十一,第 299 頁］

石魚兆豐

周宗泰

奇質多因妙手鐫,獨開生面豈徒然。乘時偶作人間瑞。垂釣偏勞月下船。六六錦鱗迎曉日,雙雙長鬣鼓清漣。灘頭不肯隨流去,一見能教大有年。[卷十一,第 300 頁]

白鶴時鳴

陳夔讓

非關警露繞江雲,矯矯飛鳴勢不群。每向灘頭相應和,天邊到處有聲聞。[卷十一,第 301 頁]

白鶴時鳴

何浩如

縱山飛鶴到江干,飲啄隨時天地寬。一引圓吭風太急,聲聲嘹唳出雲端。[卷十一,第 301 頁]

《(道光)涪州志》

德恩修,石彦恬、李樹滋、舒廷傑、周克恭等纂。道光二十五年(1845)修成,共十二卷。該志約 20 萬字,卷首有道光二十五年德恩《重修涪州志序》、徐樹楠《重修州志引》及周熙堯、夏國孝等人舊序 11 篇,凡例十四則。卷末列舊志及本志參修者姓氏。正文十二卷,分爲十二綱八十五目附二目。該志刻印質量欠佳,流傳不廣,所引白鶴梁史料多摘於前志。今傳本主要仍爲道光二十五年(1845)涪州州署原刻,今據《中國地方志集成・重慶府志輯》第 18 册所收原刻本引録。

鑑湖石魚記

陳　預

蜀之東,有水曰鑑湖,在涪州所治西偏。湖之中,石梁橫亘百餘尺,刻雙魚形,不知何人所作。魚各三十六鱗,一銜芝草,一銜蓮花。其旁又爲斗、秤形各一。蜀之父老相傳云:"牧是邦者,有循吏績,則石魚見,見則時和年豐。"余五世伯祖範卿公,明季時曾牧兹地。今乙未歲,余奉命觀察川西,時莠民不靖,兵事方殷,余職司飛輓,滯迹通川,欲一尋討遺躅而未暇也。比家君自都郵書,屬令訪範卿公遺事,并示吳江沈某所著近事叢殘一條。按條内載:"陳良謨,字範卿,吳江人。萬曆壬午舉於鄉,知涪州,有循吏聲,江中石魚出者三,州人皆謂惠化所感。"云云。余即寓書今涪牧李君,屬訪其事,蓋石魚之説良然,而範卿公宦迹湮没無考,惟州乘職官志有與範卿公同諱者,馮姓,六合人,亦以明季時爲涪牧,豈兵燹之餘,文獻無徵,而後之秉筆者偶乖耶? 抑别有其人也? 余始祖於宋南渡時遷吳江,故世爲吳江人。沈書所載與宋乘合,而筮仕之先後亦與涪志同,若别有其人,不應符契若此。司馬遷云:"疑以傳疑。"蓋其慎也。抑又思《禮經》有曰:"先人有善而弗知,不明也。知而弗傳,不仁也。"余懼夫先人之清芬駿烈,弗克表章,故述其梗概,俾後之君子得以考焉。

循吏標前史,先賢式此鄉。觀風崇豸服,稽古問漁梁。遺愛甘棠在,流波鏡水長。叢殘徵軼事,蒐訪闡幽光。華閥三吳遠,高門五世昌。表微守土職,敬止況維桑。石韞玉題。

鑑湖湖水清且漣,天光蕩漾雲霞鮮。垂虹下吸碧波湧,蘋藻荇藻相縈牽。石魚有二誰所鑿,欲考甲子嗟年湮。文鱗六六象惟肖,一銜芝草一青蓮。或隱或見瞻政績,此語自昔渝人傳。範卿先生太邱裔,司牧兹土崇禎前。雙歧五袴口碑頌,魚也躍躍浮青淵。揚鬐鼓鬣認潛泳,似與赤子同歡然。滄桑陵谷二百載,循聲惠政猶流連。使君數典不忘祖,只奉彝訓來旬宣。誦芬述德誌顛末,遐徵文獻搜遺編。叢殘紀事若符契,足以傳信無遺焉。大書深刻示來許,觀感興起思前賢。昆明迹蕩劫灰古,石鱗甲隨秋風烟。豈若此魚被餘澤,數罟不入忘其筌。濠梁之樂非所擬,矢詩竊比《嘉魚篇》。壬戌。趙秉淵題。［卷十一,第 143—144 頁］

白石漁人。[1] 涪陵人,佚其姓氏,少好道術白石江。僖宗時,遇爾朱仙於江流。相與語,洞曰:"吾師云,遇三都白石,乃仙去,殆此地耶。視子類有道者,亦有所得乎?"漁者曰:"昔從海上仙人受三一之旨,煉陽修陰,亦有年矣。"仙索酒與之劇飲,分丹餌之,同至荔枝園,升雲而去。白石江,即今鶴梁。［卷十一,第 156 頁］

《重修涪州志》

呂紹衣主修,王應元、傅炳墀總纂。同治九年(1870)修成,正文分九綱六十二目

---

[1]　相似記載又見《重修涪州志》卷十二。

附三目,共十六卷。全志約二十六萬字,卷首存王應元、吕紹衣、傅炳墀序文三篇,并凡例十則、重修姓氏、總目、舊志纂修姓氏、涪州圖考等。卷末附《義勇匯編》一卷、《典禮備要》八卷。今人李勝以爲此志"圖繪豐富,綱目賅簡,而且'藝文門'較多增入宋代晁公遡《觀石魚記》、明代李寬《石魚記》等涪陵名勝白鶴梁石魚題刻詩文,'輿地門'中又專辟'碑目'一類,仿《金石粹編》之例摹刻古名賢手迹,具有極高的史料價值"。[1]該志所録白鶴梁文字與它書所異較多。今據《中國地方志集成·重慶府志輯》第 18册所收同治九年刻本引録。

白鶴梁。爾朱真人浮江而下,漁人有白石者,舉網得之,擊磬方醒,遂於梁前修煉,後乘白鶴仙去,故名。[卷二,第 213 頁]

《寰宇記》云:"開寶四年,黔南上言:'江心有石魚見,上有古記,云:廣德元年二月,大江水退,石魚見。部民相傳豐稔之兆。'"按:此碑,李調元編入黔江縣,誤矣。開寶間涪陵隸黔州,故黔南上言耳。今江心廣德年陶侍卿石刻唐刺史鄭令珪上其事可證也。右碑記三見《蜀碑記補》。

朱轉運詩序。涪州江心有一巨石,隱於深淵,石旁刻二魚。右記云:"魚出,歲必大豐。"端拱元年十二月十有四日,昂自瞿塘回,遵路[2]於此,知郡琅琊王公云:"石魚再出,來歲復稔。"昂往而視之,果如所云。因歌聖德,輒成一章。朝請大夫、行尚書户部員外郎、峽路諸州水陸計度轉運使、柱國朱昂。

劉轉運石魚詩。皇祐元年。

王季和題名。山西張侯來鎮是邦,癸卯、甲辰,魚出者再,邦人皆謂前所罕見,屢書以識其異。忠南郡幕、開漢王季和偕所親張文龍,郡齋、益昌張田之,奉節王建極,侍太守來觀,臘月念肆日也。

白鶴梁熙寧碑四。大宋熙寧元年正月二十日,軍事判官徐莊,同巡檢供奉王安民、監税殿直王令岐、知樂温□□浚、涪陵縣令趙君儀、司理參軍李襲觀石魚題名。涪陵尉鄭階平書。

夔州奉節縣令、通州黄覺莘老,户椽平原李紱公敏,掌獄鄩都梁鈞佐衮臣。熙寧甲寅孟春二十九日,泛輕舟同觀石魚於此。

都官郎中韓震静翁、屯田員外郎費琦孝琰、姪伯外景先[3]、進士馮造深道、廬遘

---

[1]　李勝:《涪陵歷史文化研究》,中央文獻出版社,2006 年,第 219 頁。
[2]　"路",原石作"途"。
[3]　《涪州石魚題名記》作"升景先"。

彦通[1]，因陪太守、駕部員外郎姜齊顔亞之同觀石魚。按：舊記，太和泊廣德年，魚出水四尺，是歲稔熟，今又過之，其有秋之祥歟。熙寧七年正月二十四日題。

判官禄幾復、兵官王世昌、趙善暇、知録郝烜[2]、縣令楊灼、司理孫震之、司户李國津、主簿何昕、縣尉鄧林，歲戊辰上元同來。

吴縝題名。元豐元年歲次丙寅二月七日[3]，江水至此魚下五尺，權知涪州、朝請大夫鄭顗愿叟，權判官石諒信道同觀。權通判、黔州朝奉郎吴縝廷珍題。

楊軍州題名。聖宋元祐六年辛未望日，聞江水既下，因率判官錢宗奇子美、涪陵令史詮默師、主簿張微明仲、縣尉蒲昌齡壽朋，至是觀唐廣德魚刻并大和題記。朝奉郎、知軍州事楊嘉言令緒題。

郡守姚班[4]游記。元祐癸酉正月中澣前一日，郡守姚班率幕賓錢宗奇、涪陵令杜致明、主簿張徵、縣尉蒲昌齡、武隆令袁天倪游覽，凶記歲月，巡檢王恩繼至。

山谷碑二。題"元符庚辰涪翁來"七字鐫白鶴梁。題"鈎深堂"三字鐫北巖。

龐恭孫題名。[5] 大宋大觀元年正月壬辰，水去魚下七尺，是歲夏秋，果大稔，如廣德大和所記云。二年正月壬戌，朝奉大夫、知涪州軍州事龐恭孫記，進士韓翱書。

蒲蒙亨觀魚記。閬中蒲蒙亨彦開、通川牟天成聖俞同觀石魚。政和壬辰孟春二十三日。

吴軍州紀事。文見《藝文》後題。時宣和四年十二月十五日，朝散大夫、通判軍州事常彦，奉議郎、前通判達州、權司録事李全，修武郎、兵馬都監曹綰，宣教郎、權司士曹事王拱，迪功郎、涪陵縣尉張時行。朝議郎、權知軍州事吴革題。

毌丘兼孺題名。閬中毌丘兼孺、南榮句惇夫、眉山劉大全、孫伯達，宣和乙巳正月八日同來。毌丘光宗孫若訥、若拙侍行。

徐興卿紀事。建炎三年乙酉正月十一。

紹興石魚記。十七。

紹興壬子開歲十有四日，涪陵郡守、平陽王擇仁智甫招雲臺奉祠夷門李敏能成之，郡丞、開封李實元輔，太平散吏、東來蔡惇元道，過飲公堂，酒罷，再集江干，泛舟中

---

[1]《涪州石魚題名記》作"盧觀"。
[2]《涪州石魚題名記》作"郝煊"。
[3] 據原題刻所記，實爲元豐九年。
[4]《涪州石魚題名記》作"姚玨"。
[5] 此題記内容有缺，《涪州石魚題名記》作："大宋大觀元年正月壬辰，水去魚下七尺，是歲夏秋，果大稔，如廣德大和所紀云。二年正月壬戌，朝奉大夫知涪州軍州事龐恭孫記，左班殿直、兵馬監押王正卿，將仕郎、州學教授李貴，通仕郎、録事參軍杜咸寧，通仕郎、涪陵縣令、權僉判張永年，將仕郎、司理參軍黄希説，將仕郎、涪陵縣主簿向修，將仕郎、涪陵縣尉胡施。進士韓翱書。"

流，登石梁觀瑞魚。邦人以魚爲有年之兆。惟侯善政，民已懷之，桑麻之歌，頌聲載道，魚是以隱於數年而見於一日。故悙喜，爲之記。[1]

趙子遹述道、崔煒叔明、閻璟國華、李去病仲霍、李宗賢師德、陳革子正、王俶德初、虞中立和甫、王駿德先、鄧奇穎伯、董天成常道，紹興壬子正月三日同游觀石魚題字。

劉郡守紀事。鑴白鶴梁，凡一百六十九字，載《藝文》。涪陵江心石上，昔人刻魚四尾，旁有唐識云："水涸至其下，歲則大稔。"隱見不常，蓋有官至此，終更而不得覩者。紹興庚申首春乙未，忽報其出，聞之欣然，庶幾有年矣。邀倅林琪來觀，從游者八人：張仲通、高邦儀、晁公武、姚邦孚、仁宅之子允壽、公武之弟公退、公適，邦儀之子寧祖。郡守孫仁宅題。[2]

周詡、种彦琦、彦瑞、姚邦榮、邦孚、李春、杜時發、李恬。紹興庚申歲二月丙午來。

晁公武邀外兄高邦儀、外弟孫允壽、弟公榮、公退、公適、姪子員、表姪高寧祖、甥王扱，同觀石魚。紹興庚申正月二十日。

濟南張彦中、高都王紹祖，紹興庚申仲春十有二日來觀石魚。彦中之子傑中侍行。

二月初七日，張仲通、張修、晁公武、趙子儀[3]來觀，時宋興一百八十年。

汝南張宗忞、長安仲彦琦、東平姚邦榮、邦孚、石城林玠琮、古雍程覺，紹興庚申二月癸丑來觀。

知涪州軍州事何憲、權通判軍州事盛辛、縣令王之古、判官龐仔孺。

晁公遡游記。鑴白鶴梁凡二百三十八字，載《藝文志》。

唐安張瑶、上邽崔慶、固陵冉彬、陽翟蔡适，右四人同觀瑞魚，時紹興甲子六日。[4]

杜肇守率僚佐龐价孺、杜建、鄧褒，紹興甲子正月四日俱來，杜肇之子彦、攸侍行。

戊辰春，郡守以雙魚出水，率郡僚同觀。邦人杜與可彦廣、蒲德載、董夢臣繼至。因思王仲淹"時和歲豐，通受其賜"之語，固知變理陰陽秉鈞當軸者，優爲之也，乃刻石以紀歲月。紹興十有八年中春望日。

盛景獻游記。[5]鑴白鶴梁凡六十四字，載《藝文志》。前涪陵令張維同弟縮，拉郡人孟彦凱、高永、許萬鍾、重觀游石魚，共喜豐年之兆。是日，縮搦筆題石以記歲月，時紹興乙亥戊寅丙辰。

［1］　此文又見同書卷十四，《志輯》第 18 册，第 397 頁。
［2］　此文又見同書卷十四，《志輯》第 18 册，第 397 頁。
［3］　趙子儀，招本作"趙子羲"。
［4］　《涪州石魚題名記》作"唐安張琀、上邽崔慶、固陵冉彬、陽翟蔡适，右四人同觀瑞魚，實紹興甲子六日，以識其來也，故書"。
［5］　此段題記據考爲涪陵北巖宋代題刻，孫華撰文認爲過去著録多將其誤入白鶴梁題刻。詳見孫華、陳元棧《白鶴梁題刻的歷史和價值》（《四川文物》2014 年第 1 期）。

朱守裔紀事。鎸白鶴梁凡九十五字，載《藝文志》。

賈振文題名。乾道三年人日，賈振文辛鉅、馮和叔、李從周、孫養正、庾選卿、張智卿來觀，姪德象、甥向仲卿侍行。

馮和叔石魚記。淳熙戊戌人日，郡守馮和叔季成、郡丞、開封李耘，率前忠守、河内向士价邦輔、涪陵令、武信胥挺紹祖、郡幕、東平劉申師文，來觀石魚，以志有年之兆。

陶侍卿游記。鎸白鶴梁，凡一百零九字。載《藝文志》。

徐嘉言紀事。慶元戊午中和節。

曹士中題名。嘉定庚辰，江東曹士中觀。凡十字。

李玉新題名書。郡守李瑞公玉新、潼川守秦季櫹宏父、郡剡曹椽何昌宗李父，季櫹之子九詔道古、瑞之子澤民、志可同來游，石魚閱八年不出，今方瞭然，大爲豐年之祥，此不可不書。寶慶二年正月十二日，涪州太守題。

謝興題名。長沙謝興、資中楊坤之夷叔、郡人虞會和叔，紹定庚寅上元後一日來觀石魚，子籛侍。

張明父游記。淳祐癸卯冬。

鄧季中題名誌。大宋淳祐戊申正月，石魚呈祥，郡守廬陵鄧剛季中，率通判江陽何行可元達同觀，望日謹誌。

蹇別駕詩序。涪以石魚之出，占歲事之豐，以歲事之豐，彰太守之賢尚矣。長寧劉公叔子鎮是邦，又出，夫豈偶然。別駕潼川蹇材望賡皇祐劉轉運詩以紀之。宋寶祐二年下澣書。

何季明書。寶祐戊午正月戊寅，軍事判官昌元何震午季明同僚友觀石魚之兆豐，拂涪翁之遺迹，亦一時勝游也。濡筆以書。[1]

劉叔子詩序。鎸白鶴梁，凡一百六十九字，載《藝文志》。

高應乾詩。鎸白鶴梁。

元聶文煥題名。元至大辛亥十二月中旬三日。

張八歹題識。《涪陵志》：“江心石魚，出則大稔。”予守郡次年始獲見，率僚友來觀。方拂石間，適有木魚依柳條中流浮至，衆驚喜曰：“石魚自古爲瑞，木魚尤爲異瑞也，請刻以俟將來。”至順癸酉仲春十有三日，奉議大夫涪守張八歹謹識。

明李寬紀事。鎸白鶴梁，凡三百一十五字，載《藝文志》。

---

[1]《涪州石魚題名記》於此段題刻作：“寶祐戊午正月戊寅，軍事判官何震午季明，知樂温縣燕國趙與洛思復，糾曹宕渠袁逢龍，清甫理掾古渝杜夢午，南卿文安王垓子，經汴陽向大源清，夫觀石魚之兆豐，拂涪翁之遺迹，亦一時勝游也。濡筆以書。”

　　劉沖霄詩序。時大明洪武十有七年歲則甲子正月人日，奉訓大夫涪州知州劉沖霄，承務郎涪州同知李希尹，從仕郎涪州判官范莊，吏目顔亮、學正黃思誠、訓導張敬先、驛丞王青，因水落石魚呈瑞，游觀題石以紀一時之盛事云。

　　七叟勝游。鐫白鶴梁。

　　張楫詩。鐫白鶴梁。

　　羅奎詩。鐫白鶴梁。

　　典試王漁洋詩。鐫白鶴梁。

　　州牧張晴湖詩。鐫白鶴梁。［以上均見卷二，第 214—230 頁］

　　劉志德、劉道、曾彦甲、陳文常、夏可洲、羅瑛，俱年近百歲，名鐫白鶴梁。［卷十，第 334 頁］

　　王士禎，字漁洋，嘗客涪，有《碧雲亭江心石魚詩》。［卷十二，第 383 頁］

觀石魚記
郡守晁公遡

　　江發岷山，東流入於巴，其下多巨石，霜降潦收，則石皆森然在水上。昔涪之人，有即其趾刻二魚，或考其時，蓋唐云。其後始志其出，曰："其占有年。"前予之至，嘗一出，已而歲不宜於稼。今予至又出，因與荆南張度伯受、古汴趙子澄處度、公暘景初、李景尋紹祖、楊侃和甫、西蜀張瑤廷鎮、任大受虛中往觀。既歸，未踰月而旱。予竊怪其不與傳者協。豈昔之所爲刻者，自爲其水之候而無與於斯耶？抑其出適丁民之有年而夸者附之以自神耶？將天以豐凶警於下而象魚漏之，則懼其不必於政而必於象魚，故爲是不可測者耶？於是歸三十有六日，乃書此以告後之游者。是歲紹興十五年正月廿八日也，嵩山晁公遡子西。［卷十四，第 395 頁］

白鶴梁刻石
黃仲武

　　濮國黃仲武、梁公壽春明、宋子應小艇同來。是日，積雨初晴，江天一碧，徘徊終日而歸，時紹興丁丑元宵後五日。［卷十四，第 396 頁］

游北巖還觀石魚記
郡守种慎思

　　□□劉意彦、王豹林、种□□□思，皆以職事趨郡，遇故人江西李尚義宜仲還自固陵,种法平叔來自南賓,相率挐舟載酒游北巖,還觀石魚,竟日忘歸,客懷頓釋,殊不知薄宦飄零,江山之牢落也。[卷十四,第 396 頁]

石魚記
郡守朱永裔

詩人以夢魚爲豐年之祥,非比非興,蓋物理有感通者。涪郡石魚出而有年,驗若符契,比歲頻見,年亦屢豐。今春出水幾四尺,乃以人日躬率同僚教官相臺李衍,郡幕七閩曾稷,秋官武信胥挺,武隆簿東平劉甲來觀,知今歲之復稔也,因識其喜云。[卷十四,第 396 頁]

觀石魚記
陶侍卿

涪陵江心石梁刻二魚,古今相傳,水大落,魚見,則時和歲豐。自唐廣德間刺史鄭令珪已載上其事,而魚之鎸刻莫詳何代。蓋取詩人"衆維魚矣,實維豐年"之義。淳熙□年正月三日,劉師文閟約同勾晦卿、□清卿來觀,時水落魚下三尺,邦人舟楫往來,賞玩不絕。[卷十四,第 396 頁]

嗣韻石魚詩序[1]
郡守劉叔子

鑑湖之石魚,唐人所刻也。《圖經》謂"三五年或十年方一出,出則歲稔",大率與渝江晉義熙碑相似。聖宋寶祐二年歲次甲寅臘月立春後一日,郡假守長寧劉叔子君舉偕別駕蹇材望君厚送客江上,過石魚浦,尋訪舊迹,則石魚已見,實維豐年之兆。因披沙閱古碣,得轉運使、尚書主客郎中劉公忠順所題一詩。叔子感慨頹波之滔滔,擊節石魚之砥柱,而轉運公之佳句與之相爲無窮,敬嗣韻以識盛事,尚庶幾《小雅》歌"牧人之夢"之意云。[卷十四,第 397 頁]

石魚記
四川按察司僉事李寬

涪陵江心有石焉,層見疊出,砭然於萬流之中,而其深不知幾千萬仞,固不可窮也。涪爲西蜀、岷江之匯。當春夏之交,江水漲,溢其石,潛没而不可見,至秋冬或猶

---

[1]　此條下再引蔡惇《觀石魚記》、孫仁宅《白鶴梁刻石》二文,因已見該志卷二所引,實修志者重録其文,今略去。

然不出，或水落石見，其年必豐。昔之好事者，因刻石魚題於上，以爲大有年之徵。自唐迄宋迄元以至我皇明，名公鉅卿，騷人墨客，悉皆有詩有記，銀勾鐵畫，瓊章玉句，隱見江波之中，歷數百年而不磨滅，蓋天地間一奇迹也。正德丙寅仲春既望，予偕敍州府同知陳旦、保寧府同知郭忩、府通判盛應期、德陽縣知縣吳璉、新繁縣知縣祁瓛、江安縣知縣徐崧，皆奉命於涪，簿書獄訟，既倦於勤鬱不得暢時，州守袁宗夔來謂予曰："江中石魚今忽復見，州民皆以爲豐年之祥，盍往觀之。"予於是泛舟逆流而上，衆亦相繼來觀，石果見，自公卿文士雄文傑制壘壘可數，而隱伏於江波之中，而未見者不知其幾也。嗚呼！真天地間一奇迹哉，是不可以不記。［卷十四，第399—400頁］

還丹歌。《全唐詩話》有胡二郎者，常見一道士，醉卧通衢。二郎憐之，輒取石支其首，道士醒，感之，因勸修道，且歌以諷之。二郎問爲何人，曰："我爾朱先生也。"二郎後亦得仙。

欲究丹砂訣，幽玄無處尋。不離鉛與汞，無出水中金。金欲制時須得水，水遇土兮終不起。但知火候不參差，自得還丹微妙理。人世分明知有死，剛只留心戀朱紫。豈知光景片時間，將爲人生長似此。何不回心師至道，免逐年光空自老。臨樽只覺醉醺醺，對鏡不知漸枯槁。二郎二郎聽我語，仙鄉咫尺無寒暑。與君説盡只如斯，莫戀驕奢不肯去，感君恩義言方苦，火急回心求出路。吟成數句贈君詩，不覺便成今與古。［卷十五，第436頁］

白鶴梁觀石魚
西陵人，高應乾侶叔

訪勝及春游，雙魚古石留。能觀時顯晦，不逐浪沉浮。守介難投餌，呈祥類躍舟。胥歸霖雨望，千載砥中流。［卷十五，第438頁］

白鶴梁石魚
張楫，州人

江石有雙鱗，浮沉驗年歲。牧長宜自規，凶樂正相係。古人爲此鐫，覽者發長喟。魚格符易占，中孚自有濟。［卷十五，第439頁］

江心石魚
黄　壽

正德間州牧。朝暮焚香危坐，凡百念慮動，處事皆符應，世因號爲神官。詳秩官志。

時乎鸞鳳見，石没亦是豐。時乎鷗鴉見，石出亦是凶。豐凶良有自，奚關水石踪。

節用愛人心，胡爲有不同。［卷十五，第 439 頁］

白鶴梁石魚

羅　奎

萬曆己丑上元後一日，予偕江金二同寅別駕虜劉轉運詩，因步韻以記事云。

神魚翠壁覽奇鐫，不向池塘共戲蓮。春雨漲江翻巨浪，晴波浮石兆豐年。漁人罷釣空艙後，太史占祥瑞雪先。惟願雙鱗相繼見，公餘聯咏附前賢。［卷十五，第 441 頁］

江心石魚

張師範

石鯨自有形，躍入蛟龍宅。霖雨及時行，永顯濠梁迹。［卷十五，第 450 頁］

白鶴梁

石彥恬

靈鳥胎仙出，能言復能書。石梁無留字，華表盍歸歟。晶晶白鷺群，飛止貪細魚。兒童不曉事，謂爲鶴之雛。縞衣而玄裳，乃公能溷諸。靈臺眇何處，太液有巢居。青天儻招來，城郭猶古初。願假一片羽，飛騎觀太虛。［卷十五，第 456 頁］

《涪陵县續修涪州志》

劉湘、王鱗清、施紀雲等纂修，民國十七年（1928）修成，共二十七卷。全志三十萬字，凡例十八則。卷末附民國元年（1911）至十五年（1926）記事一卷。全志記事止於清宣統三年（1911），除舊志原載外，不少門類有所增補，較舊志更加詳盡。但於石魚文字僅及其名，今據《中國地方志集成・重慶府志輯》第 18 冊所收民國十七年鉛印本引錄。

白鶴梁石魚。在城西江心。《舊志》：爾朱真人浮江而下，漁人有石姓者舉網得之，擊磬方醒，遂於梁前修煉，後乘白鶴仙去，故名梁。石刻有雙魚，皆三十六鱗，一銜芝草，一銜蓮花，旁一秤一斗，其緣起不可考，唯唐廣德中刺史鄭令珪已載上其事，謂其出爲豐年之兆。相傳歷代名人留題甚多，邇來水雖極涸，宋以前之刻石皆不可見。江心漸高，古今固自不同。茲將《舊志》所載刻石人名節錄如後：

　　端拱元年朱轉運昂詩序。皇祐元年劉轉運石魚詩,王季和題名。熙寧元年判官徐莊。熙寧甲寅奉節縣令黃覺。熙寧七年都官郎中韓震、判官禄幾復。元豐元年吳縝[1]。元祐六年知軍州楊嘉言。元祐癸酉郡守姚班[2]。元符庚辰黃山谷。大觀元年知軍州龐恭孫。政和壬辰閬中蒲蒙亨[3]。宣和四年權知軍州吳革[4]。宣和乙巳閬中毋丘兼孺。建炎三年徐興卿。紹興壬子蔡惇,又趙子遹。紹興庚申郡守孫仁宅。紹興庚申周詡。紹興壬申晁公武,又濟南張彥中、張仲通,汝南張宗忞,知涪州軍州事何憲。紹興甲子晁公遡,又杜肇。紹興壬辰州人杜與可先後題名。紹興乙亥盛景獻游記[5],又朱守裔紀事[6]。乾道三年賈振文。淳熙戊戌馮和叔題名,陶侍卿游記[7],徐嘉言紀事。嘉定庚辰曹士中。寶慶二年李玉新[8]。紹定庚寅謝興[9]。淳祐癸卯張明父。淳祐戊申鄧季中題名。寶祐二年蹇材望詩序,寶祐判官何震午題名、劉子叔詩序[10]。元至大辛亥聶文焕。至順癸酉張八爹題名。明洪武十七年州牧劉沖霄詩。正德丙寅按察簽事李寬詩。七叟勝游刻石、張楫詩、羅奎詩、清典試王士禎詩、太守石蘊玉詩、州牧張晴湖詩俱刻石,選可誦者入《藝文志》。

　　附《石魚考》。《寰宇記》云:"開寶四年,黔南上言江心有石魚見,上有古記云:'廣德元年二月,大江水退,石魚見,部民相傳豐稔之兆。'"按:此條李調元編入黔江縣,誤矣。開皇間涪陵隸黔州,故云黔南上言。且所謂大江,明指蜀江而言。蜀江至涪,會涪陵水東下,并未經黔江區域,足以證李説之誤。[卷三,第487頁]

　　劉昌祚,號瀛臺,司諫劉□之孫,恬雅工辭翰,無貴介氣。神宗朝以祖蔭召用,弗就。結七叟為友,日事觴咏,白鶴梁刻有"七叟勝游"四字。[卷十五,第456頁]

《涪乘啟新》

　　又名《涪州小學鄉土地理》,鄒憲章、賀守典、熊鴻謨等編修,光緒三十一年

[1]　吳縝,原刻本作"吳鎮",今據重慶中國三峽博物館藏拓本所記徑改。
[2]　此與前志同,實為姚珏。
[3]　蒲蒙亨,原刻本作"蒲蒙享",今據《(道光)涪州志》等記載徑改。
[4]　吳革,原刻本作"吳華"。
[5]　盛景獻游記,非白鶴梁題刻,實為北巖題刻。
[6]　拓本作"朱永裔"。
[7]　陶侍卿,或作"陶仲卿"此題刻,《涪州石魚文字所見録》《涪州石魚題名記》均名之為《陶仲卿題記》。據拓本,"陶",當作"拓"。
[8]　實作"李公玉"。
[9]　當為"謝興甫"。
[10]　拓本作"劉叔子"。

(1905)成書,共三卷。全書兩萬餘字,正文三卷,分爲三門九十八課。編者云:"是書稍異於州志","於歷史則講鄉土大端故事及本地古先名人事實;於地理則講鄉土道里建置及本地先賢祠廟遺迹;於格致則講鄉土動、植、礦各物。凡關於日用所必需者,使知其作用及名稱……耳目所習,一經指示,便成學問,以啟初學之知識。""風俗"門所記諸事,實肇涪州"石魚兆豐"習俗之因由,故引錄之,以備稽核。據《四川大學圖書館館藏珍稀四川地方志叢刊》第2册所收本錄入,巴蜀書社,2009年。

古者謡訛有懲,州境此風絶甚。本屬無事,忽云某處被火、某處有賊,驚惶紛擾,哄傳一時。而平日,或言諸葛某碑出現,劉伯温某書應驗,某地神佛現身,某人殃祥預决,某仪洛火星,某年屈劫運。無業之民,至假僧道沿街唱偈,各場貼諭。不特庸愚淆惑,即士夫亦中無所主,信口騰説。甚至簧鼓國事,裝飾外情,逐影吠聲,顛倒黑白,尤足啟亂機而滋世變。此皆由愚者不識字,賢者不明理,積習相染,遂至於是。所以各等學堂之外,凡四字講社、半日學堂之尤宜遍設也。[卷三《風俗》,第425頁]

州中每歲城鄉行巫事者,十家而九。蓋沿苗俗之遺也。巫之爲教,與崇爲緣,故爲神怪,妄談休咎。其巧立之名,有栓胎、跳壇、和送、解結、送瘟火、立仙娘、紥茅人替死退病諸類。而女巫婆娑樂神,婉轉歌唱,俳優侏離,備極諸醜狀。巫所奉爲茅山、梅山諸神,約字書所載。喜音樂之山,都木客然,境内执是業者,不下數百户。當詢之彼人,亦自知誣妄,奈無計謀生,故出於此,情亦可憫。宜禁州人行巫事,而令群巫別營他業,庶幾靖妖孽之萌蘖,拔隱怪之根株,而風俗可以轉移也。[卷三《風俗》,第429頁]

《讀史方輿紀要》

亦名《二十一史方輿紀要》,清康熙三十一年(1692)成書,一百三十卷,顧祖禹撰。顧祖禹,字瑞五,號景范,平生好地理之學,一般認爲其撰此書"蓋將以爲民族光復之用"。全書前九卷記述歷代王朝的盛衰及地理的歷史州域形勢、建制、山川與險要。中一百一十四卷記述明代兩京十三布政使司的疆域、沿革、橋梁、驛站等。後六卷總述《禹貢》山川之川瀆異同及漕河和海道。最末一卷則載分野。附《輿圖要覽》四卷。今據中華書局2005年整理本引錄。

大江,在州城北。自長壽縣流入界,至城東涪陵江水合焉,又東北入酆都縣境。[卷六十九,第3295頁]

涪陵江，在州城東。志云：自思州境流入黔州界，分流爲施州江，其正流經彭水、武隆二縣凡五百餘里與蜀江會於州之東。以來自黔中，亦名黔江。其水淵澄清徹，可鑒毛髮，蓋即烏江下流矣。庾仲雍云：“別江出自武陵。”《水經》：“延江水從䍧牱縣東屈北流至巴郡涪陵縣注更始水。”酈道元曰：“更始水即延江枝分之始。”蓋皆涪陵江矣。［卷六十九，第 3296 頁］

橫石灘，在州西大江中。本名黃石灘。《後漢紀》：“建武十一年，岑彭等討公孫述，破述將侯丹於黃石。”章懷太子賢曰：“即黃石灘也”。杜佑曰：“今謂之橫石灘，亦謂之石梁。”《水經注》：“江水自涪陵東出百里而屆於黃石。”今黃石在涪陵西，據《岑彭傳》“長驅入江關，至江州，留馮駿攻圍，自引兵直指墊江，述別遣侯丹拒黃石。彭乃自墊江還江州，沂都江而上，襲擊侯丹大破之”，則黃石應在江津、壁山以上，不在涪州明矣。姑存以俟考。銅柱灘，在涪陵江口，最峻急。昔人維舟於此，見水底有銅柱，因名。下有沙洲，水落則露，一名錦繡洲。又有百牽灘，在州東五十里大江中，以舟行至此，牽挽爲艱也。志云：州治北有歇神灘，相傳張桓侯被刺，其首曾飄泊於此。又州東十里有群豬灘，水落見群石如豬。［卷六十九，第 3296 頁］

《蜀水經》[1]

清李元撰，共十六卷。李元，字太初，號渾齋，湖北京山人，該書爲其在仁壽、金堂、南充等地爲官時所作，主要記載蜀地水情、水象，以及歷代水文資料。今據清嘉慶五年傳經堂刻本引錄。

江水又東經涪州城北龍王沱，江水如鑑，謂之鑑湖。夏月水漲，有三漩，潰發不可當也。上流有石梁，刻雙魚。《方輿勝覽》曰：“涪陵縣江心有石刻雙魚，魚各三十六鱗，一銜芝草，一銜蓮花，旁有石秤、石斗。”《碑目》曰：“開寶四年，石魚見，上有廣德元年二月記云：‘水退魚見，豐稔之兆。’”《劉君舉詩序》曰：“唐人所刻，見則歲稔。”［卷五，第 35 頁］

《嵩山集》

南宋晁公遡著，五十四卷。公遡生前曾著有《抱經堂稿》，傳以甲、乙分第。乾道

---

［1］《蜀水考》卷四亦有載：“東入涪州界……又經涪州灘，爾朱真人修煉於此，後乘鶴仙去也。”又云：“涪州城北龍王沱，一名鑑湖，水静如拭，江心有石梁刻雙魚，皆三十六鱗，見則年歲豐稔，不知何時物也。”

四年(1168)師傳甫掇其詩文一千餘篇,編爲是集,并囑師培爲序。是書今有宋刻四十二卷殘本,清初鈔本及《四庫全書》本。卷一賦,卷二至一四爲詩,卷十五至五十四爲文,所存有與石魚題刻相關者一處。今據《四庫全書》(《文淵閣四庫全書》,臺灣商務印書館,1986 年,第 1139 册)本引録。

《樂温舟中作》[1]

密雲卷雨歸空山,暮林接翅昏鴉還。須臾水面明月出,滄江万頃瑠璃寒。波平汗漫天無風,水光月色相爲容。臨流愛此無盡碧,乘月直下滄浪中。江心石出高崔嵬,水作鏡面無停埃。琉璃萬頃忽破碎,知是一葦横江來。中流與月更媚嫵,湛湛無聲翠光舞。飄然長嘯順流下,櫂夫請留恐仙去。姑令結纜寒沙邊,月方正中光入船。洗杯索酒屬明月,今夕之樂寧非天。[卷七,第 41 頁]

《重校鶴山先生大全文集》

南宋魏了翁著。共一百一十卷。魏了翁,字華父,號鶴山,邛州蒲江人,因力學成就爲後世所譽。全書前有吴淵序。正文有詩十二卷,箋表、制誥、奏議等十八卷,書牘七卷,記九卷,序銘字説跋等十六卷,啟三卷,志狀二十一卷,祭文挽詩三卷,策問一卷,長短句三卷,雜文四卷,制舉文三卷,周禮折衷四卷,拾遺一卷,師友雅言二卷。今據《宋集珍本叢刊》(綫裝書局,2004 年)第 76、77 册影印嘉靖二年銅活字本引録。

涪州太守題名石記。凡官寺必書前人名氏,非以備故實資博聞也,大書而深刻之,將使後之人習其讀而問焉。必曰:“某爲循吏,某爲廉吏,某爲能吏。”不則曰:“是爲酷、爲貪、爲庸。”蓋見賢而思齊,見不賢而内自省。夫人皆有是心焉耳,斯其爲懲勸,不已多乎? 江出汶山,合西南衆水,至重慶受嘉陵水,至涪陵受黔水,故涪陵在今爲要。況又郡之西南,接畛黔、南平諸郡,民夷雜揉,綏御維難,故郡守之寄,在今爲不輕。長沙謝興甫繇太學博士外補,繼守是郡。郡雖有壁記,尚多刓缺。博士乃稽諸郡乘,訪于耆舊,自孫侯熙而下得五十一人,攻石而鎸之,移書某俾識其首。夫《春秋》之法,直書其事而善不善自見。題名之凡例,亦姑記氏名年位耳,而賢否之在人心,雖數百年猶炯炯如見。然則居是官者,可不思其職分之所當爲者乎?[卷四十八,第 77 册,第 208 頁]

---

[1] 此詩另見收於明楊慎編《全蜀藝文志》卷八。

《太乙舟詩集》

　　清陳用光撰。共十三卷。"太乙舟"爲撰者室名,另有《太乙舟文集》八卷行世。除詩文外,作者還著有《春秋屬辭會義》、《衲被集》等。今據清咸豐四年孝友堂刻本引錄。

《送林敏參培厚出守重慶》

　　蓬萊仙人分符去,管領七十二洞天。平都山爲七十二福地。海棠花開春爛熳,香國定放遨頭顛。雲江江色濃於酒,此日扁舟落君手。綠山紅葉好題詩,洲名錦綉夸誰有。錦綉洲在涪江口。政成惠績報年豐,石魚銜花涪江中。好作一圖紀祥瑞,待我泛櫂來川東。石魚見則年豐,術者謂余當督學蜀中,故戲及之。［卷五］

《陶文毅公全集》

　　清陶澍著。共六十四卷,洋洋八十餘萬言。陶澍,字子霖,一字子雲,號雲汀,湖南安化人,清代經世派代表性學者。其文平易暢達,内容廣博,尤以考據、義理見長。魏源稱其詩宗杜、韓,尤工長句。今據道光庚子淮北刻本引錄。

《三峽堂長歌紀蜀游之勝》

　　詔書五月頒皇華,西川萬里浮星槎。井維之野洵奇絶,賤子涉歷言非夸。太華西來入棧道,雙趾初乃經硜硜。大巴小巴插空際,坌湧石氣開丫叉。劍門雙闕尤陡峭,一綫但露天橫斜。嘉陵白水不可遏,會合潼雒趨渠巴。成都沃野古天府,錦官燦爛芙蓉花。琴臺草堂坐嘯咏,青城六對環籬笆。東來小作嘉州住,三峨笑視斗流霞。烏尤曉發勢箭激,二水奔突如鬥蛇。清溪石色絢雲錦,兵欄照耀深紅塗。塗山絶頂見禹穴,雄關正對恭州衙。渝兒顔色比花麗,爲我一曲徵紅牙。酒酣起舞向明月,黄草峽落秋天霞。是時涪州水勢殺,石魚鼓鬣紛揚葩。却尋李白讀書室,巴陽石大轟盤渦。上崖下崖不可到,萬壑回首森眉麻。豈意夔門最高處,更有古堞圍闠閣。荒亭百尺俯絶岸,嶄崖四起烘朝霞。中流巨浪眣天響,石根卓立千斤摩。東望峽氣接白狗,巫峰十二排脩娃。山川咫尺發光怪,坐令五色開詩芽。振衣濯足意不極,江烟欲動風颭

颶。壯哉登高復臨水,四顧無物非蟲沙。人生碌碌事奔走,不入蜀道猶井蛙。[卷五十五,第 25—26 頁]

《雪鴻堂文集》

清李蕃撰。共十八卷。李蕃,字錫徵,號懶庵,通江人,順治丁酉舉人,官黃縣知縣。此集爲其子所刊,文多載時政、民事,頗具價值。今據清康熙五十八年刻本引錄。

涪州江心石魚,見則年豐。[卷十三,第三十六頁]

《儀顧堂集》

清陸心源撰。共二十卷。陸心源,字剛父,號存齋,晚號潛園老人,浙江歸安人,著名金石學家、文獻學家。是集文字,以群書題跋、序記爲多,"皆古書源流、金石考訂之學",集中亦多鄉里人物諸傳。今據浙江古籍出版社 2015 年點校本引錄。

《復姚彥侍方伯書》

彥侍方伯尊兄閣下:昨拜賜書并大著石魚題記,命爲考釋,寡陋如源何能爲役,謹就見聞所及略陳一二,未識有當萬一否。

劉忠順,□□□年知□州。水邱無逸曾官知隨州,黃庶《伐檀集》有《哭水邱隨州無逸詩》。侍其瓘,蘇州長洲人,元豐六年六月知邵州,見《通鑑長編》一百九十。家世以武顯,至瓘始第皇祐進士。先世有名楨者,仕南唐,歸宋爲監門衛大將軍。祖憲,官右侍禁。憲子泳,泳子瓘。瓘晚年以吳中資產推贍同族,徙貫宣城。瓘子鉉,字希聲,故澹山題名稱宣城,見葛勝仲《丹陽集》。瓘,當即瑋兄弟行也。王震,字子發,見《蘋洲可談》,大名莘人,定國之姪,文正公旦之曾孫。熙寧初,興平尉,六年爲中書習學公事。元祐中累官龍圖閣待制、知永興軍,見《長編》二百四十八、四百八。紹聖二年,責知袁州,行至蘄水,疽發背卒。《曾南豐集》前有震序。又開封人王震,字東卿,宣和初爲太學官。紹興初知元州,移漕湖北而卒,見《陳簡齋集》,恐別一人。費琦,呂陶《淨德集》有墓誌。王蕃,字觀復,青州益都人,沂國之裔,官閬中時多以書尺至戎州,從山谷問學。建中靖國元年,自京師改官復入蜀,會山谷於荆州,見山谷《題底柱銘後》及《蜀本詩集注》。山谷稱其文筆不凡,樂府清麗,書無俗氣,窮而不違仁,達而不病義,讀書學文必以古人爲師,造次顛沛必求知義者爲友,見《山谷集三十・外集九》。宣和壬辰,必蕃再至蜀時所題也。又吳興人王蕃,字子宣,宣和中官廣西提舉常平,臨桂伏波巖、龍隱洞均有題名,恐非一人。馮忠恕,字貫道,父理,字聖先,號東皋處士,與尹和靖同學於伊川,至必同處。忠恕從和靖游,見《伊洛淵源録》。賈公哲、賈公傑,東平人,祖昌朝,父炎,《宋史》皆有傳。公傑,宣和六年承務郎充陝西鑄錢司差遣,見饒益寺賈炎題名。鍾浚,熙寧三年由知涪州樂清縣以治狀入優等,爲著作佐郎,元豐中秘書丞權將作監丞,元祐中京西提刑,紹聖元年左朝請郎知湖州,卒於任,見李燾《長編》、《蘇魏公集》、《會稽掇英續集》、談鑰《吳興志》。晁公遡,紹興八年進士,隆興中通判靖康府,學者稱箕山先生,見《二百家名賢播芳大全目》。張維,字仲欽,紹興八年進士,乾道二年知靜江府,提點刑獄,見《三山志》。《粵西金石略》、《景定建康志》、《福建通志》作字振綱,宋人之字往往屢易,無足怪者。紹興二十五年爲縣令,隆興擢通判,乾道爲知府,時代相合無可疑者。張修,厭次人,紹興中太中大夫知鎮江府。曹咏之爲小吏犯贓,修力庇之。二十五年,以咏薦,爲監察御史,遷左正言,累劾檜黨董德元、王瀹、鄭時中、黄兊等,累官太常少卿、宗正少卿。二十六年,以左中大夫提舉臺州崇道觀。三十一年,卒,見《繫年要録》。又有毗陵人張修,熙寧三年進士,下距紹興九年六十九,必非一人。秦季樞,字宏父,普州安嶽人。紹熙四年進士,嘉定十七年九月除秘書少監,寶慶元年正月兼實録院檢討官,六月直顯謨閣、知潼川府,見《中興館閣續録》。蓋寶慶元年尚未去任也。若再以各府縣志及宋人文集、石刻考之,題名必尚有可得其仕履者,非一朝一夕所能及也。[卷四,第58—59頁]

《八瓊室元金石偶存》

清陸增祥撰,不分卷。該書旨在收録自蒙元建國至至正以後題刻文字,凡百餘方,并略行考證,體例一依《八瓊室金石補正》之例,録文廣泛徵引諸家論述,附以己見,凡己藏之拓,多能交代源流始末,頗有助於後世考補。今據吳興劉氏希古樓刻本引録。

石魚宋刻百餘段,姚彦士始搜拓之。己巳冬,悉數贈予。内有元人題記兩段。一題云：天曆己巳春，水去魚下二尺，歲大熟。庚午，復去五尺，監郡宣侯爰及同僚泊邦人士游慶記耳，王正上元日題。考己巳，明宗即位無年號，庚午五月文宗即位，改元至順，此題在正月，故仍稱天曆也。後又有救苦觀世音菩薩一身，九字。一題云：《涪陵志》"江心石魚出則大稔"，予守郡次年，始獲見，率僚友來觀，適有木魚依柳條中流浮至，衆驚，喜曰：石魚自古爲祥，木魚尤爲異瑞也。請刻之，以示將來云。至順癸酉仲春十有三日，奉議大夫，涪守張八歹謹識。考至順爲文宗年號，癸酉爲順宗元統元年，順宗於是年十一月即位，此題在二月，尚未改元，先一年寧宗即位，無年號，故仍稱至順也。［21 頁］

《澗于集》

清張佩綸著。共二十卷。張佩綸，字幼樵，一字繩庵，號言如，一號贊思，又號簣齋，直隸豐潤人。是書凡詩集四卷，文集上下二卷，奏議六卷，電稿一卷，書牘六卷，譯署函稿一卷。有宣統間至民國十五年刻本。另《澗于詩集》四卷單行，收詩五百六十首，陳寶琛作序："君博涉多識，才藻鴻麗，擇言尤矜慎。顧志在用世，官京朝日不甚致力於詩，及淪謫邊遠，則身世之感，家國之故，一於詩發之。生平希慕蘇文忠，遭際頗相類。所爲詩閎壯忠惻，亦似玉局中年之作。"[1] 今據民國十五年張氏澗于草堂刻本引錄。

致王廉生太史

前承惠姓名兩章，珍若拱璧，即肅牋致謝。交南皮前輩，嗣撫晉俶裝，乃於敝篋中檢得之，此老乃作洪喬也。獻歲春，敬維上侍康娛起居嘉豈爲頌。佩綸去年秋初釋服，而夏季守一家兄以病黃下世，心境可想。坐此鬱鬱，豪情倍減，舊巢重認，往事如塵。諷徐騎省再知制誥詩"自經多難飄零困，不似當年膽氣全"，我之懷矣。春初，廠市游興全無，唯得黃文節狄梁公碑一紙，孫退谷所云三絶者。蜀道題名甚多，涪州石魚及石間題名外，幸爲致之何如？南皮到太原未三月，一司一道，均入彈章，吏治嚴整，甚能恤民，吾道之光也。鄂生驟作《滇藩鹽法志》，何人續纂，徐君即真尊公，當量移首郡矣。［《書牘》卷二］

［1］　錢仲聯主編：《清詩紀事·同治朝卷》，鳳凰出版社，2004 年，第 2991 頁。

《倘湖樵書》

明來集之撰。初編六卷，二編六卷，共十二卷。來集之原名鎔，字元成，號樵道人，又號倘湖樵人，出身於浙江蕭山望族來氏。明亡，隱居家鄉倘湖之濱，足迹不入市集，潛心著述，治學嚴謹，後世稱其爲倘湖先生。是書皆采摭唐、宋、元、明諸家之説，以類相從，排纂其文，而總括立一標目，或雜引古書而論之，或先立論而以古書證之，徵摭繁富，頗有考證之處。清人毛奇齡稱其書不分部類門目，而任取一類之中、一目之內，臚其事之可相發者，鱗次櫛比，集事以資用，考義以資辨，類事而無方，比義以廣異，此誠伐山之能事，折竹所未逮。[1] 今據乾隆來廷楫倘湖小築重刻本引録。

水紋。又，涪州鑑湖上流江心中有石刻雙魚，皆三十六鱗，一銜萱草，一銜蓮花，有石秤、石斗在旁，魚現則年豐。按：魚現亦水紋之類。

《近事叢殘》

明萬曆進士、江西按察司僉事沈瓚著，共四卷，主要記述當時佚事，與《萬曆野獲編》相仿。中有陳良模石魚事一處。此據 1928 年廣業書社鉛印本《明清珍本小説集》引録。

涪州石魚

陳良模[2]，字範卿，吳江人，萬曆十年舉於鄉，余同年友也，授涪州知州，有循良聲。州有石梁，亘江中百餘尺，相傳水中石魚見以爲祥。良模至，石魚出者三，州人皆謂惠化所感。

《棗林雜俎》

明談遷撰。分智、仁、聖、義、中、和六集，共十八類。本書所記，多爲明朝典章故

[1]　《續修四庫全書》第 1195 冊，上海古籍出版社，2002 年，第 609 頁。
[2]　前引《（道光）涪州志》陳預《鑑湖石魚記》作"陳良謨"。

實、朝野人物、軼聞逸事等，具有很重要的史料價值。今據中華書局 2006 年點校本引録。

雙魚石。涪川江心積石入水千餘丈，夏漲不復見，冬春如梁可游。深處鐫有“雙魚見，則年豐”，唐、宋、元題名甚衆。［第 346 頁］

《青箱集剩》

清王貴德撰。是書爲其詩歌別集，計前編二卷，以古今體編年；後編二卷，以五七律編體；補編一卷，收詩約四百四十一首。王氏一生勤於創作，有《青箱集》八册，原藏於家，後多亡佚，其七世孫以所遺輯成，故名。今據巴蜀書社 2014 年點校本引録。

客舟東下涪江山，城對龍坈百尺流。霜落石魚無迅浪，沙明銅柱見高秋。千家烟老梧桐樹，九月香銷杜若洲。前後行踪經幾度，風雲無恙一登樓。［第 64 頁］

《笑笑録》

清獨逸窩退士編。六卷，成書於光緒五年（1879）。作者從古籍和見聞中，將滑稽、諧謔的趣聞、笑話輯録成册。因爲内容詼諧、滑稽，可引人發笑，故名之曰《笑笑録》。今據嶽麓書社 1985 年點校本引録。

《論詩》
蕭山毛大可檢討，不喜坡詩。汪季用舉坡句云“竹外桃花三兩枝，春江水暖鴨先知”，曰：“如此詩亦可道不佳耶？”毛憤然曰：“鵝也先知，怎只説鴨？”衆爲捧腹。益都孫仲孺，文定公次子也，持論好與予左，見予《蜀道詩》“高秋華嶽三峰出，曉日潼關四扇開”，輒疵之。或告以本昌黎，非杜撰也。仲孺怒曰：“道是昌黎便如何，畢竟是兩扇。”又予《題涪陵石魚》云：“涪陵水落見雙魚，北望鄉園萬里餘。三十六鱗空自好，乘潮不寄一封書。”又曰：“既是雙魚，合道七十二鱗。”或以諗予，予亦笑曰：“此東坡所謂‘鱉廝踢’也。”[1]［卷四，第 134 頁］

[1] 此記載又見清金埴撰《不下帶編》卷四、《帶經堂詩話》卷二十七，文字略異，今不另行引録。

《聽雨樓隨筆》

清王培荀著。八卷,別本六卷。培荀字雪嶠,山東濟南人。是書雜記四川歷史地理、物産資源、科技工藝、土風民俗、掌故遺聞及名勝古迹,内容豐贍,記康熙、乾隆、嘉慶、道光四朝人事尤詳。書成於王氏榮縣之任,有道光二十五年(1845 年)自序,因撰於聽雨樓中,故爲之名。此據巴蜀書社 1987 年點校本引録。

錢塘吴秋漁昇,游幕吾東,名勝皆有題咏。後以孝廉分發來川爲縣令,歷官知府,告歸。生平詩集甚多,録其有關於蜀者。《鑑湖石魚篇序》云：涪州鑑湖有石刻雙魚,一銜芝草,一銜蓮花。牧是邦者有循良績則見。陳笠帆觀察五世伯祖陳良模,字範卿,吴江人。萬曆中舉於鄉,知涪州,江中石魚出者三。沈璜《近事叢殘》備録之。州志所載則時同諱同而姓馮氏,六合人。蓋兵燹之餘,文獻無徵,載筆偶舛也。觀察訂正而勒之石,因作長句紀其事：巴西靈迹雙石魚,鑑湖百頃沫且濡。錦鱗六六刻畫細,碧銜芝草青芙蕖。未詳年代製誰某,不着鈎餌忘鱻枯。政平則見否則隱,事雖近誕理不誣。嘉禾生庭木連理,山出玉漿池生珠。神君神父致神物,往事歷歷堪編摩。太邱治行本家法,代有良吏元龍如。鹽不計口民害去,鱷肯受網群邪誅。涪江刺史仕明季,芳聲欲并前賢驅。刑中於鄭教美魯,休征捷若鼓應桴。雙魚游泳出水面,觀者如堵歌蔦于。至今萬口尚傳説,當年百里同歡呼。使君虎節入西蜀,宕渠五載司軍儲。偶聞籌筆緬先烈,搜考舊事儲方觚。里居已訂志乘誤,姓氏尚喜叢殘書。貞珉深刻垂萬祀,辯證足使群疑祛。烹鮮媿我來澤國,臨淵之旨師江都。石人石犀渺何許,鑒此源水澄懷攄。豐年入夢豈虚致,漁者宵肅由中孚。清芬可誦心實獲,常鱗不咏吴淞鱸。［卷一,第 42—43 頁］

《蕉廊脞録》

清吴慶坻著。八卷。吴慶坻,字敬疆,浙江錢塘(今浙江杭州)人,曾任四川學政。作者在世時尚未定稿,卒後由其長子吴士鑒整理分類,由劉承幹校閱作序,出版刊行。全書内容分八類,"曰國聞,曰里乘,曰忠義,曰經籍,曰金石,曰書畫,曰嘉言"。今據中華書局 1990 年點校本引録。

　　涪州江中雙石魚，先曾大父《小羅浮山館詩鈔》有《鑑湖石魚篇》云："石刻雙魚，一銜芝草，一銜蓮花。官是邦者，有循良績則見。明吳江陳良謨知涪州，江中石魚出者三。"江中有宋、元、明人題名。姚彥侍方伯爲川東道時，得石魚題名百餘種：北宋二十三，南宋六十三，元十一，明以來不録。石魚在江心，非冬春水涸不得見，椎拓者少，故大半完善，而蜀中金石諸書卒未著録。物之顯晦，固有時耶？余入蜀晚，不獲睹方伯拓本，聞王咏齋丈所述如此。[卷六，第 169 頁]

《白華前稿》

　　清吳省欽著。六十卷。吳省欽字沖之，號白華，江蘇南匯（今上海浦東一帶）人。乾隆進士，曾歷官左都御史等。是書多記掌故風俗，於巴蜀金石之習尤多記述。今據乾隆四十八年（1783）武昌使院刻本引録。

《巴縣豐年碑説》

　　巴水自高而下，瀕水之田無溝澮可蓄，殷竢冬雨潴之陂塘池堰，所謂冬水者也。水足則穰，水歉則饑。《志》言："朝天門漢水底有石如碑名'雍熙'，一名'豐年'，非水甚涸不見，見則大稔。"我朝康熙二十三年、四十八年俱以二月見，乾隆五年二月復見，邑人龍潮州爲霖洗石刻録其文。其一，紹興戊辰二月昭德晁公武題名謂唐張孟所稱光武時題識，惜不可復見。其一，明弘治癸亥正月重慶府知府華陰屈直德、同知吉水李暹、通判六合邵寶等題名，謂弘治改元石亦嘗出見，其年大旱民饑，故守土者不可因是而弛備荒之政，居此者，亦不可恃此而有侈靡之爲也。按《方輿勝覽》言："涪陵縣江心有石刻雙魚，魚各三十六鱗，一銜萱草。劉忠順詩作蓂草。一銜蓮花，旁有石秤、石斗。"王象之言："開寶四年，石魚見，上有廣德元年二月記，以爲水退魚見，是兆豐稔。"《四川志》於《涪志·石魚》、復於《黔江志·廣德元年碑》引《寰宇記》開寶四年云云，蓋誤以刻之石魚者爲碑，而又誤爲兩地。然則碑與石魚之見，多以二月或正月，縱江水甚涸，而陂塘池堰之水自盈，兆在彼不在此也。會稽之射的湖水白則米賤，元則米貴，度亦以臘與上春而言。而龍又言，是歲幸大稔，向聞之父老言碑雖見不盡驗，益以知陂塘池堰之政視淞與雪爲可憑，而碑之見與否無與焉。晁爲四川安撫制置使，卒於嘉定，而石魚有宋寶祐甲辰臘涪守長寧劉叔子君舉追和唐大中六年轉運使尚書主客郎中劉忠順詩，其序曰："石魚唐人所刻，與渝江晉'義熙碑'相似，見則歲稔。""義熙碑"當即今所稱"雍熙碑"，并爲舉正。[卷十八]

《海山存稿》

清周煌撰。二十卷。周煌，字景垣，號海山，重慶涪陵人，乾隆進士。該書爲周煌晚年親自刪定之詩集。今據清乾隆五十八年(1793)周氏葆素家塾刻本引録。

《渡涪水》

城南城北分流水，嘗到涪江味倍親。若向石魚灘下過，爲言東海老波臣。［卷十八］

《小蘆中集》

共六卷，清王良佐撰，作者曾任貴州錦屏知縣。該書有清嘉慶二十二年恭壽堂刻本行世，今據該刻本引録其所作白鶴梁題詩四首。

奉題笠帆陳觀察鑑河石魚記墨刻四律

夢葉豐年候，心勞聚米餘。江頭來尺素，鏡裏鬥雙魚。著有銜恩象，傳無盡信書。鑑河清且直，隱見近何如。

一片涪陵石，沉浮二百年。久忘前事美，賴有後賢傳。奕葉金芝草，清芬玉井蓮。至今魚樂國，還戴鏡中天。

謬誤沿前志，叢殘證舊聞。誰將太邱長，認作大爲君。桂籍涇秋草，棠思隔暮雲。若非桑與梓，魚魯没紛紜。

昨歷重灘險，今化□宇春。嘉魚行出水，妖鳥盡爲塵。西井風濤息，東川氣象新。使君貽世澤，到處□窮鱗。［卷六］

《西底叢談》

清況周頤著。一卷。況周頤，廣西臨桂（今桂林）人，字夔笙，別號玉梅詞人，晚號蕙風詞隱,室名蘭雲夢樓、西廬等,曾官内閣中書等。一生致力於詞,亦精於金石碑帖之學。《西底叢談》專記蜀地典故及游宦紀聞。今據民國十四年(1925)上海中國書店《蕙風叢書》本引録。

海寧錢鐵江保塘《涪州石魚題名記》《清風室叢書》,自宋迄元,凡九十七種。余得舊拓本凡九十九種。以兩魚拓本冠首爲一百種。錢有余無者七種,余有錢無者八種,彼此互益,得一百零六種,石魚題刻雖不備,不遠矣。余曾識鐵江於瀘州醵幕,今忽忽十有七年矣。

李義題名　　紹興乙丑仲春

吳克舒題名　　紹興癸酉書雲日

程遇孫詩

劉濟川等題名　　淳祐辛亥三月既望

徐興卿題名　　在建炎己酉王拱等題名稍下右方

賈承福題名

李從義題名

高應乾詩

已上八種錢記未經著録。錢記標目間有舛誤,如"邢純"作"繩","趙汝廩"作"以廩","陶侍卿"作"仲卿",或由拓本模□所致,它日當編次全目一一訂正焉。吳克舒題名曰"書雲日",按《容齋四筆》云:"今人以冬至日爲書雲,至用之於表啟中,雖前輩或不細考,然皆非也。"蓋當時風尚如此。〔第 1 册,第 6—7 頁〕

涪州白鶴梁即刻石魚處有宋朱昂詩磨崖。按朱昂、梁周翰宋初同爲翰林學士,最有文譽。周翰所撰《石敬瑭家廟碑》,王文簡深以未購拓本爲惜,然則朱公之迹其爲可貴,當又何如? 文簡題石魚詩:"涪陵水落見雙魚,北望鄉園萬里餘。三十六鱗空自好,乘潮不寄一封書。"門人陳廷蕃書勒崖壁,未審當時曾見朱刻否耳。昂與弟協稱"渚宫二疏",與宗人朱遵度號"大小朱萬卷"。〔第 1 册,第 7 頁〕

石魚蹇材望題詩記,錢記材望無考。按《蜀故》:"材望,蜀人,爲湖州倅。北兵將至,自誓必死,作大錫,鑴其上曰:'大宋忠臣蹇材望。'且以銀二笏鑿竅,書其上曰'有人獲吾屍,望埋葬見祀',題云'大宋忠臣蹇材望',此銀爲埋葬費也。繫牌與銀腰間,祇伺北軍臨城則自投水中,且遍視鄉人,皆憐之。丙子正月旦日,北軍入城,蹇莫知所之,人謂溺死。既而北裝乘騎歸,則先一日出城迎拜矣。遂得本州同知。"據此則其人不足道,且甚可笑。然假使當時北軍未至而蹇先死,則鶴梁片石不將流芳百世耶。〔第

1 册，第 7 頁]

夔峽《宋頌》[1]，趙不思撰，趙公碩書。"思"字唯見《字彙補》，云："音未詳。"不思，《宋史》有傳，宗室命名，詭異者多，不足怪也。又白鶴梁劉叔子題詩末題"𠁥男貢士從龍書"，"𠁥"字亦字書所無，不可識。筱珊先生云："思"，即"憂"省。按不思，字仁仲，仁者不憂，於誼亦協。"𠁥"疑"命"字。[第 1 册，第 7 頁]

沈靖卿忠澤越籍而蜀居，媚古劬學，收藏金石甚富，摹印尤工。乙酉、丙戌間，余客蓉城，即與過從甚洽。比來萬州，時復通問，寄余漢高頤闕鳳皇磚、隋梓州舍利塔銘、覆刻蘭亭各拓本、漢軍司馬印、錢氏《涪州石魚題名記》。靖卿嗜句勒昔賢名迹，蘭亭，其手畢也。[第 1 册，第 10—11 頁]

《蕙風簃二筆》

清況周頤撰。二卷。是書内容，多記詩詞、人物、金石等。有民國十五年(1926)上海中國書店《蕙風叢書》本，前有光緒三十一年(1905)自序。

古石刻紀年之異者。單闕作"蟬嫣"：《麟鳳瑞象圖銘》"龍起蟬嫣"。在丹陽。甲辰作"甲龍"：趙與譓"雲龍風虎"四大字、"淳祐甲龍"。宜興周王廟。歲名上冠"爾雅"字：《重修天安寺記》"至元三年爾雅，柔兆攝提格"。郃陽。以"萬千"二字平列，代"年"字：《善公和尚塔幢》"至正十五萬千，歲次乙未"。曲陽。

紀月之異者。《韓敕造孔廟禮器碑》："霜月之靈。"按霜月即《爾雅》"相月"，或以爲九月，謂九月蕭霜，非是。古文通假，有省有增，鸛鶴之鶴作鸛，省也。相月之相作霜，增也。謝靈運《山居賦》"鳥則鵾鴻鶂鵠鸃鷺鶂鶒"，自注"鶂音相，唐公之馬與此鳥色同，故謂爲鶂，《左傳》作鶂。"劉德淵等《鵲山謁神應王廟》詩"中統壬戌春三囦月。"邢臺。《寶集寺沙門□□造陀羅尼經幢》："乾統三年正月小。"大興。《封龍山頌》："延熹七年月紀豕韋。"元氏。《范陽張公先塋碑》："月建囷如。"涿州。《重修聖象法堂記》："月在仲如。"元氏。《析城山禱雨感應記》："至正辛丑月正南宫。"鳳臺。《重修治平寺樓閣記》："至正五年菊月。"甘肅。閏月作潤月，《孟惠珍卌人造象》："天平四年潤九月。"《劉以龍造象》："開元廿三年潤拾月。"完縣。《會善寺岑法師塔銘》："元和五年潤正月。"登封。按宋元碑閏月作潤者多，不具載。《鄭城詩并題名》："紹興辛未後四月。"《梁公石塔實録記》："大定十一年辛

---

[1]　亦即《皇宋中興盛德頌》。

秋七月。"房山。

　　紀日之異者。《禮器碑》："皇極之日。"五日也。趙與譿"雲龍風虎"字"季春圓日"。
《眉山李壁等題名》："慶元三年狗日。"大足釣魚山。《栖雲虚静真人壽宮記》："至元二
十年季春祥日。"登封。《元巖翟子野題名》："重午休務日。"《洑波巖劉鎰等題名》："政
和丁酉絶烟節。"《碧虚亭龍躍等題名》："紹興丙辰上九日。"《蟄龍巖趙悦道等題名》：
"嘉泰甲子月夕前七日。"并臨桂。《廣福禪院經界寺基圖并記》："淳祐壬子四月結制
日。"無錫。《景教流行碑》："建中二年太簇月七日大耀森文日。"《靈巖寺讓公道行碑》：
"至正元年仲冬新復日。"長清。《吳克舒石魚題名》："紹興癸酉書雲日。"涪州。《移剌
霖驪山有感詩》："承安屠維協洽書雲後七日。"臨潼。《顧孺履等題名》："淳祐六年二月
中元。"英德。《玉皇宮四帝御押》："宣和乙巳重六日。"博山。《沙門國威造陀羅尼經
幢》："長慶甲辰十月，賁落十二葉。"永壽。《劉振㧑造陀羅尼經幢》："光啟四年月當姑
洗，莫虧十有二葉。"固安。《度公造真言幢》："正隆元年二月，賁生十二葉。"房山。《孝
行村記》："大定己酉孟冬賁芳九葉。"費縣。"蟄窟"二大字"大定廿二年春八十日"。定州。
《爨寶子碑》："太亨四年四月上恂。"南寧。《碧落洞鄭介夫等題名》："元祐丙寅五月中
沐。"英德。《蒼玉洞陳暎題名》："嘉泰三月下潘七日。"長汀。［卷一，第2—3頁］

　　涪州石魚，《劉叔子題詩記》末云："侖男貢士從龍書。"寶祐二年正月。顧起元《客座
贅語》："笛管稍長短，其聲便可就板弦索，若多一彈，則厼板矣。""侖"、"厼"并字書所
無，不可識。筱珊先生云："'侖'當是'命'字。"按楊升庵《雜字韻寶》："厼音欺，從三個參差
兒。"《西廂記》"厼拍了迎風户半開"，羅叔韞云："少室石闕拓本佚字，翁北平所未見者，袛一聶字完
整。此非俗字，卻不可識。"［卷一，第17頁］

《蜀道驛程記》

　　清王士禎撰。二卷。康熙十一年(1672)，王士禎奉命入蜀，主持四川壬子科鄉
試。此書爲據其沿途記聞而作。《蜀道驛程記》中雖有大段文字記載涪州石刻、題名、
古迹，但未直言石魚題名，然據石梁所見王氏題詩，該詩正撰於此時，故録此游記以備
有識者考之。今據康熙三十年(1691)刻本引録。

　　十二日，五更，登小舟游北巖。巖南對涪城，江流迅急，逆流五里達北岸，始曙。
岸上皆巨石，石磴自巖脚潦繞而上。里許，至普浄院舊址，有四賢祠，祀伊川、山谷、尹

和靖及郡人劉尚書炭。北上，石壁横可三十餘丈，高可七八丈，壁間嵌山谷書"鈎深堂"三大字。循石磴而上，石壁益峻，有洞可十笏許，南面江水，即伊川先生紹聖中謫涪注《易》處，涪翁爲題"鈎深"者也。西偏有小棧跨澗，澗中巨竹數百竿，夾棧而生。竹杪闌干詰曲，孤亭翼然，下臨江水，風帆沙鳥，如在鏡中，宋之碧雲亭也。朱君重茸之，又修治鈎深堂遺址，擇一二緇流居之。其留意文獻，可敬也。石壁題字頗多，漫漶不可讀，有古樹穿巖裂石而上，蟠曲如龍形，王龜齡大書"龍樹"二字于壁。題名可辨者，宋淳祐辛亥左縣劉濟用"三山林元"，成都杜庭燮"三瀘"，何績"來游"。嘉定中成都施擇善紀事，又蔡白石一詩云："點易巖前露未乾，臺臨水府碧濤寒。後儒若問伊陽秘，一畫當年示子安。"朱君以小舟迹至，攜茗具，留坐碧雲亭。日出解纜，午抵酆都縣。［卷下，第 15—16 頁］

《使蜀日記》

　　清方象瑛撰。不分卷。該日記爲蜀平之初，四川行秋試，作者受命擔任考官時行經四川各地所聞所感，具有較高史料價值。其中涪州記事，即有述及白鶴梁及周邊之景。今據《叢書集成續編本》引録。

　　（康熙二十二年十二月）初四日，至涪州。荔枝園在龜龍峽東，唐時爲妃子園，荔枝百餘株，"馬上七日抵長安"即此，今無種。江心雙魚刻石上，各三十六鱗，旁有石稱、石斗，見則歲豐。北巖普津院，程伊川讀《易》處，黃山谷題曰"鈎深"。有張飛祠，宋大觀中，人於祠前得三印及佩鈎、刀、斗，上鐫飛名。

《使蜀日記》

　　清孟超然撰。五卷。孟超然，字朝舉，號瓶庵，福建閩縣（今福州市）人。出身官宦世家，清乾隆年間考取進士以後，在吏部當上五品郎中，分發四川學政，此爲赴蜀就任途中所記見聞，所記石魚者一處。今據嘉慶二十年（1815）刻本引録。

　　（乾隆三十四年九月）三十日過涪州，州爲伊川夫子過化之地，邑乘無有，舟次望見易洞，即程子讀《易》處。聞山谷先生有題"鈎深處"三字，惜未一至。重慶一郡文風,涪爲最。聞邑中比户誦讀聲相聞,宜秀士之多也。涪江中舊聞有雙石鯉魚,水淺則見,余亦未之見也,晚泊,去酆都四十里。[卷二,第13—14頁]

《蜀輶日記》

清陶澍撰。不分卷。陶澍,湖南長沙府安化縣(今益陽市安化縣)人,字子霖,號雲汀。"嘉慶十五年庚午歲,偕編修史評,典試四川,此其紀行所書之日記也"[1],所記多地理形勢,并論及戰守得失,分析人文風情,言明治理之要,結合江河形勢,論及漕運水利,見解精闢。今據嶽麓書社1998年整理本《陶澍集》引録。

(嘉慶十五年十月)初八日。舟發,過雙魚石,漁洋詩"涪州水落見雙魚"是也。此石魚在江底,一銜芝草,一銜蓮花,各三十六鱗,現則年豐。[第555頁]

《緣督廬日記鈔》

清葉昌熾著,王季烈抄録。十六卷。葉昌熾,字鞠裳,自號緣督廬主人,江蘇長洲(今蘇州市)人。清光緒十六年(1890)進士。此日記記事始於清同治九年(1870),止於民國六年(1917)作者逝世前七日,共四十八年。今據民國二十二年(1933)上海蟫隱廬石印本引録。

(乙酉三月)初七日,鄭盦出示《石魚題名考釋序》。石魚在涪州江中,水涸方得拓。姚彦士觀察爲川東道時,拓得宋元人題名百許種,爲之考釋,而丈爲之序。[卷三]

《弓齋日記》

清姚覲元撰。不分卷。現存日記上起同治二年(1863),下訖光緒十六年(1890),中間多有缺失。然其在川東地區的日記,僅光緒十一年(1885)、十二年(1886)不存,可以説,此日記是研究清末重慶及周邊地區歷史的重要史料。姚覲元曾有題名留白

[1] 李肖聃:《李肖聃集》,嶽麓書社,2008年,第588頁。

鶴梁,亦曾編《涪州石魚文字所見録》,故該日記中記載石魚題刻頗多。今據上海圖書館藏鈔本引録。

(正月)十七日,陰。提鹽委員唐臣來。省鈔:大府乞病,准開缺,兩湖李筱荃制軍調四川,未到任,以前文方伯护理,前遣往涪州之刻碑人歸。[《丙子日記》]

(正月)十八日,陰,微雨。得宋丞寶華信,知英人於上年除夕行抵屏山,因見山高灘險,始由水路回至安邊,仍從高珙筸連而去。又接繆小山信,云在涪州訪得石魚題字七十九種,皆宋元刻石,即日寄書宣牗孫令督工人搥拓。[《丙子日記》]

二十日,陰。寄田子實書,托購唐人寫經。又寄胡若川書,托覓駐灌縣之成都水利同知衙門内唐刻佛經殘石。此地當是唐之廢寺,故發地往往得之,皆兩面刻字,惜石粗頑不得作硯。得英人已於初九日自安邊宜賓縣屬去訖。寄鍾蓬翁書。宣牧遣人送到石魚題刻一分,計八十五種。[《丙子日記》]

二十二日,陰,小雨。涪州吏目沈芝茂松如送到石魚題刻一分,以拓手不精,且只二分,不敷分贈也。別遣程忠至涪督劉匠搥拓。又致宣牗孫書託長壽林令轉交,以昨送石魚文字者長壽差也。[《丙子日記》]

(二月)十三日,微晴。得味荃書,并贈漢軍假侯銅章,又朱文光方印、吳興圓印各一方,皆元人物也。魚嘴沱鄉人以江灘沙中得舊麻柳木兩段,色赤墨如紫榆,蓋不知沉淪幾何年也,持以求售,以白金二兩五錢得之。文靜山送到石魚題字二分。[《丙子日記》]

二十三日,陰雨。涪州拓碑之劉匠歸,得護院行知具奏東鄉事摺稿,作篆六大幅,似微有所得。[《丙子日記》]

(六月初八日)涪州江心石魚則年豐。卷十三《隨説雜記》卅六頁。[《丙子日記》]

(十二月)二十一日,春朝,陰。巳刻,象乾來與夏參將共議散勇事,廳齋言江水甚小,薛校官之子從敘郡來,小舟尚行七日,是小筱未必即至矣。寄李玉階書交胡萬昌。碑匠劉季從涪州來,拓得石魚二分,云魚下題字上年未拓者,今亦漸露。致書吳棣山代爲槌拓,即令劉季齎往。新造石盆成,蓋第三也。題詩於其上,命工刻之。寄長壽令林煥臣書,并桑秧一千四百七株。《蠶桑易知録》七百本,提江北京控曾令邦莘來。[《丙子日記》]

(正月)二十七日。寄味荃信并《集韻》《類篇》《韻略》各一部,《蠶桑易知録》一千本。又寄吳地山信,爲拓石魚事也。購得《縮摹漢碑全形》一册,計三十四種,非全本

也。又鄭文公、高遷碑各一種，魏僧洪寶造像一張，太室、少室開母石闕一分，張雪鴻畫直幅一軸。[《丁丑日記》]

(六月)二十五日，早晴，哺後陣雨，旋晴。約錢圖山、蘭陂二大令朝餐，囑撰石魚題記考證。未正，上院大府屬緩回渝，晚赴子箴前輩之約，出示米元章、黄山谷、鮮于伯幾字卷各一，黄子久畫卷一，皆無上妙品。宣少黼贈唐人寫經殘石一片，沈石田花果小卷一件。購得六朝唐鏡共五面，大印池一。得家書并《漢隸字原》樣本一分。[《丁丑日記》]

(四月)二十三日。癸酉。晴。催墊江縣事。清溪令唐彝銘松軒來。涪州濮牧江津問案、試用令羅度巴縣問案均未見。法國教士白德哩來見。得錢鐵江信，并石魚題記一本、拓本九十九張。同鄉江大令《學海》帶來。[《戊寅日記》]

《藝風老人日記》

清繆荃孫撰。記事起自清光緒十四年(1888)三月一日，迄於民國七年(1918)十月二十一日。日記涉及大量金石收藏、古籍題跋、詩詞酬唱等内容。其中檢得白鶴梁題刻相關材料共十七條。今據鳳凰出版社2014年《繆荃孫全集》整理本引録，部分文字以北京大學藏日記鈔本校改。

(九月)十八日癸卯，晴。録高陵金石。趙均堅招飲廣和居，裴伯謙、閏枝、壽京、葆良、叔桓同席。閏枝來。小楊送《古今逸史》《元遺山集》來。校《石魚文字所見録》。發定襄曾表姊信。[《日記一·壬辰日記》，第231頁]

(九月)十九日甲辰，晴。録鄠縣金石。周燮墀家鍇來。柚岑來。校《石魚文字所見録》。[《日記一·壬辰日記》，第231頁]

(九月)廿日乙巳，陰。拜周燮墀、陳蓉曙、梁杭叔、王蓮生、趙君堅、唐春卿、王季樵、裴伯謙。季樵座上晤路訪岩朝霖同年。伯謙出示范純甫告身墨迹、舊拓《夏承碑》。發貴州筱泉信。校《石魚文字所見録》畢。假蓉曙《上虞志》一册。晚，大風。[《日記一·壬辰日記》，第231頁]

(九月)廿四日己酉，晴。録三原金石。發廣西江藻亭信。爲曾遠如書聯。發上海吴申甫信、孫問青信、大通凌塵遺信，寄《石魚文字所見録》。還小楊《古今逸史》。

裝訂《叢書》。路訪岩送《入蜀集》來。劉寶良來。梁杭叔來。夏彦保假《經義考》六函去。[《日記一·壬辰日記》，第 232 頁]

（正月）九日壬申，陰。王雪澄來，還善本書目經部來，又借《石魚題名所見録》去。拜王雪澄昆仲、莊心階、汪□□。校《唐風》畢。跋六唐集校本。晚，家人聚飲。書屏回常。讀《陳規守城録》。[《日記三·壬子日記》，第 181 頁]

（四月）六日戊戌。王雪澄來，還史部書目、《石魚所見録》。積餘、健人來。李貽和自金陵來。理志石畢。校《長安客話》目録、《談薮》。校蜀石經清本畢。校《大學正業》。[《日記三·壬子日記》，第 194 頁]

（九月）十五日癸酉，陰。詣汪子淵談，偕光珊同詣盛杏公長談，傅苕生在座，回寓已未正矣。面交《天山年譜》《明名臣琬琰録》十册又送《古學匯刊》二册。詣楊心吾、王雪澄，均未晤。讀《陳書》第四。校《秦淮談故》“紀鑒”之第三卷、《年譜叢鈔》。嗽愈甚。谷瑛來，交與書屏紅書三册。發寫《鄉里紀聞》。校《石魚所見録》。嗽。[《日記三·壬子日記》，第 217 頁]

（九月）十六日甲戌。校《石魚所見録》。發晋初信，言更正譜綫事。輯《紀鑒》第三卷。葛昌湄來，還《千頃堂書目》七册。撰家譜序録。上盛宮保一箋。致幼矜一束。接吳荫臣信，言授經事無眉目，住京尚有時日。嗽甚。[《日記三·壬子日記》，第 217 頁]

（九月）十八日丙子，晴。輯家譜敘録。接吳印臣兩詞印，和其韻。改《八仙譜》。接學南信。校《石魚所見録》。子霖來。嗽如故。服藥。[《日記三·壬子日記》，第 217 頁]

（九月）廿六日甲申，晴。吕幼矜借《江蘇金石記》六册、目一册去。送湖北板與盛氏書樓。閔菊生來條。校《史通》三、四兩卷。劉健之來。換到江蘇鐵路股票一百十九股。與朱伯房一片。校《石魚所見録》。輯《秦淮談故》。[《日記三·壬子日記》，第 219 頁]

（九月）廿八日丙戌，陰。發日本羅叔藴信、王静庵信，發次速信、常熟丁秉衡信。校《史通》十一、十二、十三三卷。飯前小飲。接吳印臣電。丁竹孫上左、吳石潛來。購《元詩體要》，去洋十八元。光珊來改沈志。校《石魚所見録》。輯《秦淮談故》。初寒，將立冬矣。接鄧勇若信。[《日記三·壬子日記》，第 219 頁]

（九月）廿九日丁亥，雨。校《史通》十四、五兩卷。與眉卿一束、幼矜一束，送惲氏兩書，瞿季恒一束，還書畫五種。勘《石魚所見録》。校《陳書》傳卷一。晚雨徹夜。

［《日記三·壬子日記》，第 219 頁］

（九月）卅日戊子，立冬，雨竟日。發無錫西門外柿花巷保仁典下首五家韌庵書單、鄧傅若信、江陰嘯崖信、吳印臣信。校《史通》十六、七、八三卷。勘《石魚所見録》畢，較錢跋少五種多四種又二種係北崖搨本。鄧秋枚饋四十元又《古學》二期兩部。致眉婿一柬。雨徹夜。［《日記三·壬子日記》，第 219 頁］

（十月）己丑，朔，雨竟日。家祭。勘《石魚目》畢。子齡來。冷，始御爐。延倪先生教小孩書。阿三到閏枝處上學。寫《淮青話舊》。雪。［《日記三·壬子日記》，第 219—220 頁］

十一月戊戌，朔，晴。校《嘉禾志》二卷。撰《嘉祐七史》跋。接曹揆一信、李審言信、鏡涵信。禄保生日，餐面。見朱子儋刻《陸放翁近體詩》，議價不成。傅若回里。校《上谷訪碑記》。撰《毛詩釋義》《石魚文字所見録》《章實齋文》、吳、潘兩樂府四種緑起。發書屏信。［《日記三·壬子日記》，第 229 頁］

（十二月）四日辛丑，陰。致劉光珊一柬，寄和聚星堂雪韻詩。送吕幼舲《方山集》及信，約何日交板，取木匣兩隻回。取沈子培交《消夏録》一册回。校《嘉禾志》卷廿六至廿九。接吳印臣信。撰哲堂叔祖傳。李壬甫來。跋《石魚文字所見録》。［《日記三·壬子日記》，第 230 頁］

（二月）廿四日辛卯，雨。發幀逸信、丁秉衡信。鄧秋枚取集部目卅七葉、《今樂府》十四葉、《石魚》十五葉、筆記八葉去，共七十四葉。送惲季文夫人幛。校《藏一話腴》。校《崔山集》卷廿四。［《日記三·癸丑日記》，第 247 頁］

《巴船紀程》

清洪良品著，一卷。作者於同治八年（1869）十月取道漢南，赴渝州時之紀行日記，行至涪州時觀白鶴梁，并記述形迹。今據民國十三年（1924）中華書局《古今游記叢鈔》本引録。

余由北岸渡涪水而南見江心亂石二堆。舟人言下有石魚。祝穆《方輿勝覽》云："涪陵江心有雙魚刻石上，每一魚三十六鱗，出必豐年。"王阮亭詩："三十六鱗空自好，乘潮不寄一封書。"［卷三十，第 58 頁］

《龍脊石題刻》

清錢保塘撰。不分卷。該書主要收録重慶雲陽白鶴梁題刻文字,仿《涪州石魚題名記》及《涪州石魚文字所見録》之體例,對題刻人物及題刻内容多有考證,對於研究川江地區水文題刻有重要學術價值。今據臺灣新文豐出版社《石刻史料新編》鈔本引録。

沈安義等題名。拓本高三尺二寸,寬七尺,十七行,行字不等。草書,左行,字徑四寸許。

上缺義熙,涪陵之石魚,雲安之龍脊,地維不同,古今民之占豐年則一也。邑令、開封沈安義子方,以嘉定辛丑人日率同僚游龍脊,修故事也。燈夕後三日,春空開明,晴光驗蕩,復拉延平廖伋祖子上,武陽黄烈毅夫,宛陵李棟子東,大梁高彭伯、季祖興亂江再游於此,摩挲石刻,搜閲各題,插小亭於平江,酌衆賓於古磧,夫此州之勝迹莫不因人而重,顧先後名公鉅卿來傾是邦,此未始不粹,其乃而爲一時之巨麗也。歸棹收岸,斜陽滿舟,刊之以紀,留序識歲月云。沈安義書。[第三輯,第七五册,第366—367頁]

《金石苑目》

清姚覲元編。一卷。該書實爲姚氏爲劉喜海《金石苑》所編之目録,所編"以州縣爲綱,仍各依時代先後,以次編列",便於查證,同時對劉喜海所誤者,稍加訂正。今據光緒四年(1878)刻本引録。

諸城劉丈喜海於道光年間開藩四川,取蜀金石之現存者,鈎摹其字畫,加以跋尾,勒爲一書,名《三巴耆古志》,雕刻致工,考證尤爲精博。薛尚功《法帖》後,此爲巨觀,不僅爲蜀碑目之續而已。顧其書前無敘目,又每種各自爲次,不分卷第,書賈褶裝,每多淆亂。蓋此書統名《金石苑》,隨所得而續,於後不可以數限也。光緒戊寅夏,因搜求蜀金石,翻閲及之,乃手録其目,都爲一卷,以州縣爲綱,仍各依時代先後,以次編列。其金石之所在,或城或鄉,某山某水,凡書之所載與書所不載,而己所確知者,亦附注於下,庶使後之求者得以按籍而索者,余當考之。自歐、趙以來,言金石者多矣,或謬誤相沿,或遺彼失此,雖通人不免。此無他,身未歷其地而徒執故籍以求之,所以蔽也。今劉氏以宦游所至,故目驗之墨本,著之於篇,宜若可信矣。然證以余之所得及所身歷,或尚不無遺憾,魯直西山題記及萬州西亭記,何倪等題名,實在萬縣之魯池,與岑公洞一江之隔,相距甚遥,而題曰"岑公洞"。余惟身歷其地,故知之,其未身歷者,不敢臆説也。又如綦江吹角壩之建安殘石,德陽之上庸長,雲陽之梁天監鄱陽王并蜀廣政張匡翊等題名,南部之唐鮮于氏里門記,富順之唐薛公造石阿彌象贊,巴縣之宋淳化經幢龍門題字,東坡詩帖之屬,以及涪州之石魚,萬縣之魯池、岑公洞,其題名、題記、題詩,殆不下百餘種,不可僂指數,今其石俱存,余皆得有墨本,而書中概遺而未載。而奉節之隋龍山公墓志、唐舍利塔下銘、彭水唐田府君墓志,其出土在此,書之後者,更無論已。夫以劉氏生當盛平,出全力致求,以副其所好,而尚不免於訛謬,且若漢、若梁、若隋、若唐、若宋,若宋石之佳至好,尚在人間者,竟不能羅而致之。若余者,雖幸而見之,又不能鈎摹考訂,續爲一編,以繼其後。然則金石之學,固易言哉,故并著之以告後之君子。是歲六月望,歸安姚覲元書。[《金石苑目錄敍》]

《匋齋藏石記》

清端方撰。宣統元年(1909)成書,共四十四卷。是編所録悉爲作者所藏之碑刻、瓦磚、錢範、墓誌、泥洗等銘文,自漢迄明,按朝代先後編次,凡七百餘器,仿《金石萃編》之例,録文於前,附考釋於後,并詳原物之尺度,足資考證。今據宣統元年上海商務印書館石印本引録。

《欽定古今圖書集成·氏族典》甄録姓氏書極博,其禄姓部,列傳唯漢有禄束贊,明有禄存、禄禄、禄永食,自三國迄元則并缺如。今得此墓誌,又四川涪州白鶴梁石魚有宋判官禄幾復題名,并可補姓氏書之缺。[卷十九,第七頁]

《石廬金石書志》

清林鈞撰。共二十二卷,附"石廬所輯金石書目"。該書略仿《四庫全書總目》并參考各家藏書記之例,收書凡九百六十九種,分爲十二類。書前有當時諸家對該書的評語、作者自序、總目。今據民國寶岱閣精刻本引録。

《涪州石魚文字所見録》。風雨樓刊本。清歸安姚覲元彦侍、海寧錢保塘鐵江同撰，後有錢鐵江、繆荃孫兩跋。石魚在涪州大江中，唐廣德年刻雙石魚於其上，至宋有"石魚見，歲大稔"之謠。題記縱橫百餘段，彦侍分巡川東，拓得北宋二十二種，南宋六十四種，附宋末九種，元五種，凡百種。明以下不録。唐刻在下，不易見。姚君以石本寄錢君考證，合撰是編。荃孫先生得此録，復依拓本對校，缺三種，多兩種，剔出北巖兩種，爲量尺寸，畫行數，眉目較原録清晰。蜀中金石諸書，率未著録。《新修涪州志》頗有登載，然亦未詳，且多舛僞。是録并足以補諸城劉氏《三巴金石苑》之未備也。［卷四］

《藝風堂藏書記》

清繆荃孫撰。共八卷。是書爲繆氏藏書概要，詳載每種書的卷書、行款、序跋、書牌等，并記録各書所有題記。《涪州石魚文字所見録》一書因由繆氏手校刊印，且其曾親至石梁打碑，故所記成書本末尤爲至當。今據上海古籍出版社 2007 年整理本引録。

《涪州石魚文字所見録》一卷。光緒乙亥冬，荃孫由成都赴禮部試。過重慶川東道，歸安姚彦侍覲元謂余曰："今冬水涸，涪州石魚見矣。"翌日攜拓工抵涪，掉小舟到石魚，盤旋沙石間，得北宋題名二十二段，南宋六十四段，元五段，猶以未得唐廣德題名爲憾。拓成，工人攜歸渝而余遂東下矣。次年觀察與海寧錢鐵江大令保塘考訂成書，郵寄校正，遂留余篋。今兩公早歸道山，展閱之下，不勝悵惘。［卷五，第 105 頁］

《邠州石室録》

清劉承幹撰。《邠州石室録》，葉昌熾輯。三卷。葉昌熾，光緒二十八年（1902）奉使出隴，過邠州，游大佛寺，見石室中有唐以來各種題刻，遂手自抄録，得一百餘通，名之爲《邠州石室録》。嘉業堂主劉承幹爲之刊刻并作序，今據清末嘉業堂刻本引録。

金石簿録，歐、趙尚矣。乾嘉以後，作者如林，《平津》一録，囊括紘宇。畢、關中州。阮、山左兩浙。翁粵東。諸家，皆以一行省爲區域。下至一郡一邑，南如江寧，北如常山，中原如安陽、偃師，亦皆有專書與地志相表裏。然余所見，無如長汀之蒼玉洞，一卷之石，其爲地也幾何，而劉燕庭方伯獨輯而録之，好寫精雕，一如其所纂《三巴香古志》之例。吾鄉姚彥侍方伯有《石魚題名考》，所謂石魚者，亦夔巫江中一石耳，惜方伯歸道山後，雲煙散落，其書佚不傳。長洲葉鞠常先生比年避地海濱，過從論學，知其奉使隴皋時，過邠州，游大佛寺，得唐宋石刻百餘通。歸田後，手摹其文字，又繫以考釋，成《邠州石室録》三卷。邠州爲古新平郡，其地當關隴之交，緇車軺傳，往來不絕，朝發郡城，夕宿長武，而此刹適爲中頓。士大夫登臨流覽，視若無睹，而先生獨能於傯傯于役之交，盡發其寶藏。知世間文字顯晦，固有其時，尤必待其人而後出也。

《語石》及《語石異同評》

清葉昌熾撰。十卷。宣統元年(1909)刊。是書研究石刻，不僅包括傳統碑誌，也關注前人遺漏之橋柱、井欄等題字，被稱爲"中國第一部通論古代石刻文字的綜合研究著作"[1]。敘述碑刻制度、文字内容、收藏辨僞等，兼述相關石刻遺聞，共計四百八十四條。後柯昌泗爲《語石》作評，分條補訂，指點異同。今據中華書局 1994 年點校本引録。

蜀碑初不顯於世，自劉燕庭方伯命工椎拓，始稍稍出。今見於《三巴香古志》者皆是也。趙撝叔續平津碑目，即據燕翁書爲藍本，故蜀碑居其泰半。然余所得拓本有劉氏藏印而不見於《香古志》者又不少，蓋皆其續得而未入録者也。燕翁殁後，拓本流入廠肆，爲南匯沈韻初孝廉所得，今又歸繆筱珊矣。筱珊未通籍時，從其尊甫游宦蜀中，所至輒以氊蠟自隨，故所得蜀碑亦最多。嘗告余云，顏魯公《中興頌》資州有兩覆本，皆在高巖，摩厓深刻，輕舟泝江而上，望之歷歷可見。巑叢鳥道，唐宋題名，如魚銜鈎而出。重淵之深，絡繹不絕。以燕翁搜羅之廣，今新出本蓋又不知凡幾矣。歸安姚彥侍丈備兵川東，訪得石魚題名數十通。釋其文而考之，得書一卷。自彥侍丈歸道山，公子公蓡繼殂，其稿本恐爲蠹蝕矣。石魚者在夔巫江中，水溢則没，水涸則見，亦灩澦堆之類也。非水落時不能拓。土人以魚之出没，卜歲之豐儉。[卷二，第 103 頁]

(評)蜀碑屢經劉燕庭、韓小亭、王文敏、繆藝風諸名家搜訪，碑版有《金石苑》之全文，題名有藝風堂之詳目，足資訪碑之漁獵。……。至於姚氏石魚考釋，此書恐稿本不傳，今已爲□□□□刊行矣。[卷二，第 105 頁]

---

[1]　王巍主編：《中國考古學大辭典》，上海辭書出版社，2004 年，第 104 頁。

題名同，而所題之石不同。……。一爲摩厓。負郭諸山，若蘇之虎邱，杭之三竺，荒厓絶巘，人跡不到之區。若夔巫諸峽，莓苔封蝕，樵牧摧殘，不知凡幾。且地愈僻，則沈埋愈久。其出也，往往蟬聯不絶，鋒穎如新，如鴉接翼，如魚銜尾。一人所題，或不止一刻。後人所得，或轉過前人。少者十餘通，多且至百十。如蜀中新出之石魚題名，閩中新出之鼓山題名。［卷五，第349頁］

題名皆在名山洞府。……。不如由褒斜入蜀，天梯石棧，閣道雲連，石門析里之間，宋時士大夫入蜀者，莫不濡毫於此。惟古時棧道在高處，今遥望層巒疊嶂間，字跡皆可望不可即。今世所得見者，惟晏袤山河堰諸刻，及玉盆題名十二段耳。皆崇寧間刻蜀中惟成都數百里平坦，四面皆山。自劉燕庭入蜀搜訪，三巴古跡始大顯。簡州有周文王廟，資州有東北兩巌，巴州有南北兩龕。巴州之佛龕記、楠木歌、西龕石壁詩，皆乾元中嚴武所刻。余新得杜甫書嚴武詩，浣花遺跡，海内祇此一通，可以傲燕庭矣。其餘舊所録者，若榮縣之榮梨山，蓬溪之龍多山，綿州之富樂山，劍州之鶴鳴山，彭山之象耳山，廣元之千佛厓、大雲寺，樂山之程公洞，萬縣之岑公洞，夔巫江中新出石魚題刻，姚彦侍方伯搜得之。藝風生長錦城，嘗云舟行三峽中，遥望臨江石壁，參差掩映皆古刻也。《三巴𦂳古志》所收，皆人跡易到者耳。［卷五，第351頁］

（評）葉君以漢碑題名，與唐宋不同，而云題名不必求古刻。……。至題名諸例，若宋韓靳王翠微亭題名，其子彦直書。劉叔子涪州石魚題詩，侖男黄土從龍書，繆小山以爲命字。賈炎饒益寺題名，子公傑親摹上石。永嘉謝容巌，宋謝泌題詩，自稱遠孫泌。新安志云：謝泌自言晋太傅安二十七世孫。而謝容爲大傅兄子玄之孫。故此刻有遠孫之稱。皆子孫書題例中之奇品。定州隋七帝寺僧玄凝等造象，有素像匠、染匠、大殿木匠、銘文書手等題名。此匠石題名之新例。四川雲陽龍脊石，宋治平乙巳，魯九齡等題名，王長卿奉命染指書以題。此奉命書者之新例。雖皆見著録，而葉君未舉及者也。［卷五，第358—359頁］

（評）石刻題撰書人名，漢晋六朝初無定式。或在文中，柳敏碑是也。或在文末，武班碑是也。或在夾注中，衡方碑是也。或在碑陰，西狹頌是也。或在碑側，北齊西門豹祠是也。或另刻於下方，劉平國造烏壘城記是也。至唐，始以分列標題之下，爲通行之式，以至近代。其有不用此式者，則爲異製。……。撰書字例，葉君所舉已詳。其出自一人者，又有金耀州延昌寺創修三門勸緣姓名記，少陵杜穆謹記并書丹畫篆額。其標名之詭異者，撰文則有酉陽唐溪州刺史田英志，後周介公元孫太陽子撰。介休李將軍墓碑，鄉貢進士□易簡書。前定□□□□節度使縣鄉貢學究喬久成書。金華嚴堂記，殿試先生唐□華撰。書字則有海州宋海清寺柳巒建塔記。書記俗士牛景寫碑。蘇可久功德記,手分倪文忠書。雲陽龍脊石,宋魯九齡等題名,王長卿奉命染指題。涪州石魚,劉叔子詩云:龡蜀貢士從龍書,繆藝風云,龡當是命字。又聞喜宋唐興寺經幢,書經僧惠凝,同寫人馮太簡。當爲共所寫經功德者,是以稱同寫人,而幢則仍爲惠凝所書也。[卷六,第 421—422 頁]

　　(評)臨桂況夔笙(周頤)《蕙風簃雜記》,於石刻紀年月日之異例,列舉甚詳,多在葉君所引以外,今迻録之而補其所未及。紀年之異者,隋燕孝禮誌,歲在東宮。宋麟鳳瑞象圖,單閼先蟬蟝。元重修天安寺記,至元三年爾雅柔兆攝提格,於歲名上冠爾雅字。遼李晟造陀羅尼經幢,咸雍七年任午,以壬爲任字。北周葛山寫經,大象兩年,以兩字代二字。元善公塔幢至正十五厲,以萬千二字合書代年字。紀月之異者,元劉德淵等鵲山謁神應王廟詩,中統壬戌春三团月。遼寶集寺沙門□□造陀羅尼經幢,乾統三年正月。小歆村龍山張公先塋碑,月建圉如。後魏內外曹天度造塔記,月侶鶉火。元匡造石橋記月□沽洗。元析城山禱雨靈應記,至正辛丑月正南宮。紀日之異者,宋顧孺履等題名,淳祐六年二月中元。趙與譿雲龍風虎字,季春圓日。元栖雲真人壽宮記,至元二十年季春祥日。蒼玉洞陳瑛題名,嘉泰三月下潘七日。宋伏波巖劉鎰題名,政和丁酉絶烟節。廣福院經界寺基圖并記,淳祐壬子四月佶制日。元岩翟子塈題名,重午休務日。宋玉皇宮四帝御押刻石,宣和乙巳重六日。元張柔墓碑,旃蒙協洽夏七十有五日。讓公道行碑,至正元年仲冬新復日。吳光舒石魚題名,紹興癸酉書雲日。金移剌霖驪山詩,承安屠維協洽書雲後七日。宋蟄龍岩趙悦道題名,嘉泰甲子月夕前七日。李璧題名,慶元三年狗日。唐馮善廓浮圖銘,丙寅作丙演。宋王士宗造破地獄真言,戊辰作戊晨。金華嚴堂記,泰和八年戊辰歲仲春一十有五日乙卯朔,乃書朔於記日之下。北周時珍誌,宣政元年歲次降樓,十二月神祏朔九日傳送。據五行大義引元女式經,六壬所使十二神者,神后主子水神,大吉主丑土神,功曹主寅木神,大衝主卯木神,天剛主辰土神,太一主巳火神,勝光主午火神,小吉主未土神,傳送主申金神,從魁主戌土神,微明主亥水神。此誌以六壬十二神爲日支之名,神祏即神后子日也。傳送,申日也。記時之異者,金劉思益思蜀造陀羅尼真言幢,天德二年五月四日統時。遼許延蜜造陀羅尼幢,乾統廿八年七月九日。[卷六,第 423—424 頁]

《宋詩紀事補遺》

　　清陸心源撰。一百卷。該書是陸氏依厲鶚《宋詩紀事》體例,對其遺漏補輯編撰,搜集宋詩資料頗爲豐富,其中多有反映宋代社會的詩篇,具有史料價值。此據山西古籍出版社 1997 年點校本引録。

楊子方,涪州守。

《儀門》:頻看召客趨金馬,再見豐年出石魚。《輿地紀勝》:"太守楊子方《儀門》詩,蓋石魚在涪陵江中,每出則年必豐故也。"劉忠順詩云:"七十二鱗波底鎸,一銜萱草一銜蓮。出來非爲貪香餌,奏去應同報稔年。"[1][卷八十九,第 2096 頁]

《歷代詞人考略》

清況周頤著。三十七卷。該書内容涉及唐宋六百八十多家詞人小傳,詞本事、詞牌詞調源流演變資料,歷代學人關於詞人、詞牌的考證評論,尤其是作者所加按語,多發前人所未發,精闢之至。唐圭璋認爲該書"較《歷代詩餘》所附的《詞人姓氏録》爲詳,頗有參考價值"。[2] 今據《中國公共圖書館古籍文獻珍本匯刊》影印南京圖書館藏鈔本引録。

馮鎔,字景範,夔州人,嘉泰間鄉貢進士。按:馮景範詞《如夢令》題龍脊石云:素養浩然之氣,鐵石心腸誰擬。蒿目縣前江,不逐隊魚游戲。藏器。藏器。只等時乘奮起。前署郡人馮鎔姓名,後書嘉泰壬戌仲春鄉進士馮鎔景範游此,因成《如夢令》一闋,書之於石云云,見《魚龍文字記》。龍脊石,在四川夔州府雲陽縣龍脊灘。石壁題刻殆遍,以濱江窪下,非水涸甚不得見,故未經前人著録。光緒壬寅蕙風況先生薄游雲安,是年冬乾,水落石出,諸刻呈露,爰亟命工從事氈椎,得孟蜀已還題名九十餘種,景範詞其一也。況氏審醳全文,合以涪州石魚題名拓本一百有零,爲《魚龍文字記》二卷。[卷三十六]

《趙熙集》

該書爲清末巴蜀大儒趙熙詩文集,共匯輯《香宋詩集》《香宋詞》《香宋文録》《趙熙年譜》以及序跋等文字三千餘篇,其中有趙熙旅涪期間所作石魚詩詞三篇。今據浙江古籍出版社 2014 年整理本引録。

---

[1]　該書另引録石魚文字四種,姑不另録。
[2]　黃霖主編:《20 世紀中國古代文學研究史·詞學卷》,東方出版社,2006 年,第 334 頁。

涪州立春

芳春隨客至，山午一城煙。五里鹽關見，千村瓦鼓傳。沿江巴最富，懷古宋多賢。水落雙魚出，鄉書何處邊。［《香宋詩集》卷一，第 14 頁］

得玉津師涪州書

秋水雙魚落，美人涪上居。十年函丈後，萬事劫灰餘。白雪思扶杖，青山早著書。他時解圭組，何地夢樵漁。［《香宋詩集》卷二，第 99 頁］

石　梁

玉筍排空峽路長，午風吹處白雲香。蝦蟆磧外空回首，何處仙人度石梁。［《香宋詩集》卷二，第 164 頁］

《秦隴羌蜀四省區志》

該書爲民國時所修區域總志，由地理學家白眉初主編，北京師範大學史地系 1926 年出版，有關於白鶴梁題刻記載一處。

白鶴梁。在大江中，水落石出，多宋明人字迹，下有石魚一。相傳石魚現則豐，故有石魚兆歲之諺。供人游賞之地，如觀音閣，往黔江之濱，去城東南約七八里，頗極林泉之致。［第四章《縣邑志略》，第 73 頁］

《川陝鄂邊防記》

該書由清嚴如熤、張鵬翂輯。分輿圖、道路考、額威勇公行營日記、水道、險要、民食、山貨、制、策略等十三部分。前有蔣中正序，張鵬翂原序、嚴如熤原引，由國民政府軍事委員會委員長南昌行營 1934 年印行，今據此版本引錄。

初八日，舟發過雙魚石。漁洋詩“涪州水落見雙魚”是也。此石魚在江底，一銜芝草，一銜蓮花，各三十六鱗，現則年豐。［《水道續》，第 16 頁］

《宜昌到重慶》

重慶中國銀行編,國光印書局 1934 年代印,爲巴蜀三峽地區旅游宣傳知識宣介叢書之一種,中有介紹白鶴梁題刻者一處。

城之附近龍王沱,江中有石梁名曰白鶴梁。上有唐宋及山谷石刻甚多。因河床變遷,没於水,非涸年不能見一部。并傳江中有雙魚石刻,每魚三十六鱗,係有名金石,出見必豐年。洪水時季,渡江必經之地,有三大水漩。漩紋相返,船行易落漩中,每不可救,俗名“三漩”。城之小河邊,有觀音閣及蒲公亭。係前清有蒲氏夫人,其父,其夫,其子均曾任涪州令,傳爲佳話,建亭紀之。爲縣人游覽地。[《涪州長壽》,第 81 頁]

《蜀中紀游》

民國間張目寒著。張氏爲安徽霍邱人,早年爲國民黨元老于右任的重要幕僚,曾任國民政府監察院秘書長,1939 年曾受邀與張大千、黄君璧等同游蜀中各地,後轉成此游記,并於 1944 年由大風堂印行。游記中有作者游覽涪陵白鶴梁時形迹一篇,今據以引録。

過雙魚石,即涪陵縣地。按：石魚在涪陵縣下江心,有雙魚刻石上,每一魚三十六鱗,一銜萱草,一銜蓮花,有石秤、石斗在旁,三五年或十年方一出,出必豐年。蜀漢時置涪陵郡,以龐士元子龐肬爲太守,有惠政,縣治在南岸磧石上,恰對北岩深鈎堂[1],爲伊川先生注《易》處。涪陵在宋時猶爲邊徼,提携文化正賴伊川,當時爲章蔡之屬所厄。貶謫至此,在伊川不免有數千里遠適之戚,然西南學術得一導師,易學流傳江流并永,實巴人之幸也。[《川東紀游》]

《新世界》

《新世界》雜志由重慶民生實業公司主辦,創刊時間不詳,前期由著名報人楊開道

---

[1]　應作“鈎深堂”。

等編,後期則由重慶著名藏書家、長壽人張從吾負責編輯。該刊曾刊載有關白鶴梁題刻材料兩條。

涪陵城西江心,舊志:爾朱真人,浮江而下,漁人有石姓者,舉網得之,擊磬方醒,遂於梁前修煉。後乘白鶴仙去,故名。梁石刻有雙魚,皆三十六鱗,一啣芝草,一啣蓮花,旁一秤一斗。其緣起不可考。唯唐廣德中刺史鄭令珪,已載上其事,謂其出爲豐年之兆。相傳歷代名人,留題頗多。爾來水雖極涸,宋以前之刻石皆不可見。清王士貞詩云:涪陵水落見雙魚,北望鄉園萬里餘。三十六鱗空自好,乘潮不寄一封書。[原題《白鶴梁石魚》,1934 年第 40 期]

十四日午,渝萬河床考察團陳資生、李暉漢等二十餘人,乘民用到涪,在白鶴梁鑑別水位,并將渝宜倒退水位,請盧學淵經理書寫,僱工刊於該梁,共七十七字,以留紀念。[原題《渝萬河床考察團在白鶴梁題字》,1937 年第 5—6 期]

《學生》

《學生》雜志創刊於民國三年(1914),爲當時商務印書館創辦的十大雜志之一。主編有朱元善、楊賢江等,主要欄目設置有短論、學藝、英文論説、小説小品、詩詞、游記等。1947 年終刊。該雜志曾刊登龐福成《白鶴梁記》一篇。

龐福成《白鶴梁記》。控涪陵之西北,離城數百步,有巨石焉。屹然立於江中,綿亙里許,每值夏秋之際,江水泛溢,洶洶混流,則沉没於江心,隱不可見。迨秋末冬初,水稍退,則石見如初,以供騷人墨客之游詠。駕小舟登其上,則波濤洶湧,風雲開闔,誠有如范文正所謂晝則舟楫出没於其前,夜則魚龍悲嘯於其下者。東望烏江之下流,城郭隱隱可辨。西觀荔圃諸山,崗陵起伏,草木行列。南有秦園桑林暢茂,漁父、樵夫之舍,皆可指數。北有伊川點《易》之故迹,山谷洗墨之遺址,令人徘徊感想,起無窮之思,而此石又有名人字畫,唐宋間風流遺迹亦足稱焉。噫!是石也,其所處之美,乃沉浮之際,有類賢人君子,隱德之士。孔子云:"有道則見,無道則隱。"今水淺而清則見,水漲而濁則隱,蓋於出處之道,深有合焉。余不識其名,詢諸父老,乃曰白鶴梁。夫鶴,載於《易》,咏於《詩》,其清遠閑放,超然出於塵埃之外,以字茲石,豈非實至名歸者乎?余甚愛之。愛之不已,不禁長言之,故記之。[原題作龐福成《白鶴梁記》,1936 年第 7 期]

《姚覲元致繆荃孫書札》

　　姚覲元致繆荃孫書札現藏湖州博物館，主要內容涉及清末學林掌故、政壇佚事、藏書、刻書、金石考據之學等，其中有四通涉及石魚題名椎拓，及文字考訂諸事。引自陳子鳳：《姚覲元致繆荃孫尺牘》，《收藏家》2007 年第 6、7 期，部分文字、標點略。

札　一

筱珊仁兄大人閣下：

　　昨由大幫寄到手書，敬悉種切。因俗冗尚未作覆，想知已定能諒之也。比惟上侍康娛，義問宣暢，至以爲頌。《集韻》三校本，張刻《佩觿》、曹本《續復古編》并潘侍郎寄書均已收到。伯更七校本去臘已經取到，現屬仁甫照寫，尚未畢工。《復古編》已從伯更借得，尚未攜來，當與《續編》一同付刻。《困學紀聞》且存尊處，俟錄畢付還不遲。《石魚題名》鐵江已寄來，已付寫矣。所恨劉四不肯用心檢看，故三年來從無一完本，遲遲未即奉者，亦爲此也。此種拓本并弟處續刻各書，統容面奉。弟自去歲以來，奔走俗塵，且多不稱意。除治事會客外，非不終日伏案，然所治者官書而已，非特無讀書校書之暇，抑且無看書之暇。幸伯更在此，將《説文考異》校好，然尚差四卷未完。伯更於上年冬間回里，一去杳然，今正書來告急，川資寄往，又復杳然，以故諸事擱起。民手僅留數人，餘也散去。亟思整理，而苦無人相助。吾兄惠然肯來，不勝欣幸！小園荷花上年大盛，來此消夏致佳，何必待涼風天末乎？切盼之！

　　手覆敬請

　　開安！

　　　　　　　　　　　　　　　　　　　　　　　　姻小弟覲元頓首

　　姻丈大人前請安，外對一副乞轉呈

　　　　　　　　　　　　　　　　　　　　　　　　　　四月六日

　　頃知趙漢卿大令明日回省，托帶上《小爾疋疏證》《古今韻考》《棠湖詩抄》《春草堂遺稿》《漢隸字源》，凡五種，外重模漢碑一份，祈察收。

札 二

炎之五兄大人史席：

去臘奉到手書，因鹿鹿未及作覆，惶悚之至。比惟紬書中秘，譽聞日隆，至以爲頌。《集韻校本》定已錄出，望即惠寄。鄭伯更云及亦嘗從黄子壽編修錄得一本，不知與此本同異如何？擬并附本書之後，與海内共之也。伯更昨已移榻。敝齋正在校訂《說文考異段注匡謬》，已付梓人，須夏間方能竣事。《石魚題字》上年爲劉四所誤，竟未拓全。祀竈後聞雙魚紋見，已遣人前往，尚未摹歸，容檢齊即照錄寄上，原文仍依前說寄呈姻丈，不致誤也。《類篇》等三種已成，兹上一分，祈察閱。又一分并《繫傳校議叢書》各一部，乞轉致菰客。《農部叢書》中新添《公羊問答》一種，并附致《玉篇》《廣韻》，因已有傳本，故不再刻，擬别取僧行均《龍龕手鑒》、韓道昭《五音集韻》、熊忠《韻會集》，作遼、金、元三種刻之。卓兄以爲如何？弟一切如常，惟自上年以來，爲吏事牽繞，非特不能讀書，亦并不得休息，辛苦異常。兹因筱師回鄂，奔走河干者五日，適書賈趙生回京匆促，率此殊不詳盡，尚容續布不宣。手肅祗請年安，諸惟亮炤。

姻愚弟覲元頓首

正月十二日

札 三

小山仁兄大人閣下：

前月接夔門手書，尚未奉覆。比計元旆業將抵都，即惟春風得意，首占蓬瀛，可爲預慶。《石魚題字》《宣牧沈吏目》各送到一分，與寄下之單數目大致相同，而互有增減。其"唐廣德及太和題字"則竟未有復，使僕人程忠此人能刻字。前往搜求，亦竟不可得，大約仍在黿鼉窟中耳。其文字已錄出，少有考據，尚未脱稿，容寫出寄呈鑒定。因老劉未回，尚冀其續有所得。原拓一分當寄省呈姻伯收存也。張文光至日昨方來，細閱叢書《大雲山房雜記》，開卷"壇"字即訛作"壚"，已逐一看過刻補，并將除夕所刻各張另寫重刊矣。《類篇》修補將完，惟第一本原本遍覓不得，萬一之想不知在行笈中否？乞一檢之。聞錢馨伯太史處有此書全帙，乞轉借。將《類篇》序文景鈔寄下，以便補刊，至懇至盼！昨善成堂書賈來此刻《通鑑輯覽》，張文光允五十五文包辦，而另有人在其本店承攬，只須三十六文，竊恐其必不能佳也。延陵公定二月廿一日起程，自走北路，眷屬由水程東下，四年從事殊覺依之。護院接篆後，尚未見有設施，滇事亦無消息。弟處諸事如常，東鄉刁民袁廷蛟聚衆滋事，易春卿不善經理，既恐釀成巨變，又恐有昆岡之禍。弟曾上書請躬自前往，會同李子政辦理，未蒙批准，但堅囑子政約束部武而已。渝城考試尚安静,本年丁祭即用新造禮器,執事者均能恪恭,將事免於隕越,亦深幸也。

　手此敬請

　撰安

　祈惟元照必一

二月十四日

姻愚弟覲元頓首

《藝風堂友朋書札》

　　該書輯繆荃孫友朋一百九十七人之論學書札。多言藏書,爲學、訪碑、傳拓,以及修史、纂志之事,并涉及朝政時事、社會活動等事。該書所收陸增祥、費念慈下款書札三通有白鶴梁刻石之記載。今據上海人民出版社 2018 年重訂本引錄。

陸增祥札

　　石魚唐刻尚存否? 第二魚上方見行末"見南記"三字,疑是鄭令珪所題。筱山所得若干,此九十八段之外,尚有之否? 記載或有不同,即一一詢之。駢體殘刻見六語。"溯清流而漱甲"云云。北岩殘詩刻,首句存"諸公計未決"五字,有全本否? 羅浮洞即羅漢洞否? 涪翁岩是否在涪州,即北岩否? 十二日又書。[八瓊老人(白文印)。]

　　從峨卿處易得古銅器一事,以宣爐易之。可喜也。[第 2 頁]

費念慈札一

炎之仁兄有道:

　　薛幼梅丈北行,帶上一緘,并李燾《長編》一部,想不久可到。薛丈俸滿引見,到京後必奉詣也。頃得手書,敬審侍福曼碩,甚慰甚慰。《訪碑續錄》已付寫官,何日可以脱稿? 杭叔覓人所拓遼碑已寄到否? ……昨晤彦老,代索石魚,據雲前曾奉贈一全分,現在所存尚不及尊處之全,不知果否,或藉詞推諉耶? 旭初屬詢問梅丈傳稿,如已成,亦乞録寄。明歲五月,家嚴六十壽辰,乞制壽言駢文,蒂卿處亦求其贈序,已另托矣。書作泥金小屏十二幅或八幅,或用磁青紙金書。屬茂軒書之。并乞備大紅蠟箋描金對八言四五付,乞鄭庵、伯希、千禾篆書諸君書壽,聯他友處泛泛者皆不必,惟酌之。其價示

及，當與刻書價互抵也。務祈於四月中寄到爲感。［第 437 頁］

費念慈札二

炎之仁兄有道：

　　兩得書，敬審侍奉萬福，著述日盛爲慰。閏枝到吴，彼此相左，竟未一見。邵君之監，既是漏報，即請代爲補捐。其銀即如前信所云，歸入帳上，不另匯都。兹寄上存款清單一紙，乞目入。彦侍丈病已月餘，尚未愈。現當濕令，又患嗽，上氣且發熱，乃服薑附，非鄙人之所敢知，頗爲危之。涪州石魚拓本亦嘗許弟，而至今未見贈。彦丈愈後，當爲問之，托季文無益也。季文暫不北行，實甫亦留吴中。函樓方伯退志甚決，但苦無買山錢耳。申季遺孤月幫，自五月起，或半年，或一年，或每月，各聽其人之便。北則兄及履卿、蒿隱，南則弟與鞠常、香生、質卿，止七人耳。其遺文僅存院課，昨始與望雲祭酒言，將課卷假出，日内可發抄。初在院董處，竟不肯假，頗費躊躇也。院課共有四百餘首，擇其可存者不過十之一二，其餘删者或有碎金，即摘出作條記。南中無可與商者，弟一人爲之，非半年不可，選定後當即寄閱。能於南園、校邠兩傳，爲之附見，則感甚矣。益吾師已旋署，刻書事終恐來不及，幾同無米之炊，如何如何？伯熙刻景宋十行本《十三經》，不知何時寄南？如寄京覆校，屬之國學肄業諸生，則不如不刻爲妙。若果如此，則弟雖爲經手，當與千禾言，萬勿列入賤名，則感同龜戴矣。大著發刻，何時寄來，甚盼。拙作至今未録，竟無人代寫，一筆一墨皆親自動手，俗事又擾之，苦極矣！轉眼鄉試期近，又須爲趨時之學，奈何！明歲恐有回避事，斷不敢北行。南場如能似壬午，或有幾希之望，否則聽命而已。若農先生既保出使，柚岑當可偕出，惟涉歷風濤，未免辛苦耳。外致茆卿信一緘，惟即飭交。此請侍安，并頌儷福。如弟費念慈頓首。閏月廿三日。

　　叔翹久無消息，雲籽歸亦未及致書，不知在綿竹否？茂軒何時入都？戀原、柚農，窘况可想。乞致意。［第 440—441 頁］

附編

白鶴梁現存文字題刻一百五十七段，涉及人物數百人，其中大部分傳世史料中已無記載可尋，但也有諸如朱昂、黃庭堅、王世禎、濮文升等人，史料記載較爲詳實。今以鐫刻時間爲序，將題刻所涉人物史料擇要逐條輯録如下。

北宋題名人

朱 昂

朱昂，字舉之。其先京兆人。父葆光寓潭州，遂家於衡山。昂少好學。有朱遵度者，時謂之"朱萬卷"，目昂曰"小萬卷"。常游廬陵，遇術士謂昂曰："中原當有真主矣，君仕可至四品。"遂北游江淮。時周世宗南征，韓令坤統兵揚州，昂謁令坤，陳治亂方略。令坤器之，以權知永正縣。有政績，令坤遂表授本縣令，改衡州録事參軍。知州李昉見其文，深加歎賞。既又爲薛居正所知。二人遂薦引之。太宗朝擢知水部郎中、直秘閣。真宗即位，除知制誥，入翰林爲學士。屢表乞骸骨，敦諭彌確，乃授工部侍郎致仕，仍令俟秋涼南還。故相張齊賢而下，皆賦詩贈行。詔從臣祖於東門。南省試貢士，遂以爲詩題。弟協，仕至主客郎中、雍王府翊善，亦告老而歸。時以比之"二疏"。陳堯咨知荆南，表其居曰"東西致政坊"。昂所得俸，常以三之一購奇書。於所居爲二亭，曰"知止""幽棲"。自稱曰"退叟"。卒，年八十二。門人謚之曰"静裕先生"。詔録其孫适同學究出身。昂方正恬淡，十五年爲洗馬不遷，非公事不至兩府。有文集三十卷。［（宋）曾鞏撰、王瑞來校證《隆平集校證》卷十三，中華書局，2012 年，第 376—377 頁］

《故金紫光禄大夫行尚書工部侍郎致仕上柱國彭城郡開國侯食邑一千三百户食實封四百户贈刑部侍郎朱公行狀》

曾祖起，皇唐大理司直。祖泌，皇唐夏州安撫判官、檢校比部員外郎。父葆光，皇唐江陵府當陽縣尉、累贈户部郎中。潭州衡山縣紫蓋鄉雲峰朱昂字舉之，年八十三。

公，世京兆渼陂人，唐天復末，烈考避地稧中，梁太祖革命，與唐舊臣顏充、李濤等數十家南趨衡嶽下。每冬至歲旦，必序立於南嶽司天祠前，北望號慟，日月昏曀，天地悽慘，殆二十年。淪喪垂盡，唯李濤一族北歸。公以家世儒業，與進士熊若谷、鄧洵美力學。有朱遵度好讀書，人謂之大萬卷，謂公爲小萬卷。時中國多故，四方幅裂，躬侍老母，急於禄養。嘗與友婿張惲間行，路出廬陵，遇道士謂之曰："非久，中原當有真主，混一天下，公仕至四品，安用南爲？"遂北游江淮，遇周世宗南征，招討使韓公令坤至揚州，公杖策軍門，告以治亂方略。韓公器之，使知永真縣事。兵革之際，逋逃過半，公便宜綏輯，歸者七千餘家。韓公表授永真令。秩滿南歸。太祖皇帝即位，故相國李公昉以給事中出使湖外，物色異人。公與東平呂復入謁傳舍，李公延見，甚喜，尤加賞識，譔《南征録》云："朱、呂二君，甚可語道。"洎李公就知衡州，奏公爲録事參軍。秩滿調授襄州宜城令，尋除太子洗馬、知蓬州，又就知廣安軍。時渠州妖賊李仙聚衆踰萬，劫掠軍界，公設策擒之。果、合、渝、涪四州之民，連結爲妖者，一切不問，實人遂安。時宰相薛公居正謂公有斷而識體，遷殿中丞，知泗州。太宗嗣位，江表初平，李氏銜璧，吳越獻地，使馹係道，舟車鑣午，共億餉饋，倉卒畢給，聚淮濱流屍三千，爲冢瘞之。有戍卒謀亂，公止誅首惡，悉貸枝黨，人感其惠。淮南歲漕米三百萬石，公督其程運，左右漕事，朝議美之。就遷監察御史、充江南轉運副使。職滿，知鄂州。未幾，加殿中侍御史，充峽路轉運副使。就遷庫部員外郎，充轉運使。受代歸闕，太宗問以夔、峽邊事，敷奏稱旨，命直秘閣，面賜金紫，時年六十有五。在職二年，以衰老求郡，出知復州。宰相李公昉洎文館近職皆以詩送行。到郡期歲，上表乞致仕，不允。次年郊祀，改元至道，遷水部郎中，復乞致仕。太宗謂宰臣："朕知此人，可召赴闕。"既至，再命直秘閣。又二年，兼越王府記室。公雅正好禮，王甚憚之。真宗即大位，越王封雍王，公亦改雍府記室。明年，遷司封郎中、知制誥，兼判史館。時上以館閣舊書編簡散墜，命公同內臣皇城使、勝州刺史劉承珪與判昭文館、集賢院，完緝殘缺，區分部類。事畢上其目，加吏部郎中、職如故。明年，以本官充翰林學士。周歲，公年七十七矣。歎曰："少值亂離，老遇清世，被知獎，顧邈疇列，草枯木朽，其將奈何！"遂抗表請老。便殿召對，敦諭再三，志不可奪，乃授工部侍郎致仕。翌日命閣門祇候、內殿崇班張士宗就第賜器幣。舊制，致仕官授訖，放朝謝。今刑部尚書薛公映，時知制誥。上特命映就公第召對，從容獻納。漏下數刻，將退，復曰："卿閑居多暇，無忘公家。或有章疏，可附遞以聞。"又問以歸老之地，公奏以嘗從事江陵，有敝廬可以自蔽。翌日命賜全俸，公懇讓數四，方允其請。敕荊南官吏曰："朕以朱昂素有儒學，方居內庭，拜章退身，其志不奪。授貳卿之秩，表尚齒之恩。斯爲賢臣，實可嘉獎。仰本府候朱昂到日，常切存問，有表章附遞以聞。"仍詔公候秋涼戒路。發日，命兩制丞郎、三館臣寮祖道於南薰門，中使賜宴於玉津園。冠蓋盈路，供帳甚隆，榮動中外，光震都國。明年，開封府秋試進士，遂以《玉津園宴送朱翰林歸渚宮》爲詩題，爲時所貴尚如此。舊相張公齊賢洎諸近臣有詩五十三章，禮部尚書知開封府溫公仲舒有長韻詩一章，和者一十三人，朝野榮之。公始至家，病瘵。復有詔撫問之曰："卿閣筆鼇禁，掛車渚宮，言歸當隆暑之時，行邁有長途之役，諒因勞止，暫染微疴。況卿自樂高年，素知善攝，宜加頤養，以就痊平。"眷顧之懷,寢興無已。疾愈,但閉戶靜居,不交塵雜,專以讀書養素爲樂,深達釋老之旨,自稱退叟。所居東偏有官隙地數畝,詔以賜公。遂建二亭,一曰"知止",一曰"幽棲"。有仲弟協,時爲主客郎中,佩服金紫,以書招之。協亦請老來歸,時人榮之,比漢二疏。數年,著《資理論》三卷,凡六篇,上之,論時政賞罰得失,及言天下至廣,尤須賢才以爲治具,若限以常牒,則英雋之士沈於下位。上嘉之,降詔獎諭曰:"卿文學俱優,踐歷斯久。竭節已彰於躬行,退身自保於安寧。猶勤愛戴之心,以備討論之典。頗資理道,深體純誠,勉順休和,宜知頤養。"其書仍付史館。同州觀察使李公士衡爲荆湖北路轉運使,以公所得卿相餞行詩刻石於承天院。今龍圖給事中陳堯咨守荆南日,視揭榜,以公所居里爲東西致什坊。景德四年,公豫撰墓誌,月而不日,以季夏二十三日捐館。朝廷哀悼,賻帛百匹,錢十萬,米酒麪有差,賜孫适同學究出身,非常典也。門人私諡清裕先生,禮也。先有廖圖者,與弟凝、姪融居南嶽,皆工詩,有名於代,世有家法。公娶圖女,封姑臧郡君。至次子正辭之升朝也,贈太原郡太君,公贈刑部侍郎。公善誨子弟,博貫儒術。男五人:長正彝,進士及第,仕至光祿寺丞;次正基,今爲殿中丞、同判彭州;次正紀,今爲潭州湘鄉令;次正用,今爲左侍禁、知欽州;次正辭,年十九進士及第,今爲太常博士、江南西路提點刑獄、勸農使、賜緋魚袋。姪頔,進士及第,今爲司封員外郎、知隨州;正句,進士及第,終江陵府監利縣主簿;正臣,進士及第,仕至太常博士、三司户部判官。諸孫用蔭見任殿中丞、縣令、主簿者五人。女二人:長適故左正言、直史館、兼直秘閣夏侯嘉正;次適今尚書右丞、集賢院學士馮公亮。其積德至盛,有如此者。公操履方重,志節清白,歷官四紀,家無餘財。淡於榮進,深恥流競。爲太子洗馬十有五年,未嘗屑意。在禁林,非公事不至兩府,所得之物取三之一散購奇書,躬自補綴,是正文字。及其退居,有書萬卷。太宗皇帝之在位也,製九絃琴、七絃阮,多士獻頌,第公首,下詔褒美。真宗皇帝初授徽册,公奉制撰文,辭體深厚,尤爲大筆。其餘述作甚多。常鍾愛今人博,以爲紹我家事者此子。公没後,太博歷官皆有能聲,孜孜爲學,編次公平生所著爲三十卷。今相國司空太原公序引冠篇,見鏤版行於世。夫紱冕在躬,飾表所以招累;公歷事三朝,訖無玷毁,其清慎者也。血氣既衰,入朝所以忘返;公懇辭近職,甘於退伏,其高尚者也。死生之變,智者怵焉;公豫決大期,順物之化,其達生者也。家庭之訓,昔人難之;公躬導諸子,厥後甚大,其善教者也。舉是四節,足爲名臣。恭敍遺芳,敢告太史。謹狀。〔(宋)夏竦《文莊集》卷二十八,文淵閣四庫全書本〕

鄧洵美,連州人。有敏才,工詩賦。時湖南朱昂號博學,一時士無當意者,獨遜洵

美,以爲不如。[(清)吴任臣撰,徐敏霞、周瑩點校:《十國春秋》卷七十五,中華書局,2010 年,第 1032 頁]

(開寶六年正月)己卯,以太子洗馬、權知蓬州朱昂權知廣安軍。會渠州妖賊李仙衆萬人劫掠軍界,昂設策擒之,自餘果、合、渝、涪四州民連結爲妖者一切不問,蜀民遂安。昂,長沙人也。[(宋)李燾撰《續資治通鑑長編》卷十四,中華書局,2004 年,第 296 頁]

(咸平二年八月)丙子,以司封郎中、知制誥朱昂爲傳法院譯經潤文官。始,太宗作《聖教序》,上亦繼作,悉編入經藏。上又嘗著《釋氏論》,以爲釋氏戒律之書,與周、孔、荀、孟迹異道同,大指勸人之善,禁人之惡,不殺則仁矣,不竊則廉矣,不惑則正矣,不妄則信矣,不醉則莊矣。苟能遵此,君子多而小人少。又上生三途之説,亦與三后在天,鬼得而誅之言共貫也。鹽鐵使陳恕嘗建議,以爲傳法院費國家供億,力請罷之,言甚懇切,上不許。[《續資治通鑑長編》卷四十五,第 961—962 頁]

(咸平四年五月)庚辰,翰林學士、吏部郎中、知制誥朱昂罷爲工部侍郎,致仕。昂有清節,澹於榮利,初爲洗馬,十五年不遷,不以屑意,及在内署,非公事不至兩府。上知其素守,故驟加褒進。……詔本府歲時省問,如有章奏,許附驛以聞。又命其子正辭知公安縣,使得就養。舊制,致仕官止謝殿門外,於是,上特延見命坐,勞問久之,令候秋涼上道。復遣中使錫宴於玉津園,兩制、三館儒臣皆預,仍詔賦詩餞行。恩渥之盛,近代無比。[《續資治通鑑長編》卷四十八,第 1059—1060 頁]

(咸平四年十二月)乙卯,工部侍郎致仕朱昂獻所著《資理論》,論時政賞罰得失,且言:"天下至廣,宜急擇賢才以張治具,儻限以常牒,則英俊無由自達矣。"上曰:"昂已退居,復貢直言,亦可嘉也。"命以其書付史館,仍録一本留中。[《續資治通鑑長編》卷五十,第 1090 頁]

朱昂知泗水,作《隋河辭》曰:"隋罹其困,今受其賜。昔潴理兮,以豫以游。今通濟兮,可沿可浮。"[(宋)王應麟編《玉海》卷二十二,廣陵書社影印清光緒九年浙江書局刻本,2016 年]

(太平興國九年六月乙酉)以雷德驤、石熙古、魏庠、朱昂、李惟清、祖吉、雷有終、陳白、楊緘、李瑄、崔邁、吕備分爲兩浙、峽路、京西、西川、淮南、荆湖、江南、廣南、河北、陝西轉運使。[(宋)錢若水修,范學輝校注《宋太宗皇帝實録校注》,中華書局,2012 年,第 176 頁]

朱昂,淳化三年,知復州。後爲工部侍郎。與弟協皆致其仕,宰相張齊賢以下皆

賦詩贈行,以比二疏。[(宋)王象之撰《輿地紀勝》卷七十六,中華書局,1992年,第2518頁]

至道元年正月,水部郎中、直秘閣朱昂等言:"御制秘閣贊碑已建立,臣等忝官秘府,願以爵里附於秘書監李至之下刊刻。"從之。[(清)徐松輯《宋會要輯稿·職官一八》,上海古籍出版社,2014年,第3497頁]

(咸平)四年五月,以翰林學士、吏部郎中朱昂爲工部侍郎致仕。帝以昂久在左右,特加優禮。舊制,致仕官止門謝,昂特召對於便殿,命坐久之,賜銀器二百兩、帛三百匹。詔行日給以驛券,令本府歲時省問,如有章奏,許附驛以聞。命其子太祝正辭知江陵府公安縣,使得就養。發日,又賜晏於玉津園,翰林學士、侍讀侍講學士、知制誥、三館秘閣官皆預,仍詔賦詩餞行。[《宋會要輯稿·職官七七》,第5159頁]

朱昂,(咸平三年)□月,以吏部郎中、知制誥拜。[(宋)洪遵輯《翰苑群書》卷十,傅璇琮、施純德編《翰學三書》,遼寧教育出版社,2003年,第79頁]

開寶塔成,欲撰記。太宗謂近臣曰:"儒人多薄佛典……詞臣中獨不見朱昂有譏佛之迹。"因詔公撰之。文既成,敦崇嚴重,太宗深加歡獎。……(昂)弟協亦同時隱,皆享眉壽,家林相接,謂之渚宫二疏。荆帥陳康肅堯咨表其居爲東、西致仕坊。[(宋)文瑩撰,鄭世剛、楊立揚點校《玉壺清話》卷二,中華書局,1984年,第13頁]

真宗朝,翰林學士、吏部郎中朱昂,累表請老。上召對諭之,其志彌確,乃以工部侍郎致仕,賜器幣,賜宴,恩禮甚厚,搢紳榮之。既歸江陵閑居,自稱退叟,專以讀書爲樂。弟協爲翊善,以書招之,亦告老而歸,時以比二疏。後知府陳堯叟,署其所居曰東、西致政坊。昂又於所居建二亭,曰"知止""幽棲"。其歸之時,乃咸平四年五月也。[(宋)韓淲撰,孫菊園點校《澗泉日記》卷上,上海古籍出版社,1993年,第10頁]

昂方正恬淡,非公事不至兩府,引年得體,士君子多之。[(宋)王稱《東都事略》卷三十八,广陵古籍刻印社影印清刊本,1990年]

劉忠順

《衛尉少卿劉公墓誌銘》

衛尉少卿劉公既卒之明年二月甲子,將葬於潤州之延陵縣某原,其孤凱列公之美行,馳私奴趨京師,請銘於著作郎鄭某。於是考公之遺録而歎曰:"嗚呼!劉公可銘也夫。"公,諱忠順,字某,贈刑部侍郎諱簡之子。其曾大父諱崇魯,仕江南李氏宣州觀察推官。大父諱晟。公以明經賜第,補潭州攸縣尉、江寧府句容尉。丞相王欽若言公之能,遂爲句容令。改大理丞,知江州之德安、資州之資陽縣,三遷國子博士,通判袁州,權知建昌軍,選爲三門發運判官,又三遷駕部員外郎,連刺解、坊、邢三郡。用三司使王拱辰薦,入爲度支判官。出爲夔州路轉運使,賜金魚紫袍。又徙兩浙路,遷主客、金部、司勳郎中,知蔡州,改衛尉少卿,知泉州,移福州。坐失所舉奪卿,罷歸延陵。嘉祐四年,上親享太廟,復用爲司勳郎中。公曰:"吾老矣,烏龍以白髮浼外庭?"遂不起。後二年,以疾終於家,享年七十有五。公樂《易》而愛人,君子人也。爲治寬而不廢,察獄必盡其恕,疑者嘗抵於輕。初爲資陽邑,有史氏田自唐時以葬貧死者,歲久豪猾稍盜耕之,滅冢萬餘。公收掩遺骸,盡斥耕者,復取爲葬田,邑人懷感。及在建昌,暴水夜至,壞民舍,公募工操舟以援其溺,處之署內,朝哺夜眠,如其故廬。死,弔祭藏瘞,又以庫錢給其家。發官粟及富民所畜悉以糶飢者,活數十萬人。其最後居夔州,以南川、溱溪諸郡皆用黔中吏爲守,垂涎相殘,類爲不法,惡民得以伏山林,挾群獠入劫,無歲無之。公既至,即出兵至境,呼其酋人告之曰:"宜悉縛惡民送府,我言於天子,赦汝罪,不則盡滅汝種。"酋人畏恐,皆聽命。公遂言群獠爲盜,過在惡民,可赦不問,而南川繚邊,獨不擇守臣,宜詢用武人,提兵以障南服。朝廷用其議。公又以天子之命,召酋人宥之,刲羊醲酒,與之燕樂,皆呼舞出誓言,願世世保邊。由是奸宄盡破壞,遠民蘇息。公之治狀類若此者多,其概主於仁愛,宜其有厚報於富貴,以遂其功。晚而運蹇,卒以窮廢,家貧,借屋以居,旁無長物。予嘗憂之,數遣書致問,而公方飲酒嘯歌,自放乎田野間,其心休休然,若據大厦、味九鼎,前有鼓鍾金石嘈嘈,樂而不厭者,則予又爲之釋然喜笑,何其有餘裕哉!公能爲神仙引導熊蹲虎躍之術,顏髮甚壯。嘗過宛丘,以語予,而予未之能志也,悲夫!娶長安縣君張氏。子男夙,故江寧府溧水簿;凱,漳州漳浦簿;純,忠州酆都簿;統,虔州信豐簿。長女早世。次適都官員外郎臧論道,次適南康軍星子令李賓王,次在室。銘曰:

恂恂劉公,不劌其剛。力於厚下,有發惟臧。還田隴丘,義感過兒。汝孰爲弱(溺),方桴予之。汝孰爲飢,裹粟往飴。蠻夫囁邊,攜其符支。刈其孽牙,靡耳以隨。惟公有爲,俾民是宜。胡然聲牙,老於故居。食無腴田,處無完廬。我施維豐,我行維屯。不饗於身,利其子孫。[《郳溪集》卷二十一]

侍其瓂

(元豐元年)六月癸卯朔,日有食之。權知邵州侍其瓂言,扶竹水山猺梁義等願附招納,籍爲省民,隷邵陽縣,輸丁身錢米。詔荆湖南路安撫司問義,如不願往湖北,即邵州安存之。[《續資治通鑑長編》卷二百九十,第 7085 頁]

《供備庫使侍其瓘可知祁州制》

邊徼之郡，戎馬所集，將守之任，文武兼用。内輯民務，外察虜情，求其宜稱，其亦難矣。以某屢更繁使，頗著能名，付虎符之權，當鳶鞮之境。益勤遠略，以就來效。〔（宋）劉攽《彭城集》卷二十一，叢書集成初編本，中華書局，1985 年，第 294 頁〕

供備庫使侍其瓘自祁移河東副綏，恭謁祠下。時元祐庚午季夏二十一日謹書，男傳侍行。侍其瓘[1]。〔（清）李培謙等修《重修曲陽縣志》卷十二，光緒三十年刻本〕

鍾　浚

著作佐郎，知温州樂清縣。《魏公集》。元豐中，秘書丞，權知將作監丞公事。紹聖元年，左朝請郎，知湖州。是年卒於任。

《送程給事知越州》：過鄉晝錦剖符雄，海上蓬萊第一官。自古勝游矜物外，於今藩閫壓江東。湖山清賞絶塵境，風月高吟虛訟簹。促詔歸來如漢典，出分千里入三公。《會稽掇英續集》。〔（清）陸心源編撰《宋詩紀事補遺》卷二十五，山西古籍出版社，1997 年，第570 頁〕

彦若有長子仁恕爲許之陽翟令，貪虐不法有狀，提刑鍾浚按發之，勢甚暴。彦若上書言：“臣往爲諫官，嘗劾王安禮。浚實安禮黨，恐挾此報怨，獄有不平，願移獄改推。”内批“依奏。”遂於鄰路淮南差官，止於許州制勘。獄成，録問官駁以爲失重罪法，當再勘。自去年十月始制獄，於是已半年餘矣。知許州韓維奏曰：“此獄連逮三百數十人，今前勘可斷者已決四十二人，餘人尚多。方此盛暑，若依朝旨移於亳州置獄，即地遠冒暑，淹繫可矜。仁恕之妻子已病危篤，士人家尚爾，細民可知。願止就本州别推。”〔《續資治通鑑長編》卷四百六十，第 11010—11011 頁〕

劉　焕

（梁山軍）守居蕭然，閲旬無訟牒至庭下。《邵（郡）守題名記》。天下瀑布第一。在蟠龍山下，去軍城二十里，自翔龍山洞中流出，過驛前百步，下注垂崖約二百餘丈，故山腹有飛練，觀者以爲天下瀑布第一。舊名蟠龍。稻田蓄廕，常多豐年。劉焕《郡守題名記》。〔《輿地紀勝》卷一百七十九，第 4624 頁〕

帝將去京，先逐其黨劉昺、劉焕等，使御史中丞王安中劾之。攸通籍禁庭，聞其

---

　　[1]《語石》云：“宋人題名中北嶽有侍其瓘。元祐庚午。”（《語石》卷八）《潛研堂金石文字目録》云：“侍其瓘題名，正書。元祐庚午五年季夏，在曲陽縣。”（《潛研堂金石文字目録》卷五）

事，亟請間百拜以懇，帝意遂解。其後與京權勢日相軋，浮薄者復間之，父子各立門户，遂爲仇敵。［《宋史》卷四百七十二，第 13731 頁］

王　震

（王）震字子發，以父任試銓優等，賜及第。上諸路學制，神宗稱其才。以習學中書刑房公事，遂爲檢正。預修條例，加館閣校勘，檢正孔目吏房。元豐官制行，震與吴雍從輔臣執筆入記上語，面授尚書右司員外郎，使自書除目，舉朝榮之。兼修《市易敕》，帝諭之曰："朝廷造法，皆本先王之制，推行非人，故不能善後。且以錢貸民，有不能償，輒籍其家，豈善政也。宜計其負幾何，悉捐之。"震頓首奉詔。

進起居舍人，使行西邊，還爲中書舍人。元祐初，遷給事中，御史王巖叟劾之，以龍圖閣待制知蔡州，歷五郡。紹聖初，復爲給事中，權吏部尚書，拜龍圖閣直學士、知開封府。

震與章惇皆吕惠卿所薦，而素不相能。府奏獄空，哲宗疑不實。震謂惇抑己，於是潁昌蓋漸有訟，許略惇子弟，震捕漸掠治，頗得踪迹。惇懼，以獄付大理，而徙震爲樞密都承旨，遂坐折獄滋蔓、傾搖大臣奪職知岳州，卒。［《宋史》卷三百二十，第 10406—10407 頁］

王震《閫苑記》[1]三十卷。［《宋史》卷二百〇四，第 5159 頁］

鄭階平

樂温□鍾、涪陵尉鄭階平，治平乙未六月五日同游。住持本院主僧法能刻石。［（明）曹學佺《蜀中廣記》卷二十三，文淵閣四庫全書本］

費　琦

（元豐四年秋七月己酉）賜故都官員外郎、通判綿州費琦家銀二百兩。琦部瀘州夫糧出界，以病瘴死故也。［《續資治通鑑長編》卷三百十四，第 7610 頁］

《尚書虞部員外郎張興宗可尚書比部員外郎秘書丞費琦可太常博士》

敕具官某等：夫尚書副郎、奉常掌故，皆臺閣之顯秩，非俊良而不登。考課而遷，蓋疇善最。以爾等或仕承世閥，或文中秀科，咸有吏資之明，歷更民政之美。姑緣歲

---

[1]　一説朱涉撰《閫苑記》，何求撰《閫苑前記》，曹無忌撰《閫苑讀記》，而王震所撰爲《閫苑新記》。參陳世松等主編《四川通史》，四川大學出版社，1994 年，第 345 頁。

比，敘進班聯。且增寵於外官，當益勤於治狀。可。[（宋）蘇頌著，王同策、管成學、嚴中其等點校《蘇魏公集》卷三十四，中華書局，1988 年，第 499 頁]

《朝散郎費君墓誌銘》

元豐三年正月某日，朝散郎費君以疾卒於渝州白崖舟中，享年五十四。寓喪於合州之扶山十四年矣，欲歸成都，貧不能，其配袁氏與子伯高謀，以某年某月某日葬君於石照縣某鄉某里，遂家焉。伯高書君之行來求銘，予三讀而悲之。君與予同郡，又同爲皇祐中進士。諱琦，字孝琰，成都人。曾、高以來，皆隱民籍。考諱某，累贈殿中丞；妣魏氏，封仙居縣太君。殿中君早亡，有五子，君處幼，家甚貧，能力學，爲辭章，聲名聞閭里。舉鄉進士在第一，遂中科，得祿養母以及諸兄，人推其孝悌。初仕興元府戶曹參軍，遷合州赤水縣令，有治狀。用薦格，改秘書省著作佐郎、知定州安喜縣。民有婦自經，父母謂夫家殺之，君驗謂無他，覆視者既異，訟辯不已。州將置疑，有司皆傅會，連逮數十輩，淹繫累月，竟不能奪君議。黍苗將熟，匹夫蔭其下，邏者執爲寇，誣以巨罪，君索其情，輒釋之。郡欲深治，君不忍致之法，未幾，旁邑果獲真盜，衆服其明。於是部使劉公庠、呂公大防、張君問皆薦君才，請以治無極，朝廷從之。縣接契丹境，一日，民訛言相驚，謂北兵來侵，皆閉事自匿，市井不相通。君不爲之動，有以慰諭其心，凡三日，復業如故，兵亦不至。保州民集衆數百，撾登聞鼓，訴屯田水利事，久不決，郡邑患之。安撫使委君按視，即條利害以圖上，其說行，公私以爲宜。熙寧中，差通判蜀州，遭仙居君憂。服除，又通判綿州。元豐二年，瀘州夷擾邊，朝廷出師討罪，調民夫數萬，餽輓以進。轉運使辟君都大提舉夫糧，數入瘴鄉，因感疾，將歸合州之寓居，至渝南不起。君自著作佐郎五遷都官員外郎，賜五品服。官制行，易朝散郎。娶袁氏，封永壽縣君。子一人，伯高。女四人：長適周鼎，次適袁鈞，次適袁錫，皆舉進士；次尚幼。始，君從學力養，起家享祿，凡晨昏伏臘之費，諸兄皆仰給焉，以至辦其嫁娶，賙其死喪，收恤其孤惸，如此者三十年，未嘗一日間薄。洎君之亡，則斂無新衣，祭無豐俎。自合距成都纔六百里，旅殯佛寺，久之不能歸，歸則無族屬可依，無田可耕，無室可處。其謀葬於合者，死生之際，宜其慊也。悲夫，瀘南之役，斯民蓋不幸矣！君之提舉夫糧，區處以宜，知會以信，其聚不急，其散不緩，然而死於病者十猶二三。明年再用兵，夫糧之任非其人，顛暗乖紊，無復統紀，先期不戒以集，訖事不釋以歸，萬衆暴露，瘴癘大起，相枕藉而死者十凡八九；或強而歸，則疫及其家，血屬皆亡，又不知幾千人耳。至今東蜀父老語及是事，則必惜君之没云。銘曰：

厚於其兄，以悅其親。兄衣未完，子裘不溫。兄食未充，子炊不晨。救恤死喪，畢其婚姻。艱勤一世，竟卒於貧。客殯無歸，葬爲旅人。士之行己，蓋後其身。君乎何憾，於以寧神。［（宋）呂陶著《净德集》卷二十五，文淵閣四庫全書本］

《書仙臺觀壁》

先生在合陽，沿外臺檄，按臨赤水縣簿書，與將仕郎赤水令費琦游龍多，唱和八首。

到官處處須尋勝，惟此合陽無勝尋。赤水有山仙甚古，晋馮蓋羅上昇處，躋攀聊足到官心。

費令詩云：先生舊隱寄烟岑，丹竈仙臺暫訪尋。觀有馮蓋羅爐竈在。自歎不如雞犬幸，偶霑靈藥换凡心。

《游山上一道觀三佛寺》

琳宫金刹接峰巒，一徑潛通竹樹寒。是處塵勞皆可息，時清終未忍辭官。

費令詩云：巖扉相望路紆盤，杉桂風高夏亦寒。游遍陡忘名宦意，恨無生計可休官。

《喜同費長官游》

尋山尋水侣尤難，愛利愛名心少閑。此亦有君吾甚樂，不辭高遠共躋攀。

費令詩云：平生癖愛林泉處，名利縈人未許閑。不是儒流霶風采，登山游騎恐難攀。君沿外臺牒請，臨按本邑簿書。

附：費琦《呈謝簽判殿丞寵示游山之什》

夫君落筆盡珠璣，不比相如意思遲。君只於肩輿往還，遂成三章，其俊敏如此。從此合陽須紙貴，夜來新有愛山詩。

《和前韻》

雲樹巖泉景盡奇，登臨深恨訪尋遲。長栖未得於何記，猶有君能雅和詩。

附李悦齋《跋》云：壎乙酉歲曾游龍多，愛其幽勝，獨恨山衷未有建炎、紹興以前諸賢題咏，今聞同年友戎監周卿，嘗屬其鄉士趙飛鳳訪求。飛鳳爲梯陟險，至高崖危嶝斗絶荒阻之間，乃得濂溪周元公與令君費琦唱酬詩八首，實嘉祐五年正月所刻。苔蘚剥蝕，嵐霧蒙翳。飛鳳洗剔除治，幸字畫未至刓缺。然猶謂向刻石處，人迹罕到，今雖刮磨表出之，恐久仍復埋廢。乃别伐石，屬壎大書刻之鷲臺寺，俾來游者皆得縱觀，豈但增兹山之重，又以興起士俗賢賢之心，於世道不爲無補。紹定庚寅春分日，眉山李壎題。［（宋）周敦頤撰，梁紹輝等點校《周敦頤集》卷六，嶽麓書社，2007 年，130—131 頁］

先生時年四十四。被臺檄按赤水縣簿書,與其縣令費琦游龍多山,有詩刻石。六月十九日,先生解職事,還京師。吕給事陶爲銅梁令,有送先生序并詩。先生在合,士之從學者甚衆,而尤稱張宗範有文有行,故名其所居之亭曰"養心",且語以聖學之要。其汲汲於傳道授業也如此! 在郡四年,人心悦服。事不經先生手,吏不敢决;苟下之,人亦不從。既去,相與祠之南禪。先生東歸時,王荆公安石年四十,提點江東刑獄,與先生相遇,語連日夜,安石退而精思,至忘寢食。〔(宋)周敦頤著,陳克明點校《周敦頤集·附録一·周敦頤年譜》,中華書局,1990 年,第 106 頁〕

費琦,字孝琰,成都人。鄉進士在第一,遂中科,仕興元府户曹參軍,遷合州赤水縣令,用薦改秘書省著作佐郎、知定州安喜縣。民有婦自經,父母謂夫家殺,琦驗謂無他,覆視者既異,訟辯不已。州將置疑,有司皆傅會,連逮數十輩,淹繫累月,竟不能奪琦議。黍苗將熟,匹夫蔭其下,邏者執爲宼,誣以巨辠,琦索其情,輒釋之。郡欲深治,琦不忍致之法。未幾,旁邑果獲真盜,衆服其明。於是部使劉庠、吕大防、張問皆薦琦才,請以治無極,朝廷從之。縣接契丹境,一日,民訛言相驚,謂北兵來浸,皆閉户自匿,市井不相通。琦不爲之動,有以慰諭其心,凡三日,復業如故,兵亦不至。保州民集衆數百,撾登聞鼓,訴屯田水利事,事久不决,郡邑患之。安撫使委琦按視,即條利害以圖上。其説行,公私以爲宜。熙寧中,差通判蜀州、綿州。元豐三年正月卒,年五十四。〔(清)陸心源撰,吴伯雄點校《宋史翼》卷十九,浙江古籍出版社,2016 年,第 405 頁〕

費琦,字孝琰,成都人,皇祐中進士,調興元府户曹參軍,遷合州赤水令,改秘書省著作佐郎,知定州安喜縣,歷都官員外郎、通判綿州。〔(清)陸心源撰《宋詩紀事小傳補正》卷一,光緒十九年刻本〕

費琦,元豐三年正月卒,年五十四。〔(清)錢保塘《歷代名人生卒録》卷五,海寧錢氏清風室叢刊本〕

韓　震

附慶曆中進士年分無考者。韓震。井研人,朝議大夫,見《山谷集》。〔《(嘉慶)四川通志》卷一百二十二,嘉慶二十一年刻本〕

慶曆中。韓震,(韓)崇姪,官至朝議大夫。〔(清)高承瀛等修《(光緒)井研志》卷十九〕

泉州同安縣知事。韓震。仁壽人。慶曆進士。〔李厚基等修《(民國)福建通志》卷三十二,民國二十七年刻本〕

盧　邁

盧邁,字彦通,熙寧七年,(與馮造)二人見白鶴梁題名。[《(同治)重修涪州志》卷七]

馮　造

馮造。遂州人。[《(雍正)四川通志》卷三十三]

宋元符三年庚辰科李釜榜。馮造,遂寧人。[《(嘉慶)四川通志》卷一百二十二]

馮造,字深道,熙寧七年(進士)。[《(同治)重修涪州志》卷七]

馮造,元符進士……元文禮,延祐進士。已上俱遂寧縣。[(明)吳之皡等修纂《(萬曆)四川總志》卷十一,文淵閣四庫全書本]

元符二年。馮造,已卯科李釜榜。[《(乾隆五十二年)遂寧縣志》卷六]

元符三年。馮造。遂寧。[《(光緒)新修潼川府志》卷十五]

黄　覺

黄覺,達州人,治平進士。[《(雍正)四川通志》卷三十三]

治平二年乙巳科彭汝礪榜。黄覺,通州人。[《(嘉慶)四川通志》卷一百二十二]

黄覺,字莘老,通州人,熙寧七年以奉節縣令權管州事。[《涪陵縣續修涪州志》卷九]

黄覺,達州通川人,治平二年彭汝礪榜進士,著作郎、知巴縣。[(明)吳潛等修《(正德)夔州府志》卷九,明正德八年刻本]

石　諒

伏承端明二丈窀穸有期,天下失此偉人,何勝霣涕!石刻得三丈論撰,無憾矣。不審幾時得刻石,託誰書丹?若未有人,不肖輒爲託名其上;若自有人,即已矣。萬一不用不肖書,則用家弟尚質所篆蓋,別託一相知人名可也。三兩日即挐舟下巴陵,出陸至雙井,六日爾。至,即令家弟書篆,携至荆渚,二月末可復來也。小子相娶石諒之女,蒙齒記,感激感激![曾棗莊、劉琳主編《全宋文》卷二二八一《黄庭堅四·寄蘇子由書三》,上海辭書出版社,2006年,第287頁]

偶住亭。在江安縣之對。建中(靖國)初,山谷自僰道還過邑,宰石諒同游此亭,書"琴操",後改

爲渡瀘亭。有范百禄《平蠻碑》。見石行正《亭記》。[《輿地紀勝》卷一百五十三,第 4136—4137 頁]

十一月,自青神復還戎。有《十一月二十日與嘉州至樂山王子厚書》云:"到家悲苦滿懷。"蓋知命歸江南,死於荆州,當是初聞其訃時也。十二月,發戎州。亦具山谷《免吏部員外郎狀》。過江安,爲石信道挽留,遂作歲於此。石諒信道,本眉人,家於江津,女嫁山谷之子相,是歲十二月成親。其詳具建中靖國元年注,并具《與杜拙翁書》。[(宋)黄庭堅撰,劉尚榮點校《黄庭堅詩集注》,中華書局,2003 年,第 29—30 頁]

石信道諸子求余更其名字,余且因且革,名之曰翼、畢、奎、參、亢;又作字訓。其名曰翼之字曰氣游,畢之字曰盡仁,奎之字曰秉文,參之字曰孝立,亢之字曰善長。翼者,南維朱鳥之翼也。夫存心養性,以與天地參也,則能御六氣以游無窮,此人而有天翼者也。畢者,其形象鼎之實,故謂之畢,與"天下之能事畢矣"之"畢"同。夫仁者人也,能盡仁則位乎天地之中者,畢矣。奎者,鈎狀似籀文,故以爲天之文宿。天垂象以示人,非秉文之德,孰能配之哉!參星象旗之垂參,象之著者也。《詩》云"三星在户",又曰"三星在罶"。蓋言其著焉。子曰:"立則見其參於前也,在輿則見其倚與衡也,夫然後行。"故曾子名參,字子輿。夫名者實之賓也,有是名,人將責實焉,非事親之行立,則將爲萬物之賓乎!亢者,東維之長,天之壽星也。維仁者能壽。《易傳》曰:"元者善之長也。"君子體仁,足以長人。仁者之壽,所謂没而不朽者也。夫耆年而言行不著焉,則吾不謂之壽,謂之陳人而已矣。建中靖國元年正月,山谷老人説。[1] [(宋)黄庭堅撰《山谷别集》卷三,文淵閣四庫全書本]

《答石信道書》

某頓首。忽承賜教,累紙勤懇。審邑庭虚閑,時與僚佐共尊酒之樂,何慰如之!惠蝦修,甚珍,小獠無不垂涎也。屢蒙一元大武之享,而薌其翰音之獻不登長者之堂,良以爲愧。頃聞江次大風頗爲災,幸而比雨足,象成豐矣,吾輩可以摩娑經笥飽湯餅也。代者今在何所?稍涼,到城中亦佳耳。所諭懶書,前言戲耳。人生勤懶,各隨積習而成性,懶亦好,勤亦好,此司馬德操法也。尚阻瞻對,惟日爲歲,伏冀善眠食自重。[(宋)黄庭堅撰,鄭永曉整理《黄庭堅全集輯校編年》,江西人民出版社,2008 年,第 993 頁]

《答南溪宰石信道人一》

某頓首。放逐顛沛,人所簡賤,陰拱而窺三川之途者,惟恐不肖之塵點辱之也。道出貴部,而軒蓋奕奕,來顧憔悴,終日不懈,竊深歎服。意此邦鰥寡被豈弟之澤深

---

[1] 此文名作《石信道諸子字訓》,另見《山谷全書·别集》卷四,《豫章先生遺文》卷二。

矣,不有君子,其能國乎! 奉別來忽復一月,病餘疲茶,終未復常,以是闕於修敬,乃蒙示書先之,存問勤恳,感慚無以爲喻。秋暑溷濁,似欲不堪,不審尊候何似? 伏惟万福。謹勒手狀。

《答南溪宰石信道人二》

雅闻南溪民淳事簡,況君子居之,以有以新其風俗之陋。邑庭清虚,想時與僚佐同文字之樂,諸郎讀書亦有日新之功。某寓舍無等,雖無登覽江山之勝,得一堂亦且粗遣朝夕,來禦魑魅。處此蓋已有餘,他日稍以私力葺之。旁近有禪子道人,欲相從寂寞者,亦蔽其風雨而已。[(宋)黄庭堅撰,鄭永曉整理《黄庭堅全集輯校編年》,第1002—1003頁]

江南黄庭堅自僰道蒙恩放還,元符三年十二月道出江安,江安宰石諒信道以親親見留作歲。建中靖國元年正月丙寅,置酒中壩葛氏之竹林而別。[(明)曹學佺《蜀中廣記》卷十六,文淵閣四庫全書本]

鄭　顗

《屯田員外郎鄭顗可都官員外郎太常博士陳紘可屯田員外郎秘書丞彭憓可太常博士》

敕具官某:士之通籍於朝而服職於外,積累日久,且四期矣。既克成於治效,又能逭於過尤。兹而不遷,何用勸善? 以爾詞學中科選,閥閲升閨臺。荐者稱其廉勤,有司上於課最。咸應恩格,宜有甄揚。稍進一官之榮,使有群吏之勸。體兹恩渥,懋乃事功。可。[(宋)蘇頌撰,王同策、管成學、嚴中其等點校《蘇魏公文集》卷三十,中華書局,1988年,第428頁]

附:治平中進士年分無考者。姚彦成,大足人。鄭顗,大足人。[(清)王夢庚修《(道光)重慶府志》卷七,道光二十三年刻本]

吴　縝

吴縝。元祐元年朝散郎□□爲守,成都人。嘗作《唐書辨證》,蓋博學之君子也。[《輿地紀勝》卷一百七十七,第4600頁]

嘉祐中,詔宋景文、歐陽文忠諸公重修《唐書》。時有蜀人吴縝者初登第,因范景仁而請於文忠,願預官屬之末,上書文忠,言甚懇切,文忠以其年少輕佻距之,縝艴艴而去。逮夫新書之成,乃從其間指摘瑕疵,爲《糾繆》一書。至元祐中,縝游宦蹉跎,老爲郡守,與《五代史纂誤》俱刊行之。紹興中,福唐吴仲實元美爲湖州教授,復刻於郡庠,且作《後序》。以謂"鍼膏肓、起廢疾,杜預實爲《左氏》之忠臣",然不知縝著書之本

意也。[（元）馬端臨撰,上海師范大學古籍研究所點校:《文獻通考》卷二百,中華書局,2011 年,第 5752 頁]

《次韻景仁正月十二日訪吳縝寺丞二絕》

夜雪滿庭雞失晨,瓊田早出不驚塵。急須卷凍鋪黃道,欲看燈山萬萬人。

濁醪時飲十分杯,萬象溟濛曉氣醅。醉倒藍輿夜歸去,金吾寧復識誰哉。[（宋）蘇轍撰,陳宏天、高秀芳點校《蘇轍集》卷六,中華書局,1990 年,第 118 頁]

宋治平中進士年分無考者。吳縝,成都人。[《（嘉慶）四川通志》卷一百二十二]

蒲昌齡

何士宗。太平興國進士。以下順慶府屬……蒲昌齡、李景。鄰水縣人。上俱元祐進上。[《（雍正）四川通志》卷三十二]

附:元祐中進士年分無考者……蒲昌齡,順慶人。[《（嘉慶）四川通志》卷一百二十二]

小方山。距城十二里,有紫府觀、老君廟,千峰百嶺,周回繚繞,疑若洞天,蒲昌齡有記。[《輿地紀勝》卷一百五十六,第 4231 頁]

楊嘉言

烟雨樓。在府治,宋崇寧間楊嘉言建,范成大書額。[（明）李賢等修撰《明一統志》卷四十四,文淵閣四庫全書本]

處州舊城。在府東南七里,括蒼山麓,隋、唐時故治也。亦曰括州城。括,本作“栝”,即欂木也,松身柏葉,山多此木,故名。隋因以名州。唐末盧約竊據是州,遷治於小括山上。宋楊億云:“郡齋迴在霄漢,石磴盤屈。”是也。《續廳壁記》:“小括山路九盤始入譙門,宋崇寧三年楊嘉言爲守,削直之。大觀元年郡守高士廣復舊。元至元二十七年郡守幹勤好古復遷治於今所,北枕柰山,築城環之。明朝洪武初修築,正統以後屢經繕治。有門六,城周九里有奇。”[（清）顧祖禹撰,賀次君、施和金點校《讀史方輿紀要》卷九十四,中華書局,2005 年,第 4321 頁]

楊嘉言。以朝散郎來知(漳州)。紹聖四年四月到。[（明）陳洪謨等修《大明漳州府志》卷三,天一閣藏明正德八年刻本]

(宋) 知處州軍。……楊嘉言、黃烈,浦城人。李孟傳,字文授,上虞人。周邦彥。見前。黃葆光,字元暉,徽州人。張嵲,字柔直,福州人。以上徽宗時任。[（清）嵇曾筠等修《（雍正）浙江通志》卷一百十五,文淵閣四庫全書本]

杜致明

杜致明、程堯弼、任寅、陳抃、宋鼎。上俱元豐進士。[《(雍正)四川通志》卷三十三]

　　附：元豐中進士年分無考者……杜致明，眉州人。[1][《(嘉慶)四川通志》卷一百二十二，嘉慶二十一年刻本]

黃庭堅

　　黃庭堅，字魯直，洪州分寧人。幼警悟，讀書數過輒成誦。舅李常過其家，取架上書問之，無不通，常驚，以爲一日千里。舉進士，調葉縣尉。熙寧初，舉四京學官，第文爲優，教授北京國子監，留守文彥博才之，留再任。蘇軾嘗見其詩文，以爲超軼絕塵，獨立萬物之表，世久無此作，由是聲名始震。知太和縣，以平易爲治。時課頒鹽筴，諸縣爭占多數，太和獨否，吏不悦，而民安之。

　　哲宗立，召爲校書郎、《神宗實錄》檢討官。逾年，遷著作佐郎，加集賢校理。《實錄》成，擢起居舍人。丁母艱。庭堅性篤孝，母病彌年，晝夜視顏色，衣不解帶，及亡，廬墓下，哀毀得疾幾殆。服除，爲秘書丞，提點明道宮，兼國史編修官。紹聖初，出知宣州，改鄂州。章惇、蔡卞與其黨論《實錄》多誣，俾前史官分居畿邑以待問，摘千餘條示之，謂爲無驗證。既而院吏考閲，悉有據依，所餘才三十二事。庭堅書“用鐵龍爪治河，有同兒戲”。至是首問焉。對曰：“庭堅時官北都，嘗親見之，真兒戲耳。”凡有問，皆直辭以對，聞者壯之。貶涪州別駕，黔州安置，言者猶以處善地爲執法。以親嫌，遂移戎州，庭堅泊然，不以遷謫介意。蜀士慕從之游，講學不倦，凡經指授，下筆皆可觀。

　　徽宗即位，起監鄂州税，簽書寧國軍判官，知舒州，以吏部員外郎召，皆辭不行。丐郡，得知太平州，至之九日罷，主管玉隆觀。庭堅在河北與趙挺之有微隙，挺之執政，轉運判官陳舉承風旨，上其所作《荆南承天院記》，指爲幸災，復除名，羈管宜州。三年，徙永州，未聞命而卒，年六十一。

　　庭堅學問文章，天成性得，陳師道謂其詩得法杜甫，學甫而不爲者。善行、草書，楷法亦自成一家。與張耒、晁補之、秦觀俱游蘇軾門，天下稱爲四學士，而庭堅於文章尤長於詩，蜀、江西君子以庭堅配軾，故稱“蘇、黃”。軾爲侍從時，舉以自代，其詞有“瓌偉之文，妙絕當世，孝友之行，追配古人”之語，其重之也如此。初，游灊皖山谷寺、石牛洞，樂其林泉之勝，因自號山谷道人云。[(元)脱脱等《宋史》卷四百四十四，第13109——

－－－－－－－－－－－－

　　[1]　該志同卷中另有“宋元祐中進士年份無考者，杜致恭，眉州人”，似與致明爲兄弟行。

〔13111 頁〕

黃庭堅山谷先生文節公,字魯直,洪州分寧人,登治平四年進士第,調汝州葉縣尉。熙寧中,北京教。元豐三年,知吉州太和縣。八年,哲宗立,除校書郎、兼實録院檢討、集賢校理,除右諫議大夫。元祐二年正月,除著佐兼史館。三年五月,除著作郎,以趙挺之言復著佐。六年七月,除起居舍人,以韓川言復舊職。八年,除編修官。紹聖初,知宣州,改鄂州。七月,奉祠。十二月,責授涪州別駕,安置黔州。元符初,移戎州。三年,徽宗即位,赦復宣義郎、監鄂州税。十月,復奉議郎、定國軍僉判。建中靖國元年三月,除權知舒州。崇寧元年,知太平州。九月,罷奉祠。二年十一月,謫宜州羈管,三年,徙永州,未聞命而卒。紹興初,特贈直龍圖閣,累贈太師。〔(宋)朱熹、李幼武輯《宋名臣言行録》卷一,文淵閣四庫全書本〕

黃庭堅。字魯直,即山谷先生也。其家先居於婺女,後居豫章,紹聖間謫涪州別駕,黔州安置,白髮涪翁。〔《輿地紀勝》卷一百七十四,第 4536 頁〕

黃庭堅。字魯直,洪州人。謫涪州別駕,曠懷遠思,所在稱慕。〔《(雍正)四川通志》卷六〕

《答黃魯直六首之一》

軾頓首再拜魯直教授長官足下:軾始見足下詩文於孫莘老之坐上,聳然異之,以爲非今世之人也。莘老言:"此人,人知之者尚少,子可爲稱揚其名。"軾笑曰:"此人如精金美玉,不即人而人即之,將逃名而不可得,何以我稱揚爲?"然觀其文以求其爲人,必輕外物而自重者,今之君子,莫能用也。其後過李公擇於濟南,則見足下之詩文愈多,而得其爲人益詳。意其超逸絶塵,獨立萬物之表,馭風騎氣,以與造物者游,非獨今世之君子所不能用,雖如軾之放浪自棄、與世闊疏者,亦莫得而友也。今者辱書詞累幅,執禮恭甚,如見所畏者,何哉? 軾方以此求交於足下,而懼其不可得,豈意得此於足下乎? 喜愧之懷,殆不可勝。然自入夏以來,家人輩更卧病,忽忽至今,裁答甚緩,想未深訝也。《古風》二首,託物引類,真得古詩人之風,而軾非其人也。聊復次韻,以爲一笑。秋暑,不審起居何如? 未由會見,萬萬以時自重。〔(宋)蘇軾撰、李之亮箋注《蘇軾文集編年箋注》卷五十二,巴蜀書社,2011 年,第 739 頁〕

《跋黃魯直帖》

山谷以紹聖元年冬坐史事,安置黔南,二年四月至焉。其年三月,朝奉大夫錢塘韋驤字子駿來爲夔路提點刑獄,嘗任主客郎官,故云"子駿提刑主客大夫"。四年三月,宗正丞張向除本路提舉常平,實山谷之外兄,乞避親嫌。十一月移戎州。五年六月,改元元符,方抵貶所。其云"從道者向也"。〔(宋)周必大《文忠集》卷四十九,《叢書集成

初編》,中華書局,1985 年]

治平丁未許安世榜。黄庭堅,字魯直,庶之子,三甲三十名,有傳。[(明) 龔暹纂修
《(嘉靖)寧州志》卷三,明嘉靖二十二年刻本]

孫羲叟

孫羲叟。徽州人。政和初,由徽猷閣直學士帥瀘州,築城有功,徽宗賜書獎諭之。[《(雍正)
四川通志》卷七上]

(政和六年)其三月,又用安撫使孫羲叟奏,分田以授降羌,使與土丁雜處。適始
度其地,人給百畝,可募兵三千七百有餘。其後根括并邊逃田之隸於官者,止可贍三
千兵,乃奏奪邊民所市夷田以益之。又奏所招凡二千七百人,長寧軍、樂共城各五百,梅
洞、水蘆寨、政和堡各三百,武寧寨、板橋、梅嶺、石筍堡各二百。其虛實不可考也。[(宋) 李心傳
撰《建炎以來朝野雜記·乙集》卷十七,中華書局,2000 年,第 816—817 頁]

《更生閣記》[1]

政和丁酉正月辛亥,静、塗諸羌叛,火折博市,殺居民千,掠婦數百,屠汶山,聚落
殆盡……。上遣中官何伯通究其役,條具五事以聞。燾左遷,張永鐸、丘永壽、丁弼竄
嶺表,復命孫羲叟節制綿茂軍,种友直將中軍,以施黔義軍爲先鋒。首破赤土山,深入
板舍源部族。凡射傷賊,賊視其瘡沸,謂箭有神,如耿恭時。夷人奔遁,搜山抉谷,至
濕山背,去茂無兩舍,静、塗諸羌,吻草牽牛,抱茂州將賈宗範足,投哀丐命,願平夷碉
囤,遠徙幽陰,以田授宋,世世不敢犯邊。會孫羲叟傳令,抽大軍回,是時軍若達茂,則
諸羌束手就死矣。賈宗範即受旺烈等降,反慰安之。奏諸朝,賜守領官月給茶綵。
[(宋) 李新《跨鼇集》卷十六,文淵閣四庫全書本]

(政和七年六月)已卯,徙知瀘州孫羲叟知成都府,措置綿、茂州夷事。[(宋) 李埴
撰,燕永成校正《皇宋十朝綱要校正》卷十七,中華書局,2013 年,第 493 頁]

(重和元年正月)是月,孫羲叟遣石泉統制种友直討都浪村、板舍原兩族,平之。
已而蕃衆復來攻,友直復遣將衡遜擊却之,築白沙等寨一十八處。[《皇宋十朝綱要校正》
卷十八,第 505 頁]

(重和元年二月)是月,孫羲叟遣种友直等分兵三路,深入討夷賊,連破諸族,直抵
時州馬蹄溪,殺戮甚衆。[《皇宋十朝綱要校正》卷十八,第 505 頁]

---

[1] 該文另見《國朝:百家名賢文粹》卷一百一十五。

石泉軍。建置沿革。《禹貢》岷山之域。秦地,井、鬼之分野,蜀郡入井三度。古氐、羌地,至秦、漢時君長以十數,冉駹最大。漢誅且蘭君,冉駹恐,請臣,遂以冉駹爲汶山郡。靈帝以汶江、蠶陵、廣柔三縣立汶山郡,廣柔即今石泉也。後周屬汶州。隋屬蜀州及會州。唐改爲南會州,又改爲茂州,太宗始析汶山地置石泉縣,屬茂州,其後吐蕃內侵,茂州以西被兵無寧歲。皇朝神宗時,靜州夷寇邊,攻茂州,室隴東以孤石泉。成都守孫義叟經畫事宜,以石泉爲邑,介綿、茂之間,道里闊遠,緩急不相應,非扼其衝要不足捍外患。於是詔改石泉縣爲軍。今領縣三,治石泉。[《方輿勝覽》卷五十六,第 1003 頁]

楊元永

《右通直郎楊元永故父任給事中充天章閣待制佐可贈右正議大夫制》

敕:朕荷二儀之眷,虔三歲之郊。仰承靈休,渙發大號。既均受嘏之福,及爾庶工;又錫漏泉之恩,旌其先閥。具官某故父某,志慮彊立,才猷博通。昔在仁祖之朝,嘗登從臣之列,屢試以事,所至見稱。雖淪謝歷年,而風徽如在。會精禋之終禮,宜贈典之爲光。進以祿階,式褒賢業。庶幾泉壤,尚服寵休。[(宋) 呂陶《淨德集》卷九,文淵閣四庫全書本]

《楊元永故母高陽郡君張氏可贈譙郡太君制》

敕:祭則受福,期中外之率同;孝以顯親,故幽明之不間。申予褒恤之命,慰爾劬勞之思。具官某故母某氏,來歸令門,常履柔德。治家以禮,念風徽之若存;有子立朝,知善慶之獲報,宜隆贈典,進易郡封。幽壤有知,尚歆寵賁。[《淨德集》卷九]

顏魯公祠。費縣東門外。宋職方員外郎曹輔碑云:公有廟,在費東五十里諸滿村,元祐六年楊元永爲邑建新廟於此。定海主簿、秘書省校對黃本書籍秦觀書丹。[(元) 于欽撰,劉敦願、宋百川、劉伯勤校釋《齊乘校釋》卷四,中華書局,1912 年,第 409 頁]

龐恭孫

(龐)恭孫字德孺,以蔭,補通判施州。崇寧中,部蠻向文彊叛,詔轉運使王蓬領州事致討,恭孫說降文彊而斬之。蓬上其功,進三秩,知涪州,遂以開邊爲己任。誘珍州駱文貴、承州駱世華納土,費不貲。轉運判官朱師古劾恭孫生事,詔黜師古而以恭孫代,於是溱、播、溪、思、費等州相繼降。每開一城,輒褒遷,五年間,至徽猷閣待制。威州守乞通保、霸二州,進恭孫直學士、知成都府,委以招納。未幾,其酋董舜咨、董彥博來納土,詔遣赴闕,皆拜承宣使,賜第京師,更名保州祺州、霸州亨州,使恭孫進築之。言者論其貪縱,究治如章,謫保靜軍節度副使。才踰月,起知陳州,復待制,帥瀘州。

又以築思州，進學士。前後在西南二十年，所得州縣，多張名簿，實瘠鹵不毛地，繕治轉餉，爲蜀人病，無幾時皆廢。宣和中，卒。[《宋史》卷三百一十一，第 10201 頁]

朝廷開西南夷，黎州守詣幕府白事，言雲南大理國求入朝獻，(席)旦引唐南詔爲蜀患，拒却之。已而威州守焦才叔言，欲誘保、霸二州内附。旦上章劾才叔爲姦利斂困諸蕃之狀，宰相不悦，代以龐恭孫，而徙旦永興。恭孫俄罪去，加旦述古殿直學士，復知成都。[《宋史》卷三百四十七，第 11017 頁]

蔡京既自以爲功，至謂："混中原風氣之殊，當天下輿圖之半。"(王)祖道用是超取顯美。張商英爲相，治其誕罔，追貶昭信軍節度副使。京再輔政，復還之。然其所創名州縣，不旋踵皆罷。是後龐恭孫、張莊、趙遹、程鄰皆以拓地受上賞，大氐皆規模(王)祖道。祖道起冗散，驟取美官，而朝廷受其敝云。[《宋史》卷三百四十八，第 11042 頁]

龐恭孫、趙遹開梓、夔諸夷州，執中乞正其罪。又言："八行之舉，所得皆鄉曲常人，不足以爲士，願下太學，考其道藝而進退之。"[《宋史》卷三百五十六，第 11205 頁]

威州保霸蠻者，唐保霸二州也。天寶中所置，後陷没。酋董氏世有其地，與威州相錯，因羈縻焉。保州有董仲元，霸州有董永錫者，嘉祐及熙寧中皆嘗請命於朝。政和三年，知成都龐恭孫始建言開拓，置官吏。於是以董舜咨保州地爲祺州，董彦博霸州地爲亨州。[《宋史》卷四百九十六，第 14239 頁]

(思州)州治務川，因山川控扼，建一寨四堡，以備守要害。運使龐恭孫《建築思州奏表》。[《輿地紀勝》卷一百七十八，第 4615 頁]

徽宗即位之八年。大觀元年。西南夷蕃部長田祐恭願爲王民，大觀二年運使龐恭孫表。始建思州。國朝《會要》載在政和八年建思州，隸夔州路。《思州圖經序》所載云"政和八年詔運使龐恭孫同共措置建築，賜名曰思州。三縣曰務川、邛水、安夷。"[《輿地紀勝》卷一百七十八，第 4611—4612 頁]

《蔡京輕用官職》

蔡京三入相時，除用士大夫，視官職如糞土，蓋欲以天爵市私恩。政和六年十月，不因赦令，侍從以上先緣左降同日遷職者二十人。通奉大夫張商英爲觀文殿學士，中大夫王襄爲延康殿學士，顯謨閣待制李圖南爲述古殿學士，寶文閣待制蔡薿、顯謨閣待制葉夢得并爲龍圖閣直學士，寶文閣待制張近、通奉大夫錢即、右文殿修撰王漢之并爲顯謨閣直學士，中大夫葉祖洽爲徽猷閣直學士，朝散大夫曾孝蘊爲天章閣待制，朝散郎俞栗、朝議大夫曾孝序、中奉大夫范致明、右文殿修撰蔡肇、大中大夫孫鼟、朝議大夫王覺、右文殿修撰陳瑒并爲顯謨閣待制，朝請郎蔡懋、中奉大夫龐恭孫、朝請郎洪彦昇并爲徽猷閣待制。至十一月冬祀畢，大赦天下，仍復推恩。［（宋）沈括《容齋隨筆・容齋四筆》卷十五，中華書局，2005 年，第 812 頁］

（崇寧五年）五月二十六日，徽猷閣直學士、提舉西京嵩山崇福宮龐恭孫落職，坐前知成都府貪墨營私故也。［《宋會要輯稿・職官六八》，第 4892 頁］

（紹聖三年）十二月三日，朝議大夫、直秘閣、夔州路轉運副使龐恭孫直龍圖閣，朝奉大夫、太府少卿張爲直龍圖閣、知蔡州。［《宋會要輯稿・選舉三三》，第 5895 頁］

政和三年三月七日，夔州路轉運判官龐恭孫奏：“建置珍州，歲貢細茶芽十斤，黃蠟二十斤。候本州起稅了當，每遇天寧節及大禮，依例進奉銀、絹。”梓州路轉運司狀：“建置純、滋州并管下縣城寨堡，所有逐州每年合發進貢（與）夔州路新建州郡事體一般。欲乞依夔州路轉運司已得指揮施行。”從之。［《宋會要輯稿・食貨四一》，第 6932 頁］

政和四年五月十七日，知成都府龐恭孫奏乞：“據知霸州董彦博狀，乞將本州管內地土獻納，伏乞改賜嘉名。仍乞爲軍事、下州，置倚郭一縣，亦乞賜名。”詔名亨州，倚郭縣賜名嘉會縣。［《宋會要輯稿・方域七》，第 9404 頁］

政和八年七月二日，樞密院言：“知瀘州龐恭孫申，瀘南溪洞轉運副使盧知原措置逐城寨所管田土，以厚薄分爲兩等。據見管勝兵揀選到强壯堪任戰守一千四百九十一人，并寄招到二百三十五人，收買耕牛農具，起蓋等舍安泊，及借貸官錢、糧米，使得專一開墾。今年夏來成熟，并皆安居有業，分番赴軍城寨堡守禦，隨逐禁軍教閱，顯見職事優異。欲望特將盧知原優與推恩外，有軍城塞堡官亦乞一例量與減年，或免短使。”詔盧知原特與轉一官，其軍城寨堡官各減三年磨勘。［《宋會要輯稿・方域一九》，第 9661 頁］

大觀二年八月二十五日，詔：“西南夷赴涪、瀘、南平軍納土歸順，三州地理遼遠，瀘州又隸梓州路，相望隔越，撫納勞徠，守佐之臣未必能辦其事。新附之民初歸王化，苟失其情，使其心悔，非率服蠻夷之道。除涪州已差龐恭孫外，瀘州差趙遹，南平軍差崔子堅前去，專一措置，仍疾速施行。”［《宋會要輯稿・蕃夷五》，第 9860 頁］

（政和三年）十二月十七日，知成都府龐恭孫言：“據光禄大夫、檢校工部尚書、知保州董舜諮等狀，情願將保州所管一州并二十六大首領下地土獻納入官。”詔：“董舜諮特與正任成州團練使，賜公服、靴、笏、二十兩金、塗銀腰帶，令大官東庫支降。及仰吏部差小使臣一員,賷告并所賜衣帶等付龐恭孫交割給賜。其董舜諾候受告訖,令赴闕朝見。"[《宋會要輯稿・蕃夷五》,第 9860 頁]

《徽猷閣待制龐恭孫知成都府制》

春秋王者無外,以四裔爲守;治世爲國不師,以公侯干城。蠢爾戎羌,藉其疆境,使爲外守,以扞固吾圉,必有干城而制其腹心。載稽顯庸,可無異數。具官某歷試於外,實勞厥初。往城蠻方,以宣王略,不有禦侮,孰威不庭!豈惟暴露經營之勤,實賴撫綏安集之力。錫爾延閣,殿於坤維,尚繫壯猷,以靖疆場。[(宋)翟汝文《忠惠集》卷二,文淵閣四庫全書本]

《差官措置涪瀘南平軍御筆》大觀二年八月二十五日

西南夷赴涪瀘南平軍納土歸順,三州地里遼遠,瀘州又隸梓州路,相望隔越,撫納勞徠,守佐之臣未必能辦其事。新附之民,初歸王化,苟失其情,使其心悔,非率服蠻夷之道。除涪州已差龐恭孫外,瀘州差趙遹,南平差崔于堅前去。專一措置,仍疾速施行。[(宋)佚名編《宋大詔令集》卷一百五十九,中華書局,1962 年,第 602—603 頁]

龐恭孫。字德孺,武城人。徽宗時補施州通判,部蠻向文彊叛,恭孫說降而斬之,領州事王蘧上功,進三秩,仕至徽猷閣學士。[(明)淩迪知《萬姓統譜》卷三,文淵閣四庫全書本]

袁天倪

袁天倪……俱元豐進士……袁岱。延祐進士。以上渠縣人。[《(萬曆)四川總志》卷十]

元豐八年乙丑科焦蹈榜……袁天倪。渠縣人。第三甲。[《(嘉慶)四川通志》卷一百二十二]

張永年

第一百三人張永年,字時發,小名念十一,小字一郎,年二十六,十一月初五日生,外氏周,重慶下第一,兄弟終鮮一舉。娶扶氏。曾祖進故不仕,祖淵未仕,父安民未仕,本貫忠州臨江縣宜君鄉太平里,祖爲户。[(宋)佚名《紹興十八年同年小録》,文淵閣四庫全書本。]

王蕃

王蕃字觀復,沂公之裔,官閬中。時多以書從山谷問學,至是自京師來,會山谷於

荆州。[(宋)黄庭堅撰,(宋)任淵、史容、史季温注《黄庭堅詩集注》卷十四,中華書局,2003年,第512頁]

襄陽王蕃主夔州選事,以文學老故自當,接公頗簡倨。時開江奏已前上,公奮袖去,不就。蕃悔,即書走置謝,固願還,仍屬道前郡勸止,不答。久之敕下,竟不赴。[(宋)馮時行《縉雲文集》卷四,文淵閣四庫全書本]

《答王觀復》

承問所以尊名者,輒奉字曰"觀復"。維亨嘉之會,草木亦樂其生;天地否塞,君子有失其所。故曰:"天地變化,草木蕃;天地閉,賢人隱。"君子所以處窮通如寒暑者,何哉?方萬物芸芸之時,已觀其復矣。比來嘗苦心痛,略無三日不發時,故懶作文字,且寄奉字之意如此。[(宋)黄庭堅《黄庭堅全集·正集》卷十九,四川大學出版社,2001年,第492—493頁]

《跋砥柱銘後》

余觀砥柱之屹中流,閲頹波之東注,有似乎君子士大夫立於世道之風波,可以託六尺之孤,寄百里之命,不以千乘之利奪其大節,則可以不爲此石羞矣。營丘王蕃觀復,居今而好古,抱質而學文,可望以立不易方,人不知而不愠者也。故書《砥柱銘》遺之。[《黄庭堅全集·正集》卷二十六,第699頁]

《又(答王雲子飛)》

頓首。不敢率易作尊公書,因寢門問膳,爲道小人區區。舍弟到家亦多病,未能作狀也。閬中進士鮮澄自源,自閬中來相過,留此兩月許。其人知書,有以自守,某之友王蕃觀復今爲閬州節推,亦稱其家居擇友,不妄與人游也。遠來困於旅瑣,欲謁薪水之資於瀘州,不知士人中有哀王孫者乎?[《黄庭堅全集·續集》卷四,第1997頁]

《褒善録》一卷。晁氏曰:王蕃撰,嘉祐中巴縣簿黄靖國死而復蘇,道其冥中所見。廖生嘗傳之,而蕃删取其要爲此書。[《蜀中廣記》卷九十五]

王番(蕃)。政和中任(知達州事)。[(清)陳慶門等修《(乾隆)直隸達州志》卷三,乾隆十二年刻本]

附紹興中進士年分無考者……王蕃。成都府人。[《(嘉慶)四川通志》卷一百二十二]

(宣和)六年八月十九日,都大管幹成都府等路茶事王蕃狀:"伏見前提舉官何漸昨具奏:'爲闕官逐急擇人權攝,欲乞將本司熙豐以來不拘常制許辟員闕,依元豐舊法,不得并差川人。及依近降指揮,不得奏差知州外,餘并許臣踏逐,選擇公廉練達之人，不拘常制，指名奏差。'奉御筆依所奉許辟一次，後來何漸除奏外，見餘未曾奏辟去處，欲乞依已降御筆指揮，許蕃依何漸申請，不拘常制，指名奏辟一次。"從之。〔《宋會要輯稿・職官四三》，第 4162 頁〕

《論制置使王蕃逃遁札子》靖康元年二月十六日

　　臣伏見王蕃先任户部侍郎，乞往陝西等路募兵禦寇，未啟行，除延康殿學士，充京畿兵馬制置使。朝廷謂其陳禦戎之策，特以是命之，寵至渥而任至重矣。自寇迫至近郊，都城戒嚴已踰兩旬，畿甸居民盡被劫掠，蕃既不（能）扞禦以衛王室，乃擁卒旅、護妻孥避寇逃遁，爲自全之計。臣前具札子面奏，乞根究蕃所在，并臺官論列，聞已降指揮，令疾速發來赴闕。謹按蕃天資險詖，公肆誕謾，居喪污穢，冒哀求仕，屢辱吏議，案牘具存，不忠不孝，其罪著聞，難以殫舉。今者專統制之權，乃避賊逃遁，以法繩之，是叛臣也，正誤國之罪，肆兩觀之誅，尚未足以謝衆怨。今赴闕之命，朝廷必有以處之矣。臣體訪得王蕃部領兵馬約二千餘衆，過潁昌前去，縱令兵徒劫奪，所至騷擾，甚於寇賊，居民奔逃。正月十九日已宿唐州，二十日起發，不知所之。蕃避寇誤國，臣知其爲叛臣矣。若領兵越境而南，臣不知蕃之奸謀將何所圖也。朝廷雖有指揮，令發來赴闕，臣竊謂蕃之叛已不臣於陛下矣，其可召而至乎？伏乞陛下早加睿斷，免貽後患。取進止。〔（宋）徐夢莘《三朝北盟會編》卷四十，上海古籍出版社影印本，1987 年〕

吴　革

　　吴革字義夫，華州華陽人，國初勳臣廷祚七世孫也。少好學，喜談兵。再試禮部不中，乃從涇原軍，以秉義郎幹辦經略司公事。

　　金人南牧，帥兵解遼州之圍。使粘罕軍，見之庭，揖不拜，責其貪利敗約，詞直氣勁，粘罕少屈，爲追回威勝諸屯兵，授書使歸。欽宗問割地與不割地利害，對曰："金人有吞噬之意，願悉起關中士馬赴都爲備。"詔以爲武功大夫、閤門宣贊舍人，持節諭陝西。

　　行至朱遷，聞金人犯京師，復還。與張叔夜同入城，請於帝，乞幸秦川，又乞出城劫之，使不敢近，又乞諸門同出兵牽制、衝突、尾襲、應援，可一戰而勝。時衆言已入，皆不果。後金兵攻安上門，填道度壕，革言之守將，使洩蔡河水以灌之，不聽。及填道將合，欲用前議，則水已涸矣。

　　車駕幸金營，革以爲墮其詐，往請叔夜，欲身見其大酋計事。叔夜問其故，曰："兹行有三説：一則天子還内，二則金騎歸國，三則革死。"叔夜爲言之，不報。上皇、妃、后、太子出郊,革白孫傅乞留之,不得。乃爲傅謀,於啟聖僧院置振濟局,募士民就食。一日之間至者萬計,陰以軍法部勒,將攻金營。久之,遷於同文館,所合已至數萬,多兩河驍悍之士。

既而有立張邦昌之議,革謀先誅范瓊輩,以三月八日起兵。謀既定,前期二日,有班直甲士數百人排闥入言:"邦昌以七日受册,請亟起事。"革乃被甲上馬,至咸豐門,四面皆瓊黨,紿革入帳,即執之,脅以從逆。革駡之極口,引頸受刃,顏色不變。其麾下百人皆同死。[《宋史》卷四百五十二,第 13289—13290 頁]

初六日,金人督立邦昌甚峻,及議定,初七日擇時即位。是日,統制官宣贊舍人吳革,睹事勢至此,起兵謀反。正班直散祗侯凡三營,并殺血屬以應事。未啟,爲人所告。范瓊自部兵格殺五十餘人,其餘悉潰。革父子與爲首者,并斬於大梁門外。嗟乎!革誠有志,奈何事未成而身遇害,可悲也哉。[(宋)丁特起編《靖康紀聞》,中華書局,1984 年,第 40 頁]

吳革,一開封人,見《忠義傳》;一九江人,仕淳祐間,嘗刻朱文公《周易本義》;一紹興初江西運副,見《繫年錄》。[(清)錢大昕《十駕齋養新錄》卷十二,上海書店,1983 年,第 280 頁]

常　彦

(宣和二年)十二月二十七日吏部言:"勘會涪州通判昨奉御筆,委王蕃奏舉清疆幹敏官,具名聞奏。所准夔州運判王蕃奏舉朝奉大夫常彦堪充上件差遣。其常彦於格應入,緣本官見年六十以上,不任選闕。"詔特差。[《宋會要輯稿·選舉二九》,第 5813 頁]

紹聖丁丑五月戊午,知忠州軍州事齊國王闓之、軍事推官荆南李鑑、兵馬監押洛陽田缺、巡檢安化楊中孝、監稅濟南蓋犧逸、錄事高陽張復、臨江縣令竟陵張微、司户參軍陽安文同、司理參軍雲安常彦、臨江縣主簿東武缺,同游永順王祠。坐東軒,面巴峽,臨岷江,望東溪之龍潭,崇山峻嶺,激湍清流,真山陰之蘭亭也。於是賦詩酌酒,極一時適。將歸,共觀石闕之上,讀漢都尉丁房碑,欲重加刊刻,而文字磨滅,竟不可辨,相與歎息而去。[《蜀中廣記》卷十九]

劉純常

劉純常程駿。上俱宣和進士。[《(雍正)四川通志》卷三十三]

附宣和中進士年分無考者。劉純常。眉州人。[《(嘉慶)四川通志》卷二百二十三]

孫伯達

(政和)八年二月己卯,知舉陸德先上合格進士何大圭等。三月戊戌,御集英殿策試,有司考加王楷在第一,上不欲令魁多士,遂賜王昂、周天衢、周望、孫之才[1]、楊裕、師成、石粹中、湯朋舉、任鋭、師庚、程敦臨、史似、史充、張俊等以下七百八十人出身。大圭,晋陵人。昂,開封人也。[(宋)彭百川《太平治迹統類》卷二十七,文淵閣四庫全書本]

新昌縣。宋。官制與高安縣同。知縣事。孫之才。迪功郎。[(明)鄺璠修、熊相纂《(正德)瑞州府志》卷六,正德十年刻本]

附政和中進士年分無考者……孫之才。眉州人。[《(嘉慶)四川通志》卷二百二十二]

南宋題名人

陳　似

陳似《龍脊》。峽底淵流澤亦深,砥平鼇极介江心。簿書叢裏逢休假,雲水光中欣訪尋。拂石四題雞子卜,移舟三聽竹枝音。時和摳鼓同民樂,快喜陽春逐衆陰。[2][(清)江錫麒修《(咸豐)雲陽縣志》卷十二,《中國地方志集成·重慶府縣志輯》,第 32 册,第 224 頁。]

(大寧縣)拂雲館。在縣北,宋時刑曹廨舍之西,宣和中陳似有記。[《(雍正)四川通志》卷二十六]

林　琪

(紹興十七年)七月二十五日,宰執進呈左朝散大夫謝尋擬差權知潮州,左朝奉郎陳惇特差知饒州,右承議郎林琪差權知忠州。上可其奏,因宣諭曰:"凡除郡守,莫須到堂否?"秦檜曰:"例須參辭。"上曰:"今既休兵,正以民事爲急,卿宜加詢諮,如有昏耄無取,恐不能宣布朝廷愛民之意,不若只與宮祠。"[《宋會要輯稿·職官四七》,第

---

　　[1]　之才,爲孫伯達字。
　　[2]　此詩原刻雲陽龍脊石,其後另有"嘉陽陳似襲卿司刑……男槐、栐、桐、梓、檀、栴侍行。宣和丙午歲人日,桐書"等句,原志誤將"陳似"書作"陳似襲"。

4282 頁〕

　　（紹興）十九年三月二十二日，責授濠州團練副使、復州安置鄭剛中許用議減，特免禁錮，移封州安置。右朝請郎、前四川宣撫司主管機宜文字、兼權參議張漢之，右承務郎、前四川宣撫司書寫機宜文字鄭良嗣，各特貸命，追毀出身以來告敕文字，除名勒停，永不收敘，漢之賓州、良嗣柳州，并編管。右奉議郎、前通判荆南府趙士禕追一官，勒停除名。右承議郎、新知忠州林琪特降一官，依已降指揮放罷。右武大夫、開州刺史、利州路兵馬都監、充御前中部統領官張仲追右武大夫一官，勒停，送本軍自效，仍展三期敘。先是，剛中被旨收捉過界偷馬賊盜，全不遵奉；又擅自出賣度牒，起置錢監鑄錢，所收到錢直便支使；乃冒請過供給厨食等錢，并要并都轉運入宣司，不喜朝廷置四川總領錢糧官等事。自漢之以下皆因剛中連逮，各坐冒請錢物及授寄之類，皆因臣僚上言，置司根勘，獄成來上，乃有是命。〔《宋會要輯稿·職官七十》，第 4933—4934 頁〕

文　悅

　　文悅。字理之，成都府人，宣和進士。〔《（雍正）四川通志》卷三十三〕

　　附：宣和中進士年分無考者……文悅。成都人。〔《（嘉慶）四川通志》卷一百二十二〕

　　韓思舜。成都人。以下宣和進士科分無考者三十二人……文悅。成都人。〔（清）李玉宣等修《（同治）重修成都縣志》卷四，同治十二年刻本。〕

李去病

《送李去病駕部成都府路轉運判官》

　　昔年鴈塔看先登，我亦行間託姓名。半世紛紜驚似夢，一官潦倒信平生。含香暫借郎闈寵，仗節俄分晝錦榮。見說餽糧如火急，揚鞭馬上試經營。〔（宋）張擴《東窗集》卷四七，文淵閣四庫全書本〕

《送楊元老屯田潼川等路轉運判官》

　　醬瓿遺文過五經，有孫千載振凋零。曾聞淡墨魁春榜，會看中臺應列星。日下忽頒天語好，眼中先着蜀山青。歸途更挾兩詩客，舐筆磨鉛那得停。客謂西川小漕李去病，懷安使君羅大全也。〔《東窗集》卷四七〕

《李去病字仲霍序》

　　世治則國無所用將，身安則家無所事醫，用將與醫，皆不得已，而術之所不願出也。然所貴乎人者，生則能爲人禦菑而捍患，使人賴其德而己食其功，雖不得已，亦不可一日而無二術之類也。賊奸不作,則太平可千載;瘰憂莫襲,則正氣能百年。故五兵之家,五藥之施,如禹之行水。水不爲敗,則禹功無所試。至其敗而爲之,亦行其所無事,則已矣。自非聖人,孰能探不形而治未病,病則能以術去之,聖之次也。

蓋昔善將如漢霍侯,其言曰:“匈奴未絶,無以家爲。”其以去病自名,或者義取諸此,而緡城李君慕焉,則撫其名以名,余因以仲霍字之。仲霍知書且多藝,少從鄉貢,顧嘗好醫。以其所聞於儒者,禮樂有盈減,剛柔有損益,術斯而往,知五行六氣之動,以節中而屢移,故醫特勝。然霍侯用之大,仲霍用之小。事必與時并,而名必與功偕。遇不遇勢異,則前後之相望,與才之長短,未可以陵節議。而原其初,皆欲爲人禦菑而捍患,使人賴其德而後已食其功,其志出於爲物則同,且秦醫和以胗知國,抑有人焉。載所聞於儒者,自道出於爲技而託之技,以伯仲於霍之流,未可曰若是班也。然霍侯無學術,以材自喜,貪其功不已,太至則病,内而偕美,仲霍誠能反其道,揆生之理,無偏而不起,病去則已,可以進穀米,弗已則亦末解而本俱弊,是謂醫紀,所聞於儒之内也。仲霍識之。崇寧四年六月日序。[(宋)晁補之《鷄肋集》卷三十五,文淵閣四庫全書本]

《送李去病赴召》

五嶽四瀆今異方,東西南北衣冠鄉。巽維久挽六龍駕,江浙人物無遁藏。參井之區最遐僻,步武難依日月光。吾皇側席佇賢俊,紫泥屢下勤搜揚。蜀士肯來天顔喜,一一引對羅周行。鳥群鸞鳳夐超詣,臺閣禁從森翺翔。君今再召歘幡改,愛主憂民心未忘。波瀾浩蕩江湖闊,忠信唯將一葦航。十年世故已熟講,不到帝所難鋪張。當今國病入骨髓,願君審處囊中方。參苓艿术固美矣,瞑眩之藥方爲良。扁鵲名世解説死,華佗活人須浣腸。君其持此拯危急,祛除痼疾針膏肓。一身安榮豈足道,要與四海同康强。[(宋)郭印《雲溪集》卷六,文淵閣四庫全書本]

《送李去病、楊元老》

君王赫怒超前古,威令風馳奮皇武。將士咸懷敵愾心,桓桓孰可當貔虎。岷峨横抹西南坤,河池散關當北門。堅城高寨礙飛鳥,天兵百萬方雲屯。給軍自古資巴蜀,接軫連檣轉芻粟。正須將漕得其人,賦役平均軍食足。三分才具超常倫,不獨摛藻追淵雲。究宣德意可預見,抉剔姦蠹蘇疲民。使星入蜀今重應,芒寒色正相輝映。川合東西幾萬家,佇瞻玉節交相慶。行聞盡録平戎功,給餉正與提兵同。紫泥封詔看西去,歸來聯騎朝王宫。[(宋)强至《祠部集》卷三,文淵閣四庫全書本]

《追薦考妣道場疏》　李去病

父嚴遽棄,愴已改於新年;母慈大違,痛又臨於諱日。深念恃怙之德,實均覆載之恩，顧不孝不肖之餘生，負未死未報之重責。雖知已隔於幽顯，尚求升濟乎神明。恭揚貝葉之文，妙設伊蒲之供。伏願先考修撰，先妣真寧碩人，初心不昧，宿垢盡空，直見佛於祇園，不游魂於岱岳。再念某近臨大墓，肇啟新祠，稍治林泉，粗興土木，不知忌諱，或犯威靈。雖妄作之過難逃，而追遠之心可憫。欲陰譴之獲免，賴聖力以無邊，柏茂松深，天長地久。静寐已安於丘壟，高名永播於古今。盡力哀誠，仰憑至鑒。

[（宋）魏齊賢《五百家播芳大全文粹》卷八十二，文淵閣四庫全書本]

《追薦馮大學疏》　李去病

伏以鄉間晚輩，每望先生之後塵，詩禮衰門，豈有孺子之可教。辱知辱愛，愈久愈新，念臭味之偶同。譬諸草木，而踪迹之相避，動如參商，夢寐常勤於寸心。寒温久廢於尺紙，以一介烟沉之舊，當衆人趨附之初，媿無因以得前，安所恃而自棄。三薰三沐，方圖晚節之歸；一死一生，已抱窮天之恨。式陳净供，仰薦冥游，既宿植於善根，想益堅於願力。諸妙樓閣，早伺彌勒之登九品蓮花，永受慈尊之記。[《五百家播芳大全文粹》卷八十二]

陳　革[1]

（政和元年二月）二十五日，降朝請大夫、提點京西南路刑獄陳革降兩官。以盜發匿不以聞，及不督捕故也。[《宋會要輯稿·職官六八》，第4884頁]

大觀元年八月一日，提點河北西路刑獄公事、兼提舉保甲司陳革奏："今後巡檢、縣尉除依條舉辟人外，其吏部以法差注而疲懦謬不任事者，許安撫、鈐轄、提點刑獄司量人材能否對換，具奏聽旨。其非本職事不修者，仍不理遺闕。"從之。[《宋會要輯稿·兵一二》，第8841頁]

董天成

董天成。建炎二年張九成榜進士。左從政郎、開州録事參軍。[《（正德）夔州府志》卷九]

董天成。俱建炎……張應夢。寶祐。已上俱達州。[《（萬曆）四川總志》卷十四]

董天成。鄧湜。馬槻達州人。上俱建炎進士。[《（雍正）四川通志》卷三十三]

建炎二年戊申科李易榜……董天成。達州人。[2][《（嘉慶）四川通志》卷一百二十二]

---

[1]　此條人物史料記事列於政和間，似與題刻相距較久，姑引録之。
[2]　原刻本作"黄天成"，當爲刊刻之誤，今正之。

王擇仁

《申堂改正王擇仁轉官不合命詞狀》

承吏房送到詞頭，爲王擇仁昨建炎四年九月准告授通直郎、直徽猷閣，近具狀經朝廷，爲當時已係通直郎，近又承宣撫司便宜指揮轉奉議郎，今來合轉朝奉郎、直徽猷閣，合下宣撫處置使司取索元告毀抹，令某命詞者。某尋發貼子，於吏部取索建炎四年王擇仁轉官除職因依。據吏部録到元降指揮全文并告有詞，係是本年八月十九日賞功轉官除職。某契勘當時既已是通直郎，轉兩官即合轉承議郎，上件告只合改正前銜作通直郎，後擬作承議郎、直徽猷閣，令官告院檢會元指揮全文，別行給告，或出札子改正。如此則與當時告詞賞功之意相應，所有今來再轉一官合轉朝奉郎，只合給告，不合命詞。欲乞鈞慈特賜判筆施行，庶於體制爲宜。［（宋）陳俱《北山小集》卷四十，文淵閣四庫全書本］

（建炎二年六月）亮歸，夏人隨之以兵，掩取定邊軍。明年，亮乃還行在。初，王燮之潰也，其屬官王擇仁以衆二萬入長安，復爲經略使郭琰所逐。祠部員外郎、四川撫諭喻汝礪嘗言：“今朝廷已專命王庶經制中夏，竊聞五路全不禀庶節制，望擇久歷藩方，曉暢軍事，近上兩制，節制五路，招集潰兵，勞徠流徙，式遏寇盗，仍以臣所刷金帛八百餘萬緡爲軍糧犒設之費，庶可以繫二京、兩河、山東、陝西五路父老之心。若謂四川錢物不當應副陝西，臣謂使此錢自三陝、湖湘，平底建康，固爲甚善，萬一中途爲奸人所窺，適足資寇。臣又聞王擇仁所統，皆三晋勁勇之餘，今關輔榛莽，軍無見糧，故其人專以剽掠爲事。若得上件財帛養之，則秦、晋之民，皆爲吾用矣。”時庶已擢待制，而汝礪停官，然皆未受命也。［（宋）李心傳撰《建炎以來繫年要録》卷十六，中華書局，1988年，第332—333頁］

（建炎四年三月己酉）……時浚率步騎數萬人入衛，至房州，遇德音，知敵騎退，乃還。以本司參議官、直秘閣王以寧代程千秋爲京西制置使，使圖桑仲假以便宜，又以宣義郎、御營使司參議官王擇仁知襄陽府，節制京西軍馬。擇仁初爲浚所按，與前知永興軍郭琰俱繫獄，既而釋之。以寧，開封人，政和中自小校換授。建炎初以樞密院編修官出知鼎州，爲浚所辟。以寧至襄陽，見仲方彊，乃卑辭假道而去，引其兵屯潭州。擇仁孤軍不敢進，亦屯留均州，由是仲益無所憚。［《建炎以來繫年要録》卷三十二，第622頁］

（建炎四年八月）乙酉，皇叔持服前檢校少保、光山軍節度使、知大宗正事士儦特起復，宣議郎、御營使司參議官王擇仁爲通直郎，直徽猷閣、權發遣河東路制置使司公事、節制本路應援軍馬。〔《建炎以來繫年要録》卷三十六，第 693 頁〕

（紹興二年閏四月乙未）宣撫處置使張浚奏，以通直郎王擇仁知涪州。擇仁初除河東制置使，會都統制韋忠佺不能守，以山寨降敵，統制官宋用臣、馮賽以餘衆赴宣撫司，擇仁因改命。〔《建炎以來繫年要録》卷五十三，第 940 頁〕

（紹興五年二月丁亥）右朝散郎王擇仁知廣德軍。擇仁自蜀還行在，上召對而命之。〔《建炎以來繫年要録》卷八十五，第 1399 頁〕

（紹興七年正月庚辰）左朝奉大夫、淮西宣撫使司主管機宜文字王擇仁，右承務郎張體統等六人，以從軍之勞，各進一官。〔《建炎以來繫年要録》卷一百八，第 1758 頁〕

（紹興七年五月己卯）殿中侍御史石公揆論左朝散大夫、新知廣德軍王擇仁，左朝奉大夫、新知永州熊彥詩，右朝請大夫、新知江州趙伯璆等八人皆罷。公揆言：擇仁頃在河東之幕，欲奪官長之權，自擁潰卒殘金破商，劫盜居民，無所不至。〔《建炎以來繫年要録》卷一百十一，第 1795 頁〕

建炎三年，降德音，四方人才流寓四川者衆，監司擇其才能者以聞。涪守王擇仁薦公（林宋卿）學識純正，氣節剛方，可備中興任使。密院遂移檄於涪，趣之赴闕。〔（宋）黃巖孫修《（寶祐）仙溪志》卷四，《宋元方志叢刊》，中華書局，1990 年，第 8327 頁〕

前過京帥，有河東數百姓來，日訴乞收復河東州縣。有數太學生并太學正王擇仁來相見，言收河東事。於今月二十九日，有王擇仁附書并諮目來與某。顧某雖不以一身自營爲計，而無路可爲。相公有志天下，願輔佐天子續承焦勞，再造中興，我太宗奕世一統寶緒，毋蹈東晋既覆之轍，毋安積薪未燃之火，某不勝痛憤激切之至。所有王擇仁札子，謹此繳納。〔（宋）宗澤《宗忠簡集》卷四《上李丞相書》，文淵閣四庫全書本〕

王　良[1]

《送王子善移江津酒官一首》

相看相別意何如，見事蠡生正要渠。挽袖一杯山月上，凝眸十里峽風徐。衣冠苗裔烟塵際，京洛風流咳唾餘。自此清愁欺老得，逢君重見爲驅除。〔《縉雲文集》卷三〕

---

[1]　王良，字子善。

李敏能

《宋故右奉直大夫李敏能墓志銘》

宋故右奉直大夫、知忠州軍州事、賜紫金魚袋李公諱敏能，字成之，本貫開封府。紹興丙辰十二月二十一日，因疾殁於忠州公宇正寝。丁巳二月初五日，葬於涪陵千福寺東南吉地，埋銘以紀姓氏云。族叔、右從政郎（李）士臨謹記。[中國文物研究所、重慶市博物館編《新中國出土墓志・重慶卷》，文物出版社，2002 年，第 24 頁]

留守薛公以右丞召還，通判張戫、邢倞，户曹李敏能，刑掾趙子泰送行至超化寺，政和三年閏四月初九日。[（清）武億《金石三跋》卷二，清道光二十三年刻]

元符三年九月廿三日，臣李敏能同登泰山題名。[（清）陳錦《勤餘文牘》卷三，光緒五年橘蔭軒刻光緒十年增修本]

（宣和七年）六月十三日，詔兵部員外郎李悚送吏部，以言者論其傾邪反覆也。同日，開封府右司録吕瓏，士曹李敏能并放罷。以言者論瓏、敏能爲燕瑛薦引，專權不法故也。[《宋會要輯稿・職官六九》，第 4907 頁]

蔡　惇

《祖宗官制舊典》。三卷。直龍圖閣東萊蔡惇元道撰。大略以爲元豐用官階寄禄，雖號正名，而流品混淆，爵位輕濫，故以祖宗舊典與新制參稽并考，而論其得失。元道，文忠公參政齊之姪孫而翰林學士延慶之子。渡江卒於涪陵，尹和靖焞嘗題其墓。[（宋）陳振孫《直齋書録解題》卷六，中華書局，1985 年，第 172 頁]

蔡惇《虁州直筆》云：太祖以晋王尹京，對罷，宣諭曰：“久不見汝所乘何馬，牽來一觀。”遂傳呼至殿陛下御馬臺，敕令晋王對御上馬。太宗惶懼辭遜，乃密諭曰：“他日汝自合常在此上下馬，何辭焉？”太宗駭汗趨出。命近侍挽留，送上馬。遂再拜，乘馬馳走，回旋於殿庭而出。太祖示繼及之意也。按太祖繼及之意，蓋先定於昭憲榻前矣，今不取。[《續資治通鑑長編》卷十七，第 373 頁]

李尚義

（建炎二年）甲辰，右朝請大夫、權荆南制置司參議官盧宗訓知德安府，武翼郎、閤門宣贊舍人張應知鄧州，修武郎高青知唐州，承節郎舒繼明爲成忠郎、閤門祗候、知信陽軍，左文林郎李尚義爲左承事郎、通判襄陽府，右承直郎黨尚友爲右宣教郎、通判鄧州,皆用制置使岳飛奏也。繼明,羅山人,身長七尺,善騎射,矢不虛發,故飛薦用之。既而侍御史魏矼言:"飛新立功,朝廷當成就其美,不宜使輕儇之徒爲其屬郡,昔郭子儀以奏請不行,爲人主所厚,願以臣章示諸將,因事機以善其後。"宗訓之命遂寢。尚義奏辟在九月辛亥,今并書之。[《建炎以來繫年要録》卷七十九,第1302頁]

初,襄漢平,諸郡彫瘵,州縣官率瓜時不上,詔先臣得自專辟置、臧否之權。先臣詮擇人物,以能安集百姓爲先。張旦守襄陽,兼四州安撫使,牛皋爲副使,李尚義通判襄陽府事,李道爲四州都統制,周識攝郢,孫翬攝隨,舒繼明攝信陽,高青攝唐,單藻貳之,張應攝鄧,黨尚友貳之,郡幕則孫革、蔣廷俊、邵伖、訾諧等,多由小吏識拔。人樂於赴功,期月之間,咸以最聞。迨其稍還舊觀,即上章乞還辟置之權。上降詔,援衛青不與招賢事稱之,且曰:"自非思慮之審,謙謹之至,何以及此。"其遠權勢蓋如是。
[(宋)岳珂撰,王曾瑜校注《鄂國金佗稡編續編校注》卷九,中華書局,1989年,第789—790頁]

(紹興十一年)六月十四日,知南雄州趙偃、沅州通判李尚義、主管台州崇道觀趙慶孫、李處度、衢州判官龔鑒、蕭山縣丞陳宗盤并勒停,永不得與堂除差遣。以臣僚言趙偃等子道有虧故也。[《宋會要輯稿·職官七十》,第4928頁]

宣和六年甲辰沈晦榜……李尚義。[(明)林庭棉等修《(嘉靖)江西通志》卷二十六,嘉靖三十五年增刻本]

宣和六年甲辰沈晦榜……李尚義、王鶚舉。以上吉水。[(清)定祥等修《(光緒)吉安府志》卷一十　,光緒二年刻本]

宣和六年甲辰沈晦榜……李尚義。吉水人。[(清)劉坤一等修《(光緒)江西通志》卷二十二,光緒七年刻本]

賈公哲

賈公哲、賈公傑,東平人,祖昌朝,父炎,《宋史》皆有傳。公傑,宣和六年承務郎,充陝西鑄錢司差遣,見《饒益寺賈炎題名》。[(清)陸心源《儀顧堂集》卷四,浙江古籍出版社,2015年,第58頁]

《祭崔正言文》　賈公哲

嗚呼德符,汝潁奇卿,士之先達。苦節平生,無遺毫髮。介介自守,與世契闊。欣然言笑,於所投合。我來鄉居,公踰五十。行成名立,冰玉剛潔。我近四十,髮俱未白。老壯相從,情敦意洽。於始見之,相得眉睫。邇近開談,一語三日。間舍而去,游宦遠涉。及歸如初,期我巖穴。昨見邑中,暮春之末。過我園林,相共飲食。我迫選限,次日先發。公後旬朔,召補餘闕。相見京師,公居言責。賓客延門,冠佩奕奕。豈不思公,從容平昔。慨念眉宇,久不獲揖。入對天子,昆弟往謁。謂予不求,乃畢此月。遂解衣冠,坐其懸榻。語欲更僕,日既西夕。山城幽居,自放泉石。去吏十年,解縱羈縶。墨繳累形,百骸未伏。僕悍鞭長,群馬取捷。天街九逵,夏日赫烈。熱風囂塵,罹此癉暍。伏忱惸惸,吁欷姦孽。迫五十日,病以增劇。二諫大夫,助之諗疾。天子曰噫,舉兹朝列。孰如老成,剛腸勁節。方欲倚之,言動闕失。詞於琳宮,職於延閣。畀以優閑,庶其勿藥。束裝戒僕,疾且向革。告命臨門,是夕殞歿。張范擇友,愧以死託。懼有不知,謂余周悉。彼有餘鏹,此有行囊。無以費余,聊厚非薄。明明兹言,理無擠壑。歷問他事,一不肯屑。平生所欲,學日製作。人隨取去,無復留篋。故所上事,世務指切。并近奏牘,則皆不失。惙惙在床,以待晷刻。熟視久之,無可言説。中心了然,迫至易簀。奚爲怛化,安眠委蜕。棺具既堅,爰用紵漆。朝衣入卧,餘從不設。兩街凶肆,取募强猾。脅力是圖,旅櫬自挈。都門之道,坦無阻垤。水潦未降,無泥可洳。涕泗長郊,不及引綍。余待朝辭,後乃至邑。南園北第,方爲痛哭。弔公佳倩,女久出適。來自秦中,腰其父经。夫婦銜恤,祠公故室。喪從先祖,考用家法。出財嚫僧,精意齊七。爰卜三浮,穿土百尺。塋冢是封,植之剛柏。嗟余之幸,偷墮是獲。指力不施,友責大寒。晏晏高原,歸安公宅。人世是非,無勞黑白。妙理所盡,有如《莊》《易》。嘗謂公言,有如默識。四禪中人,形幹枯臘。世味泊然,少所愛著。公乃其徒,早自悟入。溷濁世間,那復遺迹。悠悠斯心,無足忿嫉。情識顛倒,難可致詰。羊曇慟哭,叩門以策。睠彼丘山,悼兹華屋。兩墮王命,今兹歸骨。侑觴以詞,聊助摧咽。尚享![《五百家播芳大全文粹》卷八十二]

田孝孫

(紹興二十六年冬十月)癸酉,左朝奉大夫、知隨州田孝孫直秘閣,以京西諸司言其公廉儉素,流移安業也。是日,中書門下省檢正諸房公事陳正同入對,言:"縣令之職,最爲近民,今懲戒既嚴,而不旌異循良,恐亦有所未至,望令諸路監司采訪,拔擢一二,不次用之,庶幾威惠兼行,人知勸沮。"上曰:"卿言正合朕意,早方有一郡守爲監司所薦,已令除職因任,仍俟終更升擢之矣。"[《建炎以來繫年要録》卷一百七十五,第2882頁]

(政和五年)三月己卯,御集英殿策試,遂賜何栗、馬守、傅中行、秦檜、宇文、袁純、郭封、吕大受、賀允中、史渠、田孝孫等以下六百七十人及第出身。[(宋)彭百川《太平治

迹統類》卷二十七,文淵閣四庫全書本]

張　稷

張稷……陳在庭。俱建炎進士。[《(萬曆)四川總志》卷七]

張稷……陳在庭。上俱仁壽縣人。[1][《(雍正)四川通志》卷三十三]

建炎二年戊申科李易榜……張稷。仁壽人。[《(嘉慶)四川通志》卷一百二十二]

邢　純

時先生(尹焞)子婿程暐爲桐廬縣令,因往依之,暐則伊川先生之孫也。又有婿邢純爲浙東安撫司,準備差遣,先生復往視之,遂以十二年十一月五日卒於紹興,年七十三。[(宋)李心傳輯《道命錄》卷四,上海古籍出版社,2016年,第38頁]

《書易傳後序》

焞至閬中,求《易傳》,得上十卦於吕稽中,實余門生也。後至武信,婿邢純多方求獲全本。以所收紙借筆吏成其書,爲生日之禮。殆與世俗相祝者異矣。敬而受之,乃言曰:"誓畢此生,當竭吾才,不負吾夫子傳道之意。"壬子七月二十五日門人尹焞書。[(宋)尹焞《和靖集》卷三,文淵閣四庫全書本]

(建炎)二年壬子,先生隨楊彦中入蜀,至閬州,時張公浚宣撫川陝,門人吕稽中爲計議官,延請,館先生於閬中,遂至遂寧,復往瀘南子婿邢純官所。又過戎淑,七月二十五日,有題《伊川易傳》後語。[《和靖集》卷八]

(建炎)四年甲寅七月二十三日,邢純監涪陵酒税,復迎侍先生以往,先生寓館於涪州千福院。十二月望日,門人馮忠恕來,有題《馮聖先墓銘》跋語。[《和靖集》卷八]

焞自商州奔蜀,至閬,得程頤《易傳》十卦於其門人吕稽中,又得全本於其婿邢純,拜而受之。紹興四年,止於涪。涪,頤讀《易》地也。[《宋史》卷四百二十八,第12734頁]

邢純,字叔端,和靖婿也。爲浙東安撫官時,和靖依之,因卒於會稽。[(清)黄宗羲《宋元學案》卷二十七,中華書局,1986年,第1017頁]

劉蕘

(紹興三十二年四月)己卯,右朝散郎劉蕘提舉荆湖北路常平茶鹽公事,右通直郎

---

[1]　另據同書載爲建炎二年登第。

吕大器知黄州,右承議郎劉觀德知復州。[《建炎以來繫年要録》卷一百九十九,第3361頁]

《臨安府修城官第二等通判劉蓮轉一官》

勑具官某:漢城長安,至發侯王之徒隸,今亡是也。間民無常職,則予其直而庸焉。民既子來,功宜亟就,殆兹第賞,小大不遺。矧汝夙著能稱,久貳壯邑,職雖外徙,朕豈汝忘,序進一階,尚圖報稱。可。[周必大《文忠集》卷九十七]

上高縣。知縣事。劉蓮,紹興十七年。[《(正德)瑞州府志》卷六]

蔡興宗

初,上欲仿《唐六典》修改官制,王珪、蔡確力贊之。官制:以中書造命,行無法式事;門下審覆,行有法式事;尚書省奉行。三省分班奏事,各行其職令,而政柄盡歸中書。確先説珪曰:"公久在相位,必拜中書令。"故珪不疑。一日,確因奏事罷留身,密言:"三省長官位高,恐不須設,只以左僕射兼門下侍郎,右僕射兼中書侍郎,各主兩省事可也。"上以爲然。已而確果獨專政柄,凡除吏,珪皆不與聞。後累月,珪乃言:"臣備位宰相,不與聞進退百官,請尚書省官及諸道帥臣許臣同議。"上許之。此據蔡興宗《官制舊典》,當考。《神宗職官志》:門下省受天下之成事,凡中書省、樞密院所被旨,尚書省所上法式事,皆奏覆審駁之;中書省,凡事干興革增損,而非法式所載者,論定而上之。[《續資治通鑑長編》卷三百二十七,第7871—7872頁]

《重編少陵先生集》并《正異》,則東萊蔡興宗也。[(清)王士禎著《池北偶談》卷十八,中華書局,1982年,第438頁]

賈思誠

《賈思誠馬夢》

賈思誠,字彥孚,紹興十七年爲夔州帥。夢受命責官,廄卒挾馬來迎,臨欲攬轡,細視馬有十三足,歎異而覺。明日,背疽發,十三日死。賈生於庚午,近馬禍云。張達説。[(宋)洪邁撰《夷堅志·夷堅甲志》卷十五,中華書局,2006年,第128頁]

(紹興九年一月)戊子。詔司農卿莫將奉使宣力。特除徽猷閣待制、京畿都轉運使,兼主管奉迎梓宮一行事務。上曰:"李迨乃朕舊僚,亦見朕於臣下無所偏也。"初命侍從兩史官各舉所知二人,至是,權吏部尚書吳表臣等舉左議郎新知桂陽監張斛、右承事郎新通判淮寧府王循友、左朝奉大夫張旬、諸王公大小學教授施鉅、軍器監丞歐陽興世、右承事郎主管台州崇道觀趙戩、左宣議郎新提舉福建茶事吕用中、左文林郎嚴抑、左從事郎臨安府府學教授陳之淵、左宣教郎吕廣問、右奉議郎提舉浙西茶鹽公事徐康、右從事郎監潭州南嶽廟李綸、左從政郎新台州州學教授張闓、左迪功郎明州州學教授王伯庠、直顯謨閣馮康國、幹辦行在諸司審計司鮑琚、左朝請郎荆湖北路提舉茶鹽公事賈思誠，左朝散郎新知臨江軍范正國，右朝請郎新知南劍州李文淵等三十二人，詔三省量材任使。[《建炎以來繫年要録》卷一百三十三，第 2135 頁]

　　(紹興十二年六月甲子)追官勒停人前中衛大夫、榮州團練使郭吉復舊官。吉爲建康府水軍統制，坐毆女僕至死，追官送本軍自效，至是，樞密院言其自被罪之後，累立戰功，故復之。左朝散大夫、夔州路轉運判官賈思誠都大主管川陝茶馬監牧公事，左朝議大臣虞祺爲夔州路轉運判官。[《建炎以來繫年要録》卷一百四十五，第 2329 頁]

　　(紹興十三年二月辛巳)自趙開行鈔法，每茶百斤爲　大引，令商人輪引錢市利，共六引八百文，至是遞增爲十一引。紹興七年，李迨增一引二百文。八年，張深增四引五百文。九年，趙開減三引。十年，馮康國增一引半。共爲此數也。時物價騰湧，茶商取息頗厚，自得旨取撥之。明年，主管官左朝請大夫賈思誠又增爲十二引三百文，於是諸場類皆溢額，而買馬之數復不加多，人但知茶馬司之富甲天下，其實所收引錢，視建炎增倍。後雖破敗，不可復減矣。淳熙十四年李大正裁減事可考。[《建炎以來繫年要録》卷一百四十八，第 2382 頁]

　　公(虞允文)在茶馬司，使長賈思誠議增茗課。公力諫不從，謁告引去。公在渠州，地埆民寠，而常賦之外又行加斂，流江一邑尤甚。公敺除之，然後上聞。歲減緡錢六萬五千有奇，遠民呼舞。考試類省所，得多知名士。[(宋)楊萬里撰，辛更儒箋校：《楊萬里集箋校》卷一百二十，中華書局，2007 年，第 4605 頁]

《賈思誠除都大主管川陝茶馬制》
　　勅具官某：朕惟川陝互市之法，實祖宗之宏規。外通有無，内蕃牧圉。往將使指，必務得人。以爾心術疏明，吏能彊濟，持節於外，治最有聞。必能爲朕講貫利源，輯和種落，博收駔駿，以助吾富國强兵之術。祗服朕訓，益盡心焉。[《東窗集》卷十三]

《王綰除湖南路提點刑獄賈思誠夔州路轉運判官施舜顯江西提舉茶鹽制》
　　勅具官某等：朕分道而擇能臣，臨軒而授使者。朝廷德意，欲速於下究；民間疾苦，忌壅於上聞。苟非其人，孰任此寄？以爾綰儒學決事，見於屢試；以爾思誠，以爾舜顯，才術蓋衆，沛然有餘，其分節於遠方，益盡心於乃職。夫刑平則獄市弗擾，財裕則民力自寬。三尺具存，奚俟多訓！[《東窗集》卷十三]

檜既隙矣,而先君所嘗按劾如宋蒼舒、賈思誠輩,寖媒蘖之,最後總領錢糧趙不棄、臺諫余堯弼、巫伋從而迎合誣陷,以取富貴。檜所使爲勘官宋仲堪者,蒼舒之弟也。[《北山集》卷二]

《贈賈思誠》

短願本有涯,長憂自無端。道心日迴絶,衰病坐連綿。瑤琴廢不理,金鏡掩莫看。誰能蠲茲疾,并用駐吾顔。澡真藉靈草,測化奇神丹。神丹法已閟,靈草名尚傳。或求向蓬島,或采自鍾山。何彼巫咸輩,竟墮伎術間。《楚辞》稱九折,《周禮》稽十全。問名未爲悦,染味方自歉。賈生妙斯理,輒使旌其賢。莫言相遇易,知音古猶難。[楊鐮編《全元詩》,中華書局,2013年,第58册,第42頁]

夔峽路轉運判官……賈思誠。紹興十二年除夔路,五月改官。[(清) 丁寶楨主編《四川鹽法志》卷二十八,光緒八年刻本]

(紹興十三年)十月三日,都大主管成都府利州熙河蘭鞏秦鳳等路茶事、兼提舉陝西等路買馬監牧公事賈思誠言:"茶馬司措置般運茶貨,博買西馬,所有茶事,通判、縣令,合同場監官及買馬都監,全藉有材幹官究心職事,乃能辦集。自軍興後,其轉運司多不照應條法,却將本司合專辟并同共奏差窠闕,更不選擇人材,止以名次高下,一例出闕注擬,多致非材,曠廢職事。乞下逐路轉運司,遵依敕條施行。"吏部勘當:"欲將洋州西鄉知縣,興州通判,長舉、順政知縣,階州都監,興元府監税兼合同場官,并令本司依敕條辟差施行。"從之。[《宋會要輯稿·職官四三》,第4163頁]

(紹興十三年)五月八日,刑部言:"湖北提舉茶鹽賈思誠札子:'檢准紹興十年六月十九日敕節文:刑部看詳茶園户有違犯條禁依法合追賞者,如係二罪已上俱發,只從重賞追理。本司看詳,犯茶人情犯不一,假令初一日甲使已擔私茶二十斤往州西販賣,初二日甲又使丙擔私茶五十斤往州東販賣。未賣過間,初三日,州西者爲弓手捉獲,州東者爲土軍捉獲,同日到官,即是二罪俱發。州東者爲重罪,若只據五十斤追賞,未審弓手合與不合與土軍均給賞錢,亦未審客人二罪俱發,合與不合從重追賞。'下大理寺看詳。"[《宋會要輯稿·食貨三一》,第6680頁]

(紹興)十三年六月二十八日,吏部言:"都大主管成都府、利州、熙河蘭鞏秦鳳等路茶事、兼提舉陝西等路買馬監牧公事賈思誠契勘:'成都府裏外兩馬務監官,依元祐六年敕令,從本司辟差小使臣充。自建炎三年,宣司改差文臣主管,今乞將上件員闕,依法專差能幹事小使臣,仍從本司選擇奏辟。所有其他州府馬務監官,亦乞依此。'本

部勘當，欲乞依本官所乞施行。”從之。[《宋會要輯稿·兵二一》，第9054頁]

賈公傑

賈公傑，字千之，文元公昌朝諸孫，侍郎炎之子也。學馬賁，而標格過之。又作佛像，極精細，衣縷皆描金而不俗。官至半刺而終。[（宋）鄧椿撰、劉世軍校注《畫繼校注》卷五，廣西師範大學出版社，2015年，第124頁]

王　賡

《送王子欽歸夔子序》

王子欽本將家子。高祖太師克國被遇真宗，號十節度，兖公其一也。

靖康國破，子欽從兩兄避地襄漢間。未幾，襄漢亦大亂，子欽遇盜，幾不脱，盡亡其資，羸身獨行，浮湘江，并横山，少留桂陽，道遠、吉，遂江左。會予得罪南遷，又從予走臨川，涉塗水，復由衡湘路踰桂嶺，出象江上。子欽慷慨有風節，喜讀書，尤長於詩。轉徙六七年，不知家存亡，往往縱酒歌呼自遣。予不嗜酒，亦復歡然竟日，而不知身在客中也。居久之，蒙恩北歸，又攜以俱北至晉陵，從予殆千餘日也。至是，其兄以書自夔子至，一兄與子欽同時遇盜以没，而子欽之婦與子俱無恙。

夔子在西南，距晉陵五千里，子欽貧而無以歸，乃飄然徒步而往，一夫荷擔以從，予不能留也。乃舉酒屬之曰：大丈夫資適逢世，當折尺箠笞兵萬里外，一取單于，不幸志不就，則捐軀戰場，以馬革裹屍而歸者有之矣；或馳單車絶大漠，使不測之域，齧雪餐氊，杖節海上，而其婦已更嫁者有之矣；或遭遇明主，置諸左右，不幸小人居間，中以危法，則投畀嶺海之陬，侶蟲蛇，禦魑魅，而不得歸者有之矣。今子欽久客不遂而困，垂橐以歸。跋履山川，蒙犯霜露，不爲將，不爲使，不立於争地，而有兄弟妻子相見之喜。一日入境，顧省其家，嬌兒稚女，夭吴紫鳳，顛倒短褐之上，叫號索飯，問事捋須，在昔人不堪其憂，而子欽阻絶於兵亂六七年之後，一笑團圞，乃可樂也。然則，子欽去之果而不能留也，豈不宜哉！[（宋）孫覿《鴻慶居士集》卷三十一，文淵閣四庫全書本]

張仲通

紹興壬子歲端午後二日，陳揖濟川、張仲通彦中、李延嗣修仲、曾敏忠正臣、趙不迤進之、不墮正言、鄧瑛元功、黄洙道源、王拂獻可、王世京仲遠、馮鎔化城，游南龕光福寺，納涼麓陰亭。會飲雲間閣，歷覽巴江勝集，懷古悼今，薄暮還城。時鄭坦履道緣檄壁山不預。化成題。[《巴中南龕光福寺題名》]

晁公武

晁公武，紹興二年張九成榜進士，官至敷文閣學士，歷四川制置使。〔（明）李汝寬修，晁瑮纂《（嘉靖）新修清豐縣志》卷四，明嘉靖三十七年刻本〕

晁公武，字子止，沖之之子也，世號昭德先生。宋宣和丙子之變，衣冠盡南渡，公挈家西入蜀。〔（清）楊燝等修纂《（康熙）清豐縣志》卷七，康熙十五年刻本〕

《昭德晁公文集》六十卷。侍郎晁公武子止撰。後溪劉氏序略曰：國家丙午之變，中原衣冠不南渡，則西入於蜀。其入於蜀者，有能言當時理亂興喪之由，而明乎得失之迹，歷歷道往事，誦京、洛之遺風者，鮮矣。藉令有之，而能達之乎文辭，可使耳目尚接乎而後之人有傳焉者，亦又鮮焉。昭德晁公蓋能言當時理亂興喪之由，而明乎得失之迹，道往事，誦遺風，又能達之乎文辭以傳者也。其經事之多，嘗艱之久，而學日益強，文日益力，猶以爲未足。其《答進士劉興宗書》曰："僕（晁公武）少時貫穿群書，出入百氏，旁逮釋、老恢詭之學，一再終日，其勤亦至矣，亡得焉，反而求之六藝，似於道有見也。乃願師董仲舒，心奇賈生而病其雜也。"〔《文獻通考》卷二百三十八，第6483頁〕

山川風物近似洛中。晁公武過符文鎮，謂山川風物近似洛中，因家焉。〔《輿地紀勝》卷一百四十六，第3928頁〕

（紹興十七年）二月乙未朔，右諫議大夫兼侍講汪勃試御史中丞，監察御史巫伋守右正言，左朝散郎符行中爲尚書戶部員外郎，總領四川宣撫司錢糧。初，四川都轉運司之廢，用宣撫副使鄭剛中請也。既而復以太府少卿趙不棄總領宣撫司錢糧，剛中與之不協，不棄頗求其陰事。秦檜聞之，乃奏以行中代不棄，俟行中至利州，令不棄赴行在。行中，南城人也。李燾撰晁公武墓誌云：階、成、岷、鳳四州并屬利州路，爲經略使者當更名。有旨令安撫司仿雄州安撫司例措置申樞密院。一府愕眙，莫知其原。公時在都轉運司，乃從旁爲言："此景德三年故事，顧與今事不類。"宣撫司即用公言，奏析利州路爲東、西，但先爲經界使者分領之。由此益重公而臺屬下士皆忌。其後，宣撫使緣他故奪貶，議者或咎公，恨彼不相知，有所報復，蓋非也。公武，仲之子，此時爲總領四川宣撫司錢糧所主管文字。〔《建炎以來繫年要錄》卷一百五十六，第2524—2525頁〕

（紹興十七年秋七月）甲戌。左朝奉郎、新通判潼川府晁公武知恭州，趙不棄薦之也。〔《建炎以來繫年要錄》卷一百五十六，第2535頁〕

（紹興二十七年十二月）戊申，殿中侍御史王珪言："潼川府路轉運判官晁公武，傾險出其天性,初爲井度屬官,專事掊尅聚斂,以濟其私。及度之罷,求爲鄭剛中幕客,不從,遂以剛中之事告於趙不棄,至興大獄,攝逮紛然,連及平人,死非其罪。不棄倚爲心腹,薦之故相秦檜。自屬官更歷數郡,所至貪暴,人不聊生。左朝散郎、新知蓬州馮時行,頃在萬州之日,積羨餘之錢以萬數計,并無赤歷,不可稽考。又以州之良百姓皆刺爲虎軍,人情惶駭,幾欲生變。此兩人者,蜀人常被其害,今豈可令遺患於一方?"乃并罷之。〔《建炎以來繫年要録》卷一百七十八,第2951頁〕

熙寧三年,詔宗室出官從政於外方,惟不許入蜀。鄭亨仲本秦檜之所引,自温州判官,不數年登禁近,遂以資政殿大學士宣撫川、陝。亨仲駕馭諸將有理,諸將雖外敬而内憚之。適亨仲有忤秦之意,因相與媒蘖,言其有跋扈狀。秦聞之,謀於王顯道晚,晚云:"不若遣一宗室有風力者往制之。"因薦趙德夫不棄焉。於是創四川總領財賦,命德夫至坤維。得晁公武子止於冷落中,辟爲幹辦公事,俾令采訪亨仲陰事,欲加以罪。又以德夫子善究爲總領司幹辦公事,越常制也。子止又引亨仲所逐使臣魏彦忠者,相與物色其失上聞,遂興大獄,竄籍亨仲,即召德夫爲版曹云。張文老云。〔(宋)王明清撰,田松清點校《揮塵録・餘話》卷二,上海古籍出版社,2012年,207頁〕

(豐年碑)在朝天門漢江水底石盤上,碑形天成,見則年豐。一名雍熙碑,一名靈石。漢晉以來,皆有刻,非江水涸極不可得見……其一八分書刻云:昭德晁公武休沐日率單父張存誠、璧山馮時行、通泉李尚書、普慈馮樽,同觀晉、唐金石刻,唯唐張孟所稱光武時題識不可復見矣。惜哉!紹興戊辰二月戊戌。〔(清)王爾鑒修《(乾隆)巴縣志》卷一,嘉慶二十五年刻本〕

晁公武摩崖碑。在榮州。公武以紹興中刺榮,重建環城石橋四,摩崖刻石紀之。〔《(嘉慶)四川通志》卷五十九〕

紹興二十一年嘗以侍郎改刺榮州。重建環城石橋四,役工二萬有奇,摩崖紀事,今尚存,惜剥泐不可卒讀。公武家富藏書,又得南陽公書五十篋,守榮州日,著有《晁氏郡齋讀書志》。〔(清)宋鳴琦修《(嘉慶)嘉定府志》卷三十二,嘉慶八年刻本〕

公武紹興中舉進士第。(紹興)二十一年,以侍郎改刺榮州,撰《郡齋讀書志》。〔(清)趙熙修《(民國)榮縣志》卷十,民國十八年刻本〕

《合州清華樓記》　晁公武

魏大統初,於巴蜀要津置合州。其山曰龍多,曰銅梁,上接岷峨,下繚甌越,或斷或續,屬海而止,所謂南戒者也。渠、嘉、涪合流於城下,貫江沱,通漢沔,控引衆川,偕入於海，所謂南紀者也。予雅聞其山川之美，既承守之，意謂必有瑰偉絕特之觀。暇日徑行後圃，周旋四顧，弗稱所期。既旬歲，一旦登麗譙，南向而望，始大愛之，遂謀築層樓以覽其形勝，工未訖而引去。普慈景公籑實繼之，尤愛其趣，乃增大規模，愈益閎麗，貽書求名與記。予謝不能，而堅請不置，因取古人秀句以"清華"名之。且爲之言曰：今茲樓高出雉堞之上，挾光景，臨雲氣。倚檻縱觀，仰則兩山錯出，林巒蔽虧於其前；俯則二水交流，島嶼映帶於其外。當霜氣澄鮮，淺瀨清激，及夫雨潦時至，狂瀾怒奔，而迅帆輕檝，常出没濤瀧蕩潏之間。當風日駘蕩，花明草薰，及其林葉變衰，呈露巖岫，而猿鳥騰倚，每隱見於叢薄晦靄之際。其水木之變態異容蓋如此，雖文章若甫與樵固嘗極思摹寫，而莫得其梗概焉，亦可謂瑰偉絕特矣。《傳》曰："登高望遠，使人心瘁。"然是以王仲宣顧瞻荆山而懷土，不以窮達異其情；范文正公臨瞰洞庭而憂世，不以進退易其志。雖若不同，其有慨於其中則一也。何當與公杖履挈壺觴共飲其上，耳目感觸亦必有慨於中。酣而歌，歌長而慨慷；醉而舞，舞數而淩亂。徜徉徙倚，而不顧日之夕也。然公久以治最聞於時，將大攄其蘊以致君利民。而予斥廢以來，無田廬可歸，旅思彌惡。文正之志，公蓋有焉；仲宣之情，予則未能忘也。紹興二十八年七月辛巳，昭德晁公武記。［張森楷等修《（民國）新修合川縣志》卷三十七，民國十年刻本］

丙午。泊瀘州。登南定樓，爲一郡佳處。前帥晁公武子止所作，下臨内江。此水自資、簡州來合大江。城上有來風亭，瞰二江合處，於納涼最宜，梁介子輔所作。子輔蓋得末疾於斯亭，竟以不起，亭名疑讖云。［（宋）范成大撰，孔凡禮點校《吴船録》卷下，中華書局，2002年，第213頁］

南定樓。《廣輿記》云，在州治内，宋郡守晁公武建。［（清）夏詔新修纂《（乾隆）直隸瀘州志》卷二，乾隆二十四年刻本］

孝宗隆興二年三月十三日，詔晁公武除樞密院檢詳諸房文字。先是，公武由吏部郎中除監察御史。公武言："竊見慶曆中，詔自今臺官毋得用見任輔臣所薦之人。至嘉祐四年，詔自來大臣所舉薦者不得爲臺官條約除去。兩者俱載國書。哲宗初政，中旨除范純仁，蘇（轍）爲諫官，皆大臣吕公著、司馬光等所薦，蓋用嘉祐詔也。於是章惇曰：'故事執政除所薦之人見爲臺諫者皆徙他官，不可違祖宗法。'蓋引慶曆詔也。議者謂公著、光雖賢，其事不可悉從。惇雖奸，其言不可盡棄。"［《宋會要輯稿·職官十七》，第3460頁］

（隆興）二年七月十三日，右正言晁公武言："私酒及私麴之禁，蓋有成法，未聞有糯米之禁，其罰至於毀拆舍屋者，皆因王會知湖州日創行之，至今州縣以爲例。欲望行下諸路監司嚴加禁戢，若州縣敢有禁糴糯米，及毀拆犯人舍屋，必罰無赦。"從之。

［《宋會要輯稿·食貨·二一》，第 6446 頁］

　　（隆興二年）七月二十四日，右正言晁公武言：“今歲四川銓試，就潼川府鎭院，懷安軍教授馬知退監試，潼川府銅山縣主簿樂純考試，潼川府司户高昱監門。知退私其鄉人，樂純私其同官之子，皆中高選。高昱則傳送假筆程文，又以所轉程文交互販賣。事狀顯露，凡十餘人，人用賕三百緡，皆監試官、監門分取之。及揭榜，衆論沸騰，各付於理，然猶未竟。望以見事各免所居官，趣結案以聞。”從之。［《宋會要輯稿·選舉二〇》，5642 頁］

　　（隆興二年八月）十三日，詔提舉淮南東路常平茶鹽公事陳峋放罷。以右正言晁公武論其頃知信州爲政酷虐故也。［《宋會要輯稿·職官七一》，第 4951 頁］

　　（隆興三年）十一月十日，詔特進、尚書左僕射、同中書門下平章事、兼樞密院使湯思退，特授觀文殿大學士、提舉江州太平興國宫。尋有旨落職，永州居住。以諫議大夫伊穡、侍御史晁公武論其挾術自營，不爲國計，謀謨乖刺，措置顛倒，自壞邊備，一意議和。如罷築壽春城，散萬弩營兵，輟修海船，毁拆水櫃，甚至撤海、泗、唐、鄧之戍，使虜人乘虚侵軼邊境。及除都督，逗留不行，縱敵誤國，一至於此。故有是命。［《宋會要輯稿·職官七八》，第 5218 頁］

《晁公武除監察御史制》

　　御史府寄朕耳目，苟非其人，不在兹選。爾學有本原，才可經濟，萬里來朝，朕蓋得之於一見之初。小試粉省，彌有華問，冠豸在列，肅我天憲。朕所親擢，爾往欽哉！
［（宋）張孝祥撰、彭國忠校點《張孝祥詩文集》卷十九，黄山書社，2001 年，第 229 頁］

　　初筮仕，未嘗求薦於人，及貴，有舉薦不令人知。其除司農丞，或語之曰：“公是命，張侍郎致遠爲中司時所薦，盍往謝之？”安節曰：“彼爲朝廷薦人，豈私我耶！”竟不往。薦晁公武、龔茂良可臺諫，皆稱職，二人弗知也。與秦檜忤，不出者十八年，及再起，論事終不屈，人以此服之。有文集三十卷、《奏議表疏》、《周易解》。［《宋史》卷三百八十六，第 11861—11862 頁］

《盤洲老人小傳》

　　盤洲老人洪景伯，名某，初名造，字温伯，亦字景温，饒州人。……遷中書舍人，兼直學士院如故。湯岐公策免，聞侍御史晁公武嘖有語相擊，因奏乞身。上曰：“前日公武云湯思退有罪而卿稱之爲大臣，制詞中無譴責一語，乃其死黨。朕曰：‘朕令作平詞，非其罪。’公武執彈章在手，乞留榻後，已却之，且徙置户部矣。”［（宋）洪适《盤洲文集》卷十三，文淵閣四庫全書本］

《寄瀘南子止兄》

杖鉞知何處，看雲望欲迷。真同阮南北，各寄蜀東西。峽嶮水增急，樓高山爲低。春來日行樂，桃李想成蹊。［（宋）晁公遡《嵩山集》卷十二，文淵閣四庫全書本］

《寄瀘南子止兄》

二年立王朝，忽然厭承明。受詔予印綬，復作江陽行。地當周五侯，秩視漢九卿。邊清塵不揚，主聖時自平。上堂簪履集，出門箭鼓鳴。想亦多宴樂，鼓瑟兼吹笙。吏民更相戒，豈敢煩敲榜。田間黃髮叟，聞此歎且驚。觸眼未嘗見，不毛今亦耕。［《嵩山居士集》卷六］

九月，除中書舍人，内直如故。湯丞相思退免，侍御史晁公武論公草麻無譴責語，公亟請外。上曰："公武言卿黨思退，朕謂平調出朕意。"固却其章，仍徙户部侍郎矣。［《文忠集》卷六十八］

昭德晁公武休沐日率單文張存誠、壁山馮時行、通泉李尚書、普慈馮樽同觀晉唐金石刻。唯唐張孟所稱光武時題識不可復見矣，惜哉。［《重慶朝天門靈石題刻》，轉引自《（民國）巴縣志》，民國二十八年刻本］

《昭德易詁訓傳》十八卷，敷文閣直學士清豐晁公武子止撰……晁氏居京師昭德坊，故號昭德晁家，沖之叔用，其父也。［《直齋書録解題》卷一］

晁氏《具茨集》三卷……晁沖之叔用撰。沖之在群從中亦有才華，而獨不第。紹聖以來，黨禍既作，超然獨往。侍郎公武子止，蓋其子也。［《文獻通考》卷二百四十五，第6614頁］

晁公武字子止，濟南人。（隆興）二年二月以吏部員外郎兼，三月以樞密院檢詳諸房文字兼。［（宋）陳騤撰，張富祥點校《南宋館閣録》卷八，中華書局，1998年，第132頁］

晁公遡

晁公遡，紹興八年黃仕度榜進士，官至朝奉大夫直秘閣。［《（嘉靖）新修清豐縣志》卷四］

晁氏本澶州清豐人，厥後，因仕而居汴，因水而遷濟，因請老而憩嵩、鄭，因南渡而散楚、蜀，譬之水木，林委雖殊，源本則一。［《（嘉靖）新修清豐縣志》卷七］

某賴恩公之庇，既得於梁山理去，又叨除守眉陽，某敢忘德？竊恃異眷，輒復有請於節下。某眉陽考滿，當升知州資序，法須論奏者三章，豈可舍知己而異日求之於它門？敢望矜察，檢照昨按臨夔部，某紹興三十年内任施州通判日合舉之數，特賜剡牘，

不勝幸甚。[《嵩山集》卷三十四]

　　某自度不可爲也。故不樂爲吏。且不幸,生十年而北敵發難。先君惟國之憂,不忍舍而去。留佐東道,師敗於寧陵,某不能從死,獨與兄弟扶攜而東。方亂,市無車馼可假而奔,就有焉,貧不能得。煢然其幼也,會天雨雪,足塗潦不能勝,數步一仆,罷曳不能起,相持而慟,更掖之以進。時又四方所徵兵集梁下者皆散歸剽道上,於是危得脫度淮。蓋濱九死幸而存,至今常與兄弟言:"已不幸早孤,獨兄弟在,其可須臾離也?他日苟不死,當共棄人事,求山川勝絶處,買田築室,歲時伏臘,斗酒自勞。閑暇葛巾藜杖,上下山坂,徜徉焉,亦可以老矣。使得官,則當仕他州,將不得集處如田畝間也。"以是愈不欲爲吏,又經亂來,尤不喜與人別。每朋友去,亦怏怏作數日惡。今既仕,離三四年,乃始得合。其間或因緣檄召置旁郡,或轉徙滋益遠,則邈乎其歸也,故初與兄弟約不仕,然家儲亡素者,欲弗仕不能也。[《嵩山集》卷四十七]

　　某家大梁,垂百餘年不遷。丙午歲始去其里中,自是屈指以數,其寧居之日萬不得一焉。故益苦厭行役,每聞道上車過,輾轆有聲,輒魄動而悸。去歲之冬,自涪陵來尉茲邑,始識令王公。[《嵩山居士集》卷四十八]

　　予昔嘗爲涪州軍事判官,事太守程公,知其家既貴,而不以殖其貨,而能築閣於其所居,以聚四庫書,而貽其子孫。程公豈特程氏之賢哉?實古之公卿、大夫、諸侯之選也。其子孫能世守之,是亦常爲公卿、大夫、諸侯,則所獲寧止雞豚之利也耶?程公嘗欲予爲記,不果而卒,其子因過予,道其事,予悲其志,賢其所爲而書之,不但侈大程氏,將以告諸伐冰之家,使知所尚焉。程公敦書,官至左奉直大夫,守四州,所至良二千石云。[《嵩山集》卷四十九]

　　天子起能甫於九品官,用爲轉運判官於淮南東路,予適在益部,自益過巴硤,涉江湖,至其治所。[《嵩山集》卷四十九]

　　(隆興二年)是歲,四川類省試,詔權潼川府路轉運副使何逢原監試,直敷文閣、知遂寧府馬騏考試;權知漢州張行成別試所監試,權知眉州晁公遡別試所考試。[《宋會要輯稿·選舉二十》,第 5643 頁]

　　晁公遡,字子四,紹興八年進士。公有絶人之資,承五世文獻之傳,憑厚積深,故其文雄深雅健,鉅麗俊偉,以是擅名於時,歷官朝奉大夫。[《萬姓統譜》卷三六]

　　公遡,字子西,公武之弟,有《嵩山集》。[(清) 厲鶚輯《宋詩紀事》卷四十八,商務印書館,1937 年,第 1248 頁]

宋刻晁公遡子西《嵩山集》五十四卷。公遡，公武子止弟也。古賦一卷，《神女廟賦》最奇麗。［（清）王士禛撰，張鼎三點校《居易録》卷一，齊魯書社，2007，第 3692 頁］

（乾道四年）文人晁公遡爲提點刑獄。［《文忠集》卷三十五］

馮忠恕

馮忠恕，字貫道，汝陽人也。其父東皋處士理，與和靖同學於洛，至必同處。靖康初，和靖被召赴闕，先生從之游。紹興中，先生爲黔州節度判官，和靖寓涪，遂畢所學。後知梁山軍。［《宋元學案》卷二十七，第 1011 頁］

第三甲……第二十二人馮忠嘉[1]，字獻道，小名閏漢，小字蔡師。年三十八，閏十月二十二日生。外氏劉。永感下，第三十九。兄弟四人。三舉，初娶謝氏，繼室王氏。曾祖宗顔，故，不仕。祖昇，故，不仕。父理，故，贈右朝散大夫。本貫汝州梁縣新豐鄉卓俗里。祖爲户。［《紹興十八年同年小録》］

《跋〈馮聖先墓誌〉一》

余友聖先每至洛見先生，多同處以講此道也。焞貧居杜門，未嘗一到汝晦。其子忠恕好學樂道。丙午秋九月，焞被召赴闕，忠恕相訪，不暇款語。兵火之餘，奔竄來涪陵，再獲與其子會聚，遂録此銘見遺。時紹興四年十二月望日，偶書此以誌歲月云。［《和靖集》卷三］

《跋〈馮聖先墓誌〉二》

東皋處士馮聖先，余同門之友也。汝、洛相去甚遠，聖先至，必同處講學，忘鑽仰之勞。不幸早世，莫見施設。澗上丈人陳叔易以文辭翰墨爲一時之妙，述君懿行，深有餘意，焞之言不足爲重輕。其子忠恕欲題其末，以信來世，謹書此用慰孝心，非敢爲助也。紹興六年秋八月十有八日，洛陽尹焞題。前所題藏之於其家，後所題以授忠恕。［《和靖集》卷八］

《跋〈馮聖先詩集語〉》

焞昔年洛中與聖先相會，遂出示佳篇。兵火之餘至涪陵，與其子忠恕相會，遂得遍觀，亦可見其志之所存也。感歎之餘，以識歲月。紹興六年重陽日，千福院三畏齋，洛陽尹焞謹題。［《和靖集》卷八］

---

［1］　忠嘉與忠恕，年代相近，籍貫相同，字號相似，恐爲兄弟行，姑録此史料於此。

孫仁宅

宋喻汝礪《具茨集序》：予昔游都城，於晁用道爲同門生。後三十六年，識其子公武於涪陵，又二年，見之於武信。愛其辯博英峙，辭藻藹如也，因與之善。初不知其爲用道子也。一日，來謁曰："先公平生多所論著，自丙午之亂，埃滅散亡。今所存者特歌詩二百許篇。涪陵太守孫仁宅既爲鑱諸忠州鄷都觀，窅然林水之間矣，敢匄先生一言以發之。"予亟聞其語，謝曰："願聞先君之所以含咏而獨游者。"公武於是出其家譜牒，乃知其先君名沖之，字叔用，世所謂具茨先生者也。予於是聳然曰："是必吾用道也耶？第今字叔用，爲小異耳。"已而追懷平昔周旋之舊，蓋自京師之別，絕不相聞，今乃幸與其子游，又獲觀其所論著，爲之感慨者久之。嗟乎！予安得不爲吾用道一言哉！［傅璇琮、張劍主編：《宋才子傳箋證·北宋後期卷》，遼海出版社，2011 年，第 540 頁］

《具茨晁先生詩集》一卷，晁氏寶文堂刊本，澶淵晁沖之叔用。《文獻通考》作《集》三卷，此則分體不分卷。前有紹興十一年陵陽俞汝礪序，稱叔用之子公武來謁，曰："先公平生多所論著，自丙午之亂，埃滅散亡。今所存者特詩歌二百許篇。涪陵太守孫仁宅既爲鑱諸忠州鄷都觀，敢丐一言以發之。"方紹聖初，天下偉異豪爽純特之士，離讒放逐，晁氏群從多在黨中，叔用宅幽阜，蔭茂林，世之網羅不得而嬰也。［（清）丁丙《善本書室藏書志》卷二十八，臺灣廣文出版社影印本，1967 年。］

某恃門下知察，不敢自同衆人，有懷不盡吐於受恩之地，故敢言之。某生十一年而孤，爲孫姑丈所教育，已恨不及其存時報之。今孫氏惟有一孫文昌，見任南平軍司理參軍，輒不自量，欲其改中都官，使少慰其下泉。念不告於節下，其孰能怜其不背本之情，而成其欲報之志？敢望臺慈，特賜惻念。或論薦之，員已滿，特爲推轂於查、周二使者，不勝幸甚。干冒威嚴，死罪。［《嵩山居士集》卷三十四］

某幸甚，早獲預英游，而姑氏孫涪州[1]亦識先府君，且有海陵之好，某恃此輒敢言之。某生十一年而孤，爲孫涪州教育，已恨不及其存有以報之。今涪州惟有一孫文昌，見任南平軍司理參軍。某已爲求得薦章二，念欲使之改中都官，庶以少慰九原。微節下不忘疇昔，其孰可告之？伏望臺慈怜其不背本之誠，而就其欲報之志，特賜論奏，則豈惟某銘佩恩造，其孫涪州亦當銜感於下泉。率爾干冒，悸恐。［《嵩山居士集》卷三十七］

---

　　[1]　孫涪州，即孫仁宅，亦即《嵩山居士集》卷三十四《上張待制札子》中之孫姑丈。傅璇琮、辛更儒主編《宋才子傳箋證》有考。

晁公退

（淳熙元年六月）己卯，詔知漢州王沂、主管崇道觀晁公退各降一官，新州編管張松移南恩州。沂等薦舉夔路鈐轄陳彦充將帥任使，至是，密院審察彦别無可采故也。
[（宋）佚名撰《宋史全文》卷二十六上，中華書局，2016 年，第 2153 頁]

西湖洞。西湖之東，有洞黝邃。晁公退《西湖園亭記》云："洞有竇，人往見二女櫛髮竇間，遺以石鏡，而其人遂富百倍。"[《輿地紀勝》卷一百六十七，第 4500 頁]

《李延昌等題名》

少城許自得深之政暇邀樊南李延昌紹隆、東里馮懷遜順夫、左綿張詢彦周、眉山蒲璜質夫、昭德晁公退子愈、烏延王塤伯和、潼川李定民、唐鄉鄭圃、宋延嗣永叔、夷門吳椿大年、濟南崔旭光遠、西河李佺全道，以紹興十七年七月十有四日泛舟同游，紹隆題。[（清）鄭珍、莫友芝修纂《（道光）遵義府志》卷十一，道光二十一年刻本]

張　維

張維，一湖州人，官衛尉寺丞，子野之父，《齊東野語》云："卒於慶曆丙戌。"一熙寧中官臨涇縣令，見《長編》。又東坡《南行集》有《次韻答荆門張都官維見和惠泉詩》，似又是一人。[《十駕齋養新録》卷十二，第 336 頁]

王紹祖

青社董令升罷官廣西，還過零陵，來觀澹山，同王紹祖、趙佃夫、宋傳道飯巖下。
[《宋董弅澹山巖題名》，轉引自《繆荃孫全集·金石一》鳳凰出版社，2014 年，第 266 頁]

李景孚（嗣）

（紹興）十八年，符行中爲總領，用其屬官李景孚之策。景孚，字紹祖，開封人遵勖之後，貪酷吏也。終於直秘閣，知夔州。就興、利、閬州置場，聽客市賣，由是盡革前弊，米運充足。[《建炎以來朝野雜記·甲集》卷十五，第 334 頁]

乾道六年春，夷人高奴吉作亂，焚碉。正月二夜。制置使晁子止調成都、眉、邛三郡禁兵四千往討之，深入沙平，蕩其巢穴矣。正月十一日壬戌。而官軍輕敵，賊勢復振。正月十六日丁卯。子止又調彭、漢兵千人益之，檄轉運判官李景孚親往多功。地名，在雅州西四十里，距碉門亦四十里。審觀事勢，諸將銳欲一戰，景孚止之。宣撫使王公明聞之，以便宜罷守臣、右朝請大夫程敦古,而遣通判邛州陳瀚持榜至碉門,約回部族,夷人聽命。二月十日辛卯。自是捐葫蘆里之稅與之,而沙平悉爲夷人有矣。景孚,開封人,駙馬都尉導昂之後。敦古,眉山人。瀚,嚴道人也。[《建炎以來朝野雜記·乙集》卷二十,第334頁]

　　乾道六年春正月二日夜,夷人高奴吉作亂,焚碉門,制置使晁□□調成都、眉、邛三郡禁兵三千往討之。壬戌,深入沙平,蕩其巢穴,而官軍輕敵,賊勢復振。□□又調漢兵千人益之,檄轉運判官李景孚親往多功。地名,在雅州西四十里,距碉門亦四十里。審觀事勢,諸將銳欲一戰,景孚止之。宣撫使王公明聞之,以便宜罷守臣程敦古,而遣通判邛州陳瀚持榜至碉門,約回部族。[(宋)佚名編,汝企和點校《續編兩朝綱目備要》卷九,中華書局,1995年,第158頁]

　　(淳熙五年)(鄭丙)尋充御試編排官,即殿幕擢秘書少監,累轉朝散大夫,車駕幸省,轉朝請大夫面賜金紫。明日,進秘書監,不數日兼權中書舍人。會諫議大夫蕭燧論夔帥李景孚貪虐,而大臣庇之,於是參知政事趙雄謂燧誤信蜀人謗書,既捕治其人,因改燧刑部侍郎,尋出知嚴州。[《文忠集》卷六十五]

　　(淳熙)五年,同知禮部貢舉。有卿監暫權工部侍郎,被酒自詫出曾覿之門,公(蕭燧)奏黜之。夔帥李景孚恃援貪虐,臺臣不敢劾,公極力論之,趙參政雄奏公誤信景孚仇人令狐某之言,捕治其人,公并及趙。[《文忠集》卷六十七]

　　(淳熙)五年,(蕭燧)同知貢舉。有旨下江東西、湖南北帥司招軍,燧言:"所募多市井年少,利犒賚,往往捕農民以應數,取細民以充軍。乞嚴戒諸郡,庶得丁壯以爲用。"從之。夔帥李景孚貪虐,參政趙雄庇之,臺臣謝廓然不敢論,燧獨奏罷之。雄果營救,復命還任。燧再論,并及雄。雄密奏燧誤聽景孚仇人之言,遂下臨安府捕恭州士人鍾京等置之獄,坐以罪,景孚復依舊職。燧乃自劾,詔以風聞不許,竟力求去。徙刑部侍郎,不拜,固請補外。出知嚴州,吏部尚書鄭丙、侍郎李椿上疏留之,上亦尋悔。[《宋史》卷三百八十五,第11840頁]

　　李景孚元豐中守資州,代民輸免役錢四千萬,蠲和糴米六千斛,除無名之斂,增養士之田,瘞久暴之骨,申放生之禁,兵荒之後,人皆歌舞頌德。[《蜀中廣記》卷四十七]

　　(淳熙十年)三月一日,夔州路轉運判官張繽放罷。以言者論其傾邪躁進,始至夔州,見帥臣李景孚暴刻,有意治之,景孚啗以厚賂,更不復言。[《宋會要輯稿·職官七二》,第4988頁]

　　開禧改元季冬中澣,東都趙善恭作蕭,領兒曹汝洌、汝瀧、汝淏、汝渲來游。婿昭武謝寧孫、鄧友直,外孫謝濆、鄧筠侍行。

後一年清明前十日,趙作肅再同妹壻樵陽李昭尋述祖[1]、外甥李浩中直、李濤清叔,及親戚朱黼明卿、舊同官周信誠甫徜徉數刻而歸。[《趙善恭等彈子巖題記》,轉引自《桂林石刻》,桂林市文物管理委員會編,1977年,第254頁]

李可久

乾道二年三月九日……試武舉進士…得正奏名蔡必勝以下二十人,必勝補成忠郎……第二名李可久、第三名林桂,與第一人恩例。可久先有官,復進官二等,用龍飛榜恩例也。[《宋會要輯稿·選舉八》,第5414頁]

杜　肇

(紹興元年四月)乙亥,劉光世復楚州。階州統領杜肇復階州。馬友引兵入潭州。[《宋史》卷二十六,第487頁]

楊　諤[2]

自唐以來,試進士詩,號省題。近年能詩者,亦時有佳句。蜀人楊諤《宣室受釐》落句云:“願前明主席,一問洛陽人。”滕甫《西旅來王》云:“寒日邊聲斷,春風塞草長。傳聞漢都護,歸奉萬年觴。”諤有詩名,《題驪山詩》云:“行人問宮殿,耕者得珠璣。”最爲警策。[(清)何文煥輯《歷代詩話》卷三十八,中華書局,2004年,第297—298頁]

《承天水陸堂記》

梁武夢神僧,得齋之標目,閲藏於法雲殿,而齋儀成。宋推官潼川楊諤則增廣之,東坡上下八位贊則附楊後。[(宋)居簡《北磵文集》卷二,文淵閣四庫全書本]

楊諤《水陸儀》二卷。[《宋史》卷二百五,第5187頁]

張逸、楊諤《潼川唱和集》一卷。[《宋史》卷二百〇九,第5403頁]

梁武帝嘗臨寺(龍游寺),設水陸會。《梁高僧傳》:天監四年,武帝臨澤心寺,設水陸會。宋熙寧中,有進士楊諤者,作《金山水陸因緣記》引此事,載於記中,碑見存。[(元)俞希魯纂修《(至順)鎮江志》卷九,民國十二年刻本]

---

[1]　景尋與昭尋,名字均相似,且時代相近,或爲兄弟行,姑并録之。

[2]　據李勝考,題刻之楊諤與文獻記載者相隔既久,恐别是一人(《白鶴梁石刻題名人考按一百二十二則》,第167頁)。今姑將所見史料均羅列於此。

楊諤。梓州人,《題驪山詩》最爲警策。[(明)蔣一葵《堯山堂外紀》卷四十五,萬曆三十四年刻本]

楊諤。諤,梓州人,景祐元年進士。[(清)厲鶚輯《宋詩紀事》卷十三,商務印書館,1937年,第263頁]

楊諤。嘉祐二年,瀘州軍事推官。[(清)陸心源《宋詩紀事小傳補正》卷一,光緒十九年刻本]

趙紳、楊諤。俱中江縣人。[《(雍正)四川通志》卷三十三]

景祐元年甲戌科張唐卿榜……楊諤,飛烏(中江)人。[《(嘉慶)四川通志》卷一百二十二]

張　猷

張猷。遂寧縣人。[《(雍正)四川通志》卷三十五]

何　憲

《次韻何憲子應喜雨》

亢陽誰謂不爲災,飢饉連年甑有埃。旱魃忽隨冤獄散,雨師遥逐使車來。平反盡欲歸中典,調燮端宜位上臺。更喜詩如杜陵老,江流坐穩興悠哉。[(宋)王十朋《梅溪集》卷八,文淵閣四庫全書本]

《元夕次何憲韻》

火樹銀花遍九衢,天移星斗下空虛。心憂機婦寒窗士,詩句分明似諫書。

鄱陽燈火類殘星,風雨那堪更滿城。爲郡何如在家好,長檠不似短檠明。[《梅溪集》卷八]

《送何憲行部趣其早還》

九郡飢民望使輶,陽春有腳不辭遥。更須速返鄱君國,莫遣詩筒久寂寥。[《梅溪集》卷八]

《和何子應游西山》

乘時休杖屨,勝概洗塵凡。屏障開蒼壁,龍蛇拔老杉。水明花并倒,山疊玉相攙。卜築公相可,吾當住翠巖。[《縉雲文集》卷二]

《又和子應游萬州岑公洞》

泉細或疑雨,巖深微見天。暫來如可老,長往不難仙。石髓層層落,松聲樹樹傳。欲歸重回首,明月傍船舷。[《縉雲文集》卷二]

楊彦廣

《題涪陵楊彦廣薰風亭》

身世如浮雲,百年一飄忽。古人事業在,已腐蒿里骨。惜哉薰風亭,勁翰儼突兀。想當揮灑際,浩氣漲溟渤。迄兹變故後,同好亦泯没。散帙落危睇,作亭焕新揭。超然盛德後,清芬念貽厥。亦聞爽塏地,山水皆秀發。曠蕩敞遐眺,葱蒨羅翠樾。勝游集簪履,有酒備百罰。異時太真園,絳樹山碑砆。吾其解煩鞅,長風卧煙筏。問津鷗鳥外,亭上散白髮。飄飄揖薰風,解帶脚不韈。咀嚼清冰圓,内洗肝肺渴。嗚呼蒼梧遠,瑶琴久衰歇。於焉慰永懷,森森來披拂。耿耿入疏襟,更欲遲華月。[《縉雲文集》卷一]

高　祁

(乾道五年九月)二十五日,右文林郎知歸州興山縣高祁來。[(宋)陸游《入蜀記》卷五,《宋代日記叢編》,上海書店出版社,2013 年,第 783 頁]

張松兑

(紹興五年正月)癸丑。左迪功郎樞密行府書寫機密文字張松兑爲左承奉郎。松兑,俊從子。上召對而命之。[《建炎以來繫年要録》卷八十四,第 1376 頁]

(紹興十五年十月十八日)通判黎州張松兑轉一官。以任内市馬及額故也。[《宋會要輯稿·兵二二》,第 9083 頁]

(乾道四年)四月二日詔金州守臣帶管内安撫,以刑獄公事張松兑言,"金州最爲闊遠,守臣若不稍假以權,則統兵主將勢爲獨重,州郡施爲措置皆有所牽制。"[《宋會要輯稿·職官四一》,第 4057 頁]

《讀喻玉泉紹興甲寅奏對録》

正月初三日,樗、松兑樞密院札子差往行在奏事,奉聖旨,張松兑、喻樗初九日内殿引見。樗上殿奏曰:"臣等隨知樞密院事張浚前去措置江上軍事,敵騎已於十二月二十七日以後節次遁去,淮甸今已安静。浚遣臣等奏知。"上曰:"朕昨遣張浚措置江上,慮無遺策,江上事宜,卿等備知本末,故命卿等上殿。敵人因甚遁去?"……上聽畢,曰:"好!好!"又問:"諸將偏裨,可皆有鬭志?"樗曰:"將士皆有鬭志。"松兑曰:"近日諸將各遣輕兵追襲,皆有殺獲,張浚候類聚奏聞。"上曰時有捷報,昨日亦有捷報,因曰:"敵人用兵,軍士不解甲已二十年,自古未有如此而不亡,恐一二年間彼有自焚之禍。”松兑曰：“浚所遣間牒并擒獲招降之人，皆言敵衆情狀，敵衆實携貳。”樗曰：“劉豫自此亦不復能朝夕矣。”上曰：“此益不足道。劉豫本只是山東一書生，初無功勞，欲據十州之地，豈有此理，其滅可待也。”上曰：“札子留下。”樗即致之榻後。上曰：“江上措置，卿等幕府之功爲多，與卿等改合入官，升擢差遣。”樗曰：“臣等初無功勞，仰荷聖恩，臣等今欲復回張浚處，取聖旨。”上曰：“已召張浚，所諭以事畢回至常州以來等候。”樗曰：“臣等即便出門前去。”上曰：“且諭張浚，令速來，朝廷事一一待張浚商議。”樗、松兑同曰：“恭領聖訓。”下殿謝訖，退。［（宋）汪應辰撰《文定集》卷十一，文淵閣四庫全書本］

黄仲武

《送黄仲武尉青城》

書生一第如登天，如君何啻坂走圓。要知筆頭有河漢，向來元木窺微瀾。得官莫厭百僚底，水激二千從此始。白藤肩輿照路光，小慰當年擇鄰意。岷山勢壓西南坤，霞裾風袂潛仙靈。公餘有暇縱幽討，爲我一弔張白雲。［（宋）李流謙《澹齋集》卷三，文淵閣四庫全書本］

宋中和

宋中和，眉山人，舉進士，慶元初守榮州，廉勤節儉，爲西蜀循吏第一。［《（雍正）四川通志》卷七上］

宋中和……劉知仁。俱隆興進士。［《（萬曆）四川總志》卷十五］

隆興元年癸未科木待問榜……宋中和，眉州人。［《（嘉慶）四川通志》卷一百二十三］

王　浩

附宋進士朝代年號無考者……王浩。蒼溪人，監簿。［《（嘉慶）四川通志》卷一百二十三］

鄧　椿

鄧椿，字公壽，雙流人。祖洵武，父雍，以侍從終。椿，乾道中官郡守，撰《畫繼》十卷。椿念再世名位在宣政童、蔡間，率太息，一日得洵武《諫伐燕疏》，亟乞蜀守汪應辰跋之，椿哭墓下以告，蜀人以爲賢孫。［《宋詩紀事補遺》卷五十二，第1222頁］

《畫繼》十卷。鄧椿公壽撰。以繼郭若虛之後。張彦遠《記》止會昌元年，若虛

《志》止熙寧七年，今書止乾道三年。[《直齋書録解題》卷十四，第 413 頁]

自昔賞鑒之家，留神繪事者多矣，著之傳記，何止一書。獨唐張彥遠總括畫人姓名，品而第之，自軒轅時史皇而下，至唐會昌元年而止，著爲《歷代名畫記》。本朝郭若虛作《圖畫見聞志》，又自會昌元年至神宗皇帝熙寧七年，名人藝士，亦復編次。兩書既出，他書爲贅矣。

余雖生承平時，自少歸蜀，見故家名勝，避難於蜀者十五六，古軸舊圖，不期而聚；而又先世所藏，殊尤絶異之品，散在一門，往往得免焚劫，猶得披尋。故性情所嗜，心目所寄，出於精深，不能移奪。每念熙寧而後，游心兹藝者甚衆，迨今九十四春秋矣，無復好事者爲之紀述。於是稽之方册，益以見聞，參諸自得，自若虛所止之年，逮乾道之三禩，上而王侯，下而工技，凡二百一十九人，或在或亡，悉數畢見。又列所見人家奇迹，愛而不能忘者，爲銘心絶品，及凡繪事可傳可載者，裒成此書，分爲十卷，目爲《畫繼》。

若虛雖不加品第，而其論氣韻生動，以爲非師可傳，多是軒冕才賢，巖穴上士，高雅之情之所寄也。人品既已高矣，氣韻不得不高；氣韻既已高矣，生動不得不至。不爾，雖竭巧思，止同衆工之事，雖曰畫而非畫。

嗟夫！自昔妙悟精能，取重於世者，必凱之、探微、摩詰、道子等輩。彼庸工俗隸，車載斗量，何敢望其青雲後塵耶。或謂若虛之論爲太過，吾不信也。故今於類，特立軒冕、巖穴二門，以寓微意焉。鑒裁明當者，須一肯首。

是年閏旦，華國鄧椿公壽序。[(宋) 鄧椿《〈畫繼〉序》，《宋代序跋全編》卷三十三，齊魯書社，2015 年，第 874 頁]

右先樞密諫發燕雲事，勾龍中丞如淵雖書之，恐未信於後世，又嘗求汪公應辰跋其尾，汪公曰："此段已編入徽考删定實録中矣。"馮少卿方手録於家，後求其真迹，藏於九襲，以示子孫。

先樞密掌兵西府，不順宰相，深引太宗、趙普、曹彬、潘美以爲龜鑑，有死不從。既公歿，黼始遂前議云。某即公，黼即王黼，前議即兼弱攻昧之説，輕談之誤，以致敗國事，塗炭生靈。殆今腥羶河洛者幾五十許年，則兼弱攻昧之説勝也，悲夫！[(宋) 鄧椿《家傳跋》，《宋代序跋全編》，第 4077 頁]

《宋大佛寺陳齊正等題名》

高三尺六寸，廣一尺九寸。六行，行七字。字高四寸，篆書。

陳齊正扁舟南下，鄧椿率王康、王□老、費中之、馮林□衎飲餞于煙波□，乾道壬辰前中□弌日。

右題名在閬中，鄧椿率屬餞陳齊正而記也。鄧椿，見前。王康，劍州人，乾道中進士。〔（清）劉喜海編《金石苑》卷五，道光二十六年刻本〕

《宋大佛寺鄧椿詩》

高三尺一寸，廣二尺三寸。十三行，行二十四字，字徑寸，八分書。

乾道壬辰三月十日同叔衍游諸山，用邵公濟《大象閣》韻。雙流鄧椿。

□山正南隆，翼蔽如壁壘。白龍舞蜿蜒，漾漾環一水。最勝錦開屏，□秀當前起。石崩古有句，寧慮英靈止。東山屹相望，縷脈□□□。佳處更崇賁，頓倍客懷喜。後巖天下獨，人傑嘗□弋。一門太平瑞，那復論表裏。盛事百年間，繼者能口耳。我來□乘酣，借□□□使。玉樹□風前，試把蒹葭倚。〔《金石苑》卷四〕

劉　甲

劉甲。字師文，東平府須城人，淳熙二年詹騤榜同進士出身，治詩賦。四年九月以工部侍郎兼。四庫館臣原按：《宋史》本傳作："其先永静軍東光人，以父官成都，因家龍游"，與此不合。〔《南宋館閣録》卷九，第361頁〕

劉甲字師文，其先永静軍東光人，元祐宰相摯之後也。父著，爲成都漕幕，葬龍游，因家焉。甲，淳熙二年進士，累官至度支郎中，遷樞密院檢詳兼國史院編修官、實録院檢討官。

使金，至燕山，伴宴完顏者，名犯仁廟嫌諱，甲力辭，完顏更名修。自紹興後，凡出疆遇忌，俱辭設宴，皆不得免，秦檜所定也。九月三日，金宴甲，以宣仁聖烈后忌，辭。還除司農少卿，進太常，擢權工部侍郎，升同修撰，除寶謨閣待制，知江陵府，湖北安撫使。甲謂："荆州爲吳、蜀脊，高保融分江流，瀦之以爲北海，太祖常令決去之，蓋保江陵之要害也。"即因遺址浚築，亘四十里，移知廬州。

程松爲四川宣撫使，吳曦副之，以甲知興元府、利東安撫使。時蜀口出師敗衄，金陷西和、成州，曦焚河池縣。先是，曦已遣姚淮源獻四州於金，金鑄印立曦爲蜀王。甲時在漢嘉，未至鎮也。金人破大散關，興元都統制毋思以重兵守關，而曦陰徹驀關之戍，金自板岔谷繞出關後，思挺身免。

甲告急於朝，乞下兩宣撫司協力扞禦。松謀遁，甲固留不可，遂以便宜檄甲兼沿邊制置。曦遣後軍統制王鉞、準備將趙觀以書致甲，甲援大義拒之，因卧疾。曦又遣其弟旼邀甲相見，甲叱而去之。乃援顏真卿河北故事，欲自拔歸朝，先募二兵持帛書遣參知政事李壁告變，且曰："若遣吳總以右職入川，即日可瓦解矣。"

曦僭王位，甲遂去官。朝廷久乃微聞曦反狀，韓侂胄猶不之信，甲奏至，舉朝震駭。壁袖帛書進，上覽之，稱“忠臣”者再。召甲赴行在，命吴總以雜學士知鄂州，多賜告身、金錢，使招諭諸軍爲入蜀計。復命以帛書賜甲曰：“所乞致仕，實難允從，已降指揮，召赴行在。今朝廷已遣使與金通和，襄、漢近日大捷，北兵悉已渡江而去。恐蜀遠未知，更在審度事宜，從長區處。”二兵皆補官。

甲舟行至重慶，聞安丙等誅曦，復還漢中，上奏待罪。詔趣還任。甲奏叛臣子孫族屬及附僞罪狀，公論快之。會宣撫副使安丙以楊巨源自負倡義之功，陰欲除之，語在《巨源傳》。巨源既死，軍情叵測，除甲宣撫使。楊輔亦以爲請，當國者疑輔避事，李壁曰：“昔吴璘屬疾，孝宗嘗密詔汪應辰權宣撫司事，既而璘果死，應辰即日領印，軍情遂安，此的例也。”乃以密札命甲，甲鐍藏之。未幾，金自鶻嶺關札金崖，進屯八里山，甲分兵進守諸關，截潼川戍兵駐饒風以待之。金人知有備，引去。

侂胄誅，上念甲精忠，拜寶謨閣學士，賜衣帶、鞍馬。是歲，和議成，朝廷聞彭輅與丙不協，以書問甲，又俾諭丙減汰諸軍勿過甚，及訪蜀人才之可用者。蓋自楊輔召歸，西邊諸事，朝論多於甲取決，人無知者。

紹興中，蜀軍無見糧，創爲科糴。孝宗聞其病民，命總領李蘩以本所錢招糴，懼不給，又命勸糴其半，“勸糴”之名自此始。久之，李昌圖總計，復奏令金、梁守倅任責收糴，而勸糴遂罷。及是，宣、總司令金、洋、興元三郡勸糴小麥三十萬石，甲乞下總所照李蘩成法措置，從之。

明年，罷宣撫司，合利東、西爲一帥，治興元，移甲知潼川府。安丙既同知樞密院事，董居誼爲制置使，甲進寶謨閣學士、知興元府、利路安撫使，節制本路屯駐軍馬。朝廷計居誼猶在道，命甲權四川制置司事。

先是，大臣撫蜀者，諸將事之，有所謂互送禮，實賄賂也。甲下令首罷之，凡丙所立茶鹽柴邸悉廢之。又乞以阜郊博易鋪場還隸沔戎司，復通吴氏莊，歲收租四萬斛有奇，錢十三萬，以裨總計。從之。丙增多田稅，甲命屬史討論，由一府言之，歲減凡百六十萬緡、米麥萬七千石，邊民感泣。嘉定七年，卒於官，年七十三。

甲幼孤多難，母病，刲股以進。生平常謂：“吾無他長，惟足履實地。”晝所爲，夜必書之，名曰“自監”。爲文平澹，有奏議十卷。理宗詔諡清惠。［《宋史》卷三百九十七，第12093—12095頁］

劉甲字師文，父著，爲成漕幕，葬龍游，遂家焉。甲舉淳熙進士，累官知興元府，利東安撫使。先是，四川宣撫副使吴曦密獻四州於金，金乃立曦爲蜀王。甲告急於朝，乞下兩宣撫司協力扞禦,而四川宣撫使程松乃謀遁去,甲固留之,不聽,第遷以便宜檄甲兼沿江制置。吳曦遣人以書致甲,甲援大義拒之,因卧疾。曦又遣其弟旼邀甲相見,甲叱而去之。乃援顔真卿河北故事,欲自拔歸朝,先募二兵持帛書付參知政事李璧告變。甲奏至,舉朝震駭,璧袖帛書進,上覽之稱曰"忠臣、忠臣"。因召甲赴行在,復命以帛書賜甲。甲舟行至重慶,聞安丙等誅曦,復還漢中,上奏待罪,詔趣還任。未幾,金自鶻嶺關札金崖,進屯八里山。甲分兵進守諸關,截潼川戍兵駐饒風以待之,金知有備乃引去。韓侂胄誅,上念甲精忠,拜寶謨閣學士,賜衣帶、鞍馬,俄進寶謨閣學士、知興元府,利州安撫使。先是,大臣撫蜀者,諸將皆有護送禮,其實爲賄。甲下郡,首罷之,悉廢丙所立茶鹽柴邸。又乞以皂郊博易鋪場還沔戎司,復通收吳氏莊,歲得租四萬斛、錢十三萬,以裨總計。丙增多歲稅,甲命屬吏討論,由一府言之,歲百十萬緡,米、麥萬千七石,悉減之。邊民皆感泣。卒於官。甲幼孤多難,母病,刲股以進。凡晝所爲者,夜必書之,名曰"自監"。爲文平澹,有奏議十卷。理宗特謚曰清惠。[《蜀中廣記》卷四十六]

劉甲字師文,東光人,忠肅公摯之孫。以寶謨閣學士出任,清心約己,疏滯滌弊。度地以居民,發廩以賑乏,儲書以勸學,市田以養士,前後費巨萬,奏免稅緡八萬四千有奇。[《(雍正)四川通志》卷七上]

淳熙二年乙未詹騤榜……劉甲。龍游人,寶謨閣學士。[(清)李衛等修《(雍正)浙江通志》卷一百二十六,乾隆元年刻本]

淳熙二年乙未。劉甲,東光人,寶謨閣學士。[(清)李鴻章等修《(光緒)畿輔通志》卷三十四,光緒十年刻本]

朱永裔

第六十四人朱永裔,字光叔,小名信哥,小字冠先。年二十二,六月十六日生。外氏鮮于,永感下,第十九。兄弟一人,一舉。娶費氏。曾祖問之,故,不仕。祖綏,故,不仕。父驥,故,任左迪功郎。本貫閬州閬中縣新安里。伯從政郎章,爲户。[《紹興十八年同年小録》]

朱永裔……蒲沖。上俱南部縣人。張欽……李巽。俱劍州人。上俱紹興進士。[《(雍正)四川通志》卷三十三]

紹興十八年戊辰科王佐榜……朱永裔。閬中人。[《(嘉慶)四川通志》卷一百二十二]

馮　愉

(嘉定十二年)閏三月二十八日,新知常德府馮愉、通判鎮江府黄士特各降一官,放罷。以臣僚言:"愉守閬州,專以酒政虐民;洎守左綿,貪暴特甚;士特桀驁倚勢,凌轢同列,侵權撓政,靡所不爲。"[《宋會要輯稿・職官七五》,第5083頁]

(開禧二年春正月)是月,雅州蠻高吟師寇邊。……己未,師夔見事急,以三百兵自衛,還雅州。翌日,賊焚碉門,官軍失利,義勇軍準備將張謙戰死。庚午,提刑劉崇之智夫乃自行,賊勢轉熾。宣撫司調潼川、隆慶府大軍各五百往討之。五月乙未,罷知雅州蘇肅之、同知州張夔,而以通判遂寧府馮愉權州事,命本州推官李爽於碉門萊婆溪創築新寨,又命宣撫司準備差遣王好謙、興元後軍統領王鉞往軍前節制。[《續編兩朝綱目備要》卷九,第158—159頁]

"玉女泉"三大字。在綿州治東五里。玉女泉傍"龍泓"二字。在綿州治北二里。龍湫。爲宋嘉定太守馮愉禱雨有感刻石,今存。[(清)杜應芳等修《補續全蜀藝文志》卷五十五,續修四庫全書本]

天開圖畫碑。在綿州儒學戟門右,宋嘉定郡守馮愉書建。楚公鷹碑。在州堂後。[《補續全蜀藝文志》卷五十五]

宋紹興十五年乙丑科劉章榜。馮愈,安岳人。[1][《(嘉慶)四川通志》卷一百二十二]

紹興……十五年……馮愈。王述。安岳。[(清)阿麟修,王龍勛等纂《(光緒)新修潼川府志》卷十五,光緒二十三年刻本]

王世昌

(咸淳二年)冬十一月辛丑,兩淮制置使李庭芝立城,屯駐武鋭一軍,以工役費用及圖來上。詔獎勞之。乙卯,少師致仕趙葵薨,贈太傅,賜諡忠靖。丁巳,利東安撫使、知合州張珏調統制史炤、監軍王世昌等復廣安大梁城,詔推爵賞有差。[《宋史》卷四十六,第896頁]

(德祐三年六月)是月,梁山軍袁世安降。十月,萬州破,殺守將上官夔。十一月,瀘州食盡,人相食,遂破之,安撫王世昌自經死。大兵會重慶,駐佛圖關,以一軍駐南城,一軍駐朱村坪,一軍駐江上。[《宋史》卷四百五十一,第13283頁]

(至元十五年正月)丙午,安西王相府言:"萬户禿滿答兒、郝札剌不花等攻克瀘

---

[1]　志中所載,與題名人相隔既久,亦恐非同一人,故列史料於此。

州,斬其主將王世昌、李都統。"戊申,從阿合馬請,自今御史臺非白於省,毋擅召倉庫吏,亦毋究錢穀數,及集議中書不至者罪之。[(明) 宋濂等《元史》卷十,中華書局,1976 年,第 198 頁]

趙善暇

趙善暇。熙寧二十一年兵官。[《涪陵縣續修涪州志》卷九]

(父)保義郎不及。善暇。(子)汝偸。[《宋史》卷二百二十九,第 7171 頁]

楊　灼

雍提、王午、嚴庚震、賈仲榮、胡酉仲、趙丁、何元龜、袁天將、楊灼、袁濬仲。上俱慶元進士。[《(雍正)四川通志》卷二十三]

附慶元中進士年分無考者……楊灼。閬中人。[《(嘉慶)四川通志》卷一百二十三]

李　瑀

《朝奉大夫太府卿四川總領財賦累贈通議大夫李公墓誌銘》[1]

自中興多故,師不解甲者十有四年,指權宜一切之征,爲經常不易之費,百年間士大夫由之不知,視爲當然。知之矣,又從而旁緣吮剥、詭取陰奪者,此皆無以議爲。或知恤之,莫知所以救者,什嘗四五。知救之,而不能慮終知敝,不永厥德,什亦二三。或毋問弗克,惟既厥心,寬一分則有一分之益,此什不一焉。若夫受任之臣以是心求之,憂民之君以是心應之,未嘗有精神會聚之素,而問辯逆復如父詔子承,友疑師誨,誠意實德,爛然簡册,則信所謂千載一時,此合以天也。

淳熙三年七月辛未,廷臣上疏曰:"臣竊見四川總領財賦所,歲支軍粮爲石百五十有餘萬,營田歲租與貿易利州諸處夏秋稅斛者凡十九萬。其百三十萬水運,七十和糴,六十量產之薄厚而制其數焉。名曰和糴,實科糴也。上三等戶饒於貨用,自輸自請,雖少損,猶可及。下二等戶勢必付之攬納之家,本錢既不可請,姑逭責可耳。請下總領所,蠲四五等所科之數,而官自收糴。或止增水運,以補元數。"詔范成大同李繁疾速相度聞奏。

時范公制置四川,李公已被命總餉,尚留漢中也。李公奏謂:"今九州和糴以二十四萬敷上三等戶,三十六萬石敷下二等戶,若官司自糴下戶之所糴者,而加之水運,則

---

[1]　此墓志爲其父李清叔墓志,多言李氏宗族事,及李瑀宦迹。

增費二百八十八萬緡。此何從出？俟臣到官詢究，乃議施行。願假數月之期，永除五十年之病。"夫未知君之信否，而慨然以是自任矣。迨領餉事，即上疏，略曰："六十萬石米若從官糴，石增一千，多至四千，歲約百萬緡。第總領所財賦已經宣撫使虞允文覈實，歲入有常，未易增費。臣爲陛下畢誠竭慮，但於經費之中斟酌損益，不須朝廷降度僧牒，不用宣司桩積錢，不動總所歲計，自可變科糴爲官糴。貴賤視時，不虧毫忽之價；出納視量，不取圭撮之贏。使軍不乏興，民不加賦。敢掇其大者十一條以獻。一請自古軍粮必隨地產，今利、閬、興、洋與關外四州，米麥之產，多寡不侔，今當隨土之宜，以充軍食。二請州縣分掌糴本，官侵欺移用者，以三尺從事。三請措置糴買官得自舉辟四五員。四請依已出命，免收頭子勘合錢。五請通判知縣以糴買能否議賞罰。六許民戶賣粮，准納賦役。七請聽臣不時委官往州縣盤量。八請欲於上戶勸糴，令民自量自概，自輸之倉，以防多取之弊。九請官糴斷可久行，遇有調發，或未免暫科，事已而復，敢先事而言。十請仍舊以元價和買利路諸州稅斛。十一請總領所與宣撫司平牒往來，其職事則諸司不得與，願專責任，以塞浮論。"詔以六條問公，且令成大同共詳度。至是孝廟猶未以專屬公也。公奏："此臣所總財，計制司不得而盡知。"又畫一以聞。詔問："未見比民間和糴有無增價"。公奏："天時有豐凶，物價有貴賤，隨宜損益，難以豫計。"詔問："若增本錢，約度幾何？歲於何取撥？"公又奏："不可豫計。且如利、閬州以高價糴商米，而關外以小價科民粮，裕此商而困彼農，行之三四十年不知通變。臣今於關外隨宜收糴，比未視事時已減本錢近十萬緡，而糴買通快利、閬州米價，臣亦隨宜高下，使之適中，減省亦十餘萬，而米商源源不絕。每事如此，則歲節百餘萬不爲甚難。"詔問："不通水運州軍，無人搬販去處，合就甚處糴買？如何搬運？"公奏謂："如關外四州，每歲共糴粮十三萬餘石，有水運及商販則價直稍下，無運無販則增陸費，今二十三倉已糴十八萬石矣，皆無搬運之勞。"詔問："人戶自量自概，自輸之倉，寧無欺弊？"公奏："雖未保無弊，與其官自量概而肆其虐取也。"詔問："以米麥隨宜雜支，及令民戶以稅役準納粮米，有無未便？"公奏謂："已移文范成大，見謂可行。"時范公惑於浮言，謂公奏先上，則同共詳度之命無可施行。公遍露底裏以告於范，久之，范亦翕然信服，連名復命，卒無以易公也。俄又詔四川和糴，且照年例施行，不得輕易更改，止將其間弊事革去，別聽朝廷指揮。至是，則孝廟之疑猶未釋也。公又三請，朝廷不能奪詔。淳熙四年分糴免一年。明年再請，又詔免一年。蓋廷臣始爲下二等請，而公并蠲五等至六十萬石，且始言費二百余萬，暨領事究實，則費半之，故上下疑信，久而未決。時度支郎中周公嗣武，被命與公計度蜀賦，公請并付嗣武審覈，嗣武尋亦是公，獨謂遣官勸糴，及民賦準粮、通判知縣以能官展減磨勘，是三者未便。詔又下公，公曰："大者已行,則小者姑可置,惟糴買官請五得三,必固以請。"上又從之。

蓋自淳熙三年之秋九月,迨五年三月,僅一年有半,而奏聞凡十有三,上尚書一,與同列往返七,璽封下尚書可其奏入,訖如初議,克底成績。嗚呼!其難哉!"習坎,有孚,維心亨",《象》釋之曰:"維心亨,乃以剛中也。"以孝廟之聖主於上,范公之賢議於卜,猶以浮言異論,始疑而終信。非公剛實在中,其能行尚而往功乎?民既樂與官爲市,牛車檐負,千里不絶。會歲大稔,父老以爲三十年米價不若是之賤。梁、洋間繪象祠公,飲食必祝。縉紳大夫士采民謡以獻,無慮百篇。而資政殿學士黄公裳所賦《漢中行》、《罷糴行》二章,尤爲卓絶。

四年五月丙午,宰執進呈范成大奏,關外麥熟,倍於常年,蓋由去歲罷糴一年,民力稍紓,得以從事耕作。上曰:"免和糴一年,民間便已如此,乃知民力不可以重困也。"王淮等奏云:"去歲止免關外,今從李蘩之請,盡免蜀中和糴,爲惠尤廣。"乃自倉部遷太府少卿。及范公召還,上首問:"可保其久行否?"范曰:"蘩以身任此事,臣以身保蘩。"上大悦,曰:"是大不可得李蘩也。"其後如鹽、如酒及和買布,公方欲次第奏蠲,以盡除民害,會以疾告老而卒。詔謂措置和糴,能寬民力,特與遺表恩澤一人。洪惟孝宗皇帝在位二十八年,動遵憲法,裁抑恩賞,上自中宫,以及妃嬪、戚里、宗室、内侍、潛邸,雖親昵當得之恩,皆從減損。至於遺表恩澤之法,雖寺監長,則亦復削去,今於公乃無所吝若此!

某生未及月而公卒,及長,從父兄習聞公行治,又與父兄皆獲交於公之了璟、瑀。嘗以公罷糴木末俾識篇端。未幾,又以書來曰:"先大夫之葬,既五十年而未之銘,雖墓之有銘非古也,而舍是無以久其傳,子爲我書之。"按狀,則仁言善政有不可勝紀,而大要則誠求故中,剛中故亨,乃撮其要者而誌之曰:

公字清叔,系出趙郡。趙郡始於秦司徒曇,曇生璣,璣生牧,牧相趙,因家焉。牧之孫曰左車,左車之曾孫曰秉,徙潁川。秉之六世孫就徙江夏,秉之七世孫頡,徙南鄭。頡生郃,郃生固,皆漢三公,繇是李氏爲蜀望。曾大父平。大父講,贈承事郎。父馭,以公升朝,贈朝奉郎。母金氏,贈太宜人。承事生二子,朝奉爲次。早有志節,嘗游秦,客大梁,浮淮泗、江浙,道荆楚,所交皆一時名流。晚益貧。公未冠,以詞賦再舉於鄉,尋以《春秋》首選,擢紹興十八年進士第,授左迪功郎、邛州安仁縣主簿、石泉軍教授。用薦者,改左宣教郎。丁母憂,服除,知眉山縣,簽書隆州軍事判官,轉運司檄兼權通判彭州,制置司檄兼權綿州及解州事,會通判闕,又攝事,改攝通判邛州,權發遣永康軍、利州,成都府路提點刑獄,敕差充四川類省試院考試官,權本路轉運司事,權主管四川茶馬,知興元府,主管利州東路安撫司公事,除倉部員外郎,總領四川財賦軍馬錢粮，升郎中，除太府少卿，遷卿未受命，致其仕。積官至朝奉大夫，以長子璟升朝，贈朝請大夫。以仲子瑀，累贈至通議大夫。始仕安仁，會朝廷行經界法，命鄭克使蜀，公受檄行視諸邑，區劃平允，人已覘公器識。石泉學校不葺，公白郡，廣贍養之田，請於朝，增薦送之目。眉山號不易治，曰："此不可以力操也。"具爲科條，能使百姓知孝悌忠信，故自愛重而耻犯法。州承虚額而取之縣，縣無從出，州以常賦愆期告於制置司，皆毋敢自白。公力陳虚額之弊，帥府是之，不復詰。又嘗奏記制置使汪公應辰，其略曰："今劍北諸州，千里蕭然，久而不恤，必爲盗賊。往年有納粟度僧與夫田契等錢詔，別貯於餉所不下數千萬，今捐其什二三，凡調夫之地皆除稅一年，數州之民庶其少瘳乎？"四路故輸絹於利、沔、大安諸郡，凡費六千，而關外諸軍得絹僅鬻半直，公白制置使："盍令民各輸正色估錢之半，匹不過五千，而給軍亦如之，軍民必謂兩便。"時頭子、勘合錢皆增舊數，公控於諸司，大略謂："頭子錢，昔者貫取五錢，其後累增至四十三，近又創增十三。勘合錢昔日一鈔及石、貫、匹、兩取三十錢，近又貫取二十。今以萬緡爲率，分爲千鈔，頭子加百三十緡，勘合加二百緡，四蜀之廣，一歲之中，錢之出入不知其幾也。以萬緡計之，每一出入，輒取三百三十緡，四川錢物共以五千萬緡計，則是二者當得百六十五萬矣。朝廷勤恤民隱，下有司除去虚額，以三百萬緡對減除放，詔令數下，丁寧懇惻，二年於兹，有司商確，僅有成議。夫以三百萬緡，分爲數年對減虚額，是每年所放不滿百萬，其艱澀如是，議者乃復設術取。元年添頭子，二年添勘合，一歲之中比所減虚額之數不知幾倍，而人莫之悟。爲此説者，盗臣之不如也。"公不惟職思其憂，蓋以斯民休戚自任，於此數事亦可略見。

攝通判彭州，纔閲月，償宿逋五萬緡有奇。彭之民既輸米於州，石五千，又移輸威、茂州，石不下十二三千。乾道二年，總餉者復支移四千九百餘石，以餉綿州之屯，石亦十千。公言之制置使，謂："彭民安能勝此三役？"繇是期會稍寬。暨公總蜀賦，乃爲奏請蠲左綿之輸。公在綿，會歲祲，請於諸司檢放振恤，諸司不能奪，聽免四五等户，而期會滋急。公謂："常平、免役令義倉穀專充賑給，不得他用，遇災傷給散。"行訖聞奏，公乃如令減價出糶，以價錢貸下户，仍代輸秋稅，庶勿誤贍軍。且奏且行，又聽民以茅秸易米備粥，溢褚衣親衣食之，所活十萬人。時總領所猶取糶於綿，公力陳不可，又爲畫補糶之策，餉使行之，米價頓平。議者始以好名譏之。迨明年，歲在戊子，邛、蜀、彭、漢及成都間盗賊蜂起，而綿獨安堵，然後知公之見遠矣。邛亂未弭，宣撫司令詰盗，故公謂始於諸縣租稅趣辦大額。初以八十萬緡爲額，其後至起九十七八萬，故民窮盗起，不謀同時。議者不過發廩勸分，然義倉三萬餘石，爲軍儲之外，僅六千餘，且六縣之口二十萬計，其何以給之？况民産業薄，雖勸分貸種，所出無幾。此必上司於糴本實額內除十四五萬以免借稅之害，於折估實額內除六七萬以免那錢之害，則百姓樂生，雖驅之不爲盜。又論邛之患三：一曰州所欠總領所十萬緡，蹙新以償舊，其患無窮。二曰豫借民稅，多至十萬。三曰今歲終尚負十餘萬，則八十萬之額且不能趁此。非假以數萬而責其後償不可也。凡皆利病之至切者。邛之浦江鹽井，歲欠百三十餘萬，往者都轉運司榷之以制低昂，課有定入，民不知也。自郡守增歲課，歸并於州，以資少府私用，而民始病。公并請於宣撫司更法平賣，亦省刑息盜之一端也。厥後公總蜀賦，遣官覈其事，日輸不過六十擔，擔爲六十斤，價十有四千，凡減鹽十萬八千餘斤，爲緡錢七萬五千。牢盆之精與隆、簡無異，總所自榷，州不與焉。公之勇於爲善類此。永康之民出入鹽崖關者有徵，公爲之弛禁，凡三百萬錢，而小家負課者又蠲萬八千緡有奇，兩縣力役之徵，比旁近郡爲夥，公又斥郡帑之餘，爲代民輸，凡五萬緡。會威州蕃部寇邊，公遣戍增餉，凡半載，而民不知役。制置晁公上其勞，詔遷充承議郎。宣撫使參政王公上其最，詔又遷充朝散郎。乾道末，歲凶民飢，公以刑獄使者領常平，先事發廩，又下令蠲主客戶稅租各十之三，所活至百七十萬人。沈黎、青羌、吐蕃首領奴兒結等鈔邊，數百里創殘，公度九折阪戶輸而人撫之，貸米粟千五百石有奇，耕牛犁鋤之屬四千有奇。丞相葉公某嘗欲以榷酤鬻之民。公謂："請毋以他，以成都言之，日鬻酒二千緡，歲七千餘萬計，三年抵產必二百十萬，其誰能辦此？曩歲聽民請買一道之廣，僅有縣鎮六十餘所應令，而緣此蕩產亡身者十五六。此與東南酒坊不可概論也。萬戶酒之說則習俗各異，如成都十縣，歲爲酒息八十三萬緡，若敷在民間，其爲害甚於官榷也。"識者韙之。

公攝茶馬司日，詔吳挺提舉買馬，且俾歲市七百匹。公奏："使歲七百，而止須爭先收，尤有妨茶馬司歲額。況旁緣增多，不止是耶？"請爲管總挺所買之數，發往興州。奏三上，不報。又條奏七害，大略謂："乾道三年以前，吳璘以買馬奪御前三衙歲額，故提舉茶馬官續羱、張德遠皆以罪罷，虞允文爲之禁止，而後軍實僅足。今而命挺，其弊復見。況兩司競買，馬直必增，外驕羌夷，內耗國用。又諸軍青草錢乃馬軍資以自贍，十年間託買馬以拘收而實奪之，雖有旨給還，久未施行也。三邊各有大屯，而興州一軍獨聽買馬，使皆援此爲詞，從之與？抑拒之與？諸軍必并緣私販，宣撫司必禁止。此必開二司之隙，況璘護送鬻馬蕃客，以防抄掠，今挺乃抽索吏人，須知此必各有行移，互相牽制。臣反覆思惟，無一而可。"是時吳氏擁兵再世，公亦欲假是分挺之權，非但爲馬政請也。

漢中久旱，公早夜孜孜，凡以請禱矜恤者，靡微不盡。是時，劍外九州和糴，興元爲多，又以馬運所縣，芻秣不貲。公嘗匹馬行阡陌間，密訪民病，有嫗進而言曰："民所以飢,和糴病之也。"泣數行下。公益加感歎,乃奏夏料宣司糧皆糴,而秋料宣司糧、大軍粮以災傷,關總領所或放免,或停糴。糴既不及,民大悅,公於是已有意於九州罷糴之請矣。綿州之屯,歲於彭、漢、綿、石泉省計截糴二萬餘石,而彭之勞費倍之。且綿之米價石五千,而遠輸者反不下十餘千。公請差官就綿糴買,以寬民力。范公成大嘗奏興、洋等州義士,并金州保勝軍、關外四州忠勇軍,皆與義士一體異名,蓋陝西弓箭手,法非調發不得差使,今興元府都統司欲以義士看烽,利州東路安撫司欲以義士把關,非法也。乞放陝西舊比,修成專法,詔從其請。公奏謂:"成、西和皆要邊,而文州諸羌反側未定,今既難以烏合,禁軍差替鄉兵,都統司又不肯差屯駐軍,今守關看烽義士、忠勇軍又礙近旨,如此則拘違法之微文,成撤備之大禍。又關外忠勇軍并弓箭手等給地免稅之人,與興、洋義士不同,始因宣撫使張浚、吳玠等措置馬步軍三千餘人,已經數十年,軍額見存。如一家三丁,一丁爲軍,二丁爲農,或耕或戰,各不相妨,諸軍自備甲馬,各有部曲,并如正軍。自乾道以後,宣撫司始令依義士專法,然猶在砦屯駐,在州教閱,或一月一替,或半年一替,未至全年放散。今制置司僅以農隙教閱五十日,夫五十年訓練之卒,而一朝縱之,經年不教,則事藝退墮,與義士無異。此臣之所甚惜也。以臣愚見,興、洋等州義士并金州保勝軍未嘗差使,自當依制置司所引專法施行,而四州忠勇軍、弓箭手及興、利義士、文州忠勝軍守關看烽,番上教閱請仍依久例,惟申嚴私役之禁可耳。"公之不爲苟同又類此。而於吳氏之專橫,尤切切致意焉。

先是,公宰眉山日,較成都轉運司進士,因策問極言久假兵柄之患,忌者或持以示挺,挺蓄憤久矣,至是滋忿。暨公領餉事,挺繆奏謂軍食陳腐,龍、劍米粗黑。孝廟內批允再賜公。公奏:"此土實不同也"。乃各緘樣進呈,上大悅,曰:"李蘩曉了如此。"於是挺之安窮矣。未三十年,而曦以蜀叛,士益服公之先見。

公講學臨政,皆探源尋流,取法前古。讀書有《春秋至當集》《春秋機闊》《春秋集解》。又采摭群書,自春秋迄戰國時事,比年月而紀之,曰《戰國新書》,又有《通鑑漢唐詳節》《漢唐事類》《三國捷徑》《南北精華》。其爲文則有《騷壇武備》,有《忘筌集》,有《薤露碎珠》,有《韓退之書墓式》,有《經語提要》。其臨政有《理財要術》《荒政錄》《榜示鼓舞集》《經總條畫》《臺備錄》《西憲雜記》《榷收集》《山南雜記》《帥閫備錄》《總所財賦源流》《總司雜記》《奏免和糴錄目》。經史子集,無不覃思研精,晝抄夜誦。自號桃溪先生,文曰《桃溪集》,一百卷,今藏於家。

公歷仕三十年,所交皆當世名人傑士,而平生受知,如葉公某、汪公應辰、晁公公遡公武、王公炎、王公之望、查公籥、宋公似孫、范公仲愷。薦進人才,如宋公若水、楊公大全、李公舜臣、楊公甲、韓公炳、黃公裳、范公蓀、馬公覺、呂公商隱、張公子震、王公咨、費公士戭,其後各有以自見於時。類省試主文所得進士,如費公士寅、安公丙、劉公甲、陳公咸、李公興宗、游公仲鴻,其餘不可悉數。

公事母太宜人以孝謹稱,母得風痹之疾,扶侍者爪輒侵膚,公以身嘗之而志其苦。至於兄弟患難相救,有無相通,無一間言。從兄江西刑獄使者芝望臨,一時講論賡酬,弟兄自爲知己。公娶史氏,封宜人,以仲子升朝,贈碩人。四子重、祖、文、老,皆早卒;璟,用薦者改宣教郎,尋以通直郎致仕;瑀,朝奉大夫、知涪州。女一人,適朝散大夫、前知成州羅仲甲。孫男四人:寬民,承直郎、僉書資州判官;澤民,將仕郎;安民、覺民。孫女七人,外孫男、女五人。年六十有一,卒於淳熙四年閏六月壬辰,葬以六年二月甲子,墓在晉原縣鵠鳴鄉思恩里甲山之原。銘曰:

天生斯民,后王所司。小大相維,是保是師。是心之存,則善推其所爲。民我知覺,民誰溺飢,斯須弗存,秦越瘠肥。舍是非之公,惟利害之私,匪畫於浮議,則沮於不見知。烈烈李公,惟義是比,之死靡移。上孚君心,内格衆允,外銷群疑。嗚呼! 誠可以動天地,貫金石,矧一氣而同體者乎![(宋)魏了翁撰,張京華校點:《渠陽集》卷十五,嶽麓書社,2012 年,第 222—232 頁]

李國緯

《(夔州)舊圖經》。李國緯編。[(宋)王象之《輿地碑記目》卷四,道光十年刻本]

夔志源流,粵考往籍,唐時源乾曜所編之《夔州圖經》,李國緯所編之《舊圖經》,宋時費士戭所編之《固陵集》,馬導所編之新《夔州志》,事遠年湮,皆蕩然無存矣。[1][(清)崔邑俊等修《(乾隆)夔州府志》卷八,乾隆十一年刻本]

曹士中

嘉定四年辛未趙建大榜……曹士中。都昌人。泉州僉判。[(清)謝旻等修《(雍正)江西通志》卷五十,雍正十年刻本]

秦季樞

秦季樞字宏父,普州安岳人,紹熙四年陳亮榜同進士出身,治《春秋》。十七年九月除(秘書少監),寶慶元年六月除直顯謨閣知潼川府。[《南宋館閣録》卷七,第252 頁]

---

[1] 府志所言李國緯爲唐時人,當誤。詳參華林甫主編《清儒地理考據研究·隋唐五代卷》(齊魯書社,2015 年,第 246 頁)。

（國史院編修官）寶慶以後十一人。秦季櫨。元年正月以秘書少監兼。［《南宋館閣續録》卷九，第 375 頁］

（嘉定十二年三月）乙亥，興元軍士權興等作亂，犯巴州，守臣秦季櫨遁，凡十二日而興降。［（宋）劉時舉撰，王瑞來整理《續宋中興編年資治通鑑》卷十五，中華書局，2014 年，第 365 頁］

（嘉定十五年）八月五日，國子監發解，命監察御史李伯堅監試，工部郎中秦季櫨、國子監丞鍾震考試，監左藏東庫李知新、主管户部架閣文字陳登、主管禮兵部架閣文字葉武子、主管刑工部架閣文字富皜、國子監書庫官鄭清之點檢試卷。［《宋會要輯稿·選舉二一》，第 5656 頁］

（嘉定）十六年正月二十五日，命權吏部侍郎程珌知貢舉，權刑部侍郎朱著、起居舍人鄭自誠同知貢舉，左司諫李伯堅監試。宗正少卿方猷、大理少卿曾焕、直焕章閣樞密副都承旨吴格、司封郎官魏了翁、工部郎中秦季櫨、將作少監權直學士院盧祖皋……文林郎宋恭、繆師皋點檢試卷。［《宋會要輯稿·選舉二一》，第 5656 頁］

《送秦秘監季櫨以顯謨知潼川》

杜侯歸未幾，又送秦侯歸。錦衣赫相望，里閈生光輝。僅存二三士，去意不可羈。王張屢乞身，余亦五請祠。豈不明主戀，去就各有宜。昔歲語杜侯，志得官無卑。近忽省前誤，熱突無寒煤。君門天九重，赤子命一絲。詩書謾脹腹，字字不適時。俯瞰大江流，仰看蒼雲移。悠悠未有屆，蹙蹙安所馳。昊天豈民憎，翻覆不可期。願隨力所逮，必以誠求之。求之有弗得，況忍相瘠肥。臨分重回首，吾匪懷吾私。［（宋）魏了翁《鶴山全集》卷四，文淵閣四庫全書本］

《送秦秘監還蜀》二首

岷峨人物古，淮海姓名香。識面歲華晚，論心春晝長。有懷胡去國，無愧好還鄉。呼酒犒三老，柁樓天正涼。

蜀産班行幾，分符又去之。氣完吞落日，心定發涼颸。蠅虎攫何壯，蝸牛升更癡。見幾能許早，別思渺江蘺。［（宋）洪咨夔撰，侯體健點校《平齋文集》卷五，浙江古籍出版社，2015 年，第 103 頁］

《代回潼川秦守賀生日》

小人不知紀年，正嗟劬瘁；皇覽揆予初度，過辱品題。遠分玉帳之餘輝，來問寶屏之寒色。三復降歎，十襲登藏。恭惟某官岷蜀儒英，蓬瀛人物。以鼇禁鴛墀之望，爲鶴林鶯界之游。皇極立扶,五福洽彝倫之錫;洪鈞氣轉,八荒同壽域之開。方黑頭入相之可期,乃白首爲郎之是念。至麈善頌,俯及陳人。某咄咄伊何,駸駸晚矣。已辦雪水松江之釣,尚供祁山斜谷之屯。寵以袞褒,慊然綫短。永懷吉甫,頌可繼於清風;寄語巴人,韻莫賡於白雪。[(宋)李曾伯《可齋雜稿》卷十四,文淵閣四庫全書本]

秦九韶

　　秦九韶,字道古,秦鳳間人。年十八,在鄉里爲義兵首,豪宕不羈。嘗隨其父守郡,父方宴客,忽有彈丸出父後,衆賓駭愕,莫知其由。頃加物色,乃九韶與一妓狎,時亦抵筵,此彈之所以來也。既出東南,多交豪富,性極機巧,星象、音律、算術,以全營造等事,無不精究。遄嘗從李梅亭學駢儷、詩詞、游戲、毬馬、弓劍,莫不能知。性喜奢好大,嗜進謀身,或以曆學薦於朝,得對有奏藁,及所述教學人略。與吳履齋父尤稔。吳有地在湖州西門外,地名曾上,正當苕水所經入城,面勢浩蕩,乃以術攫取之。遂建堂其上,極其宏敞,堂中一間橫亘七丈,求海枒之奇材爲前楣,位置皆自出心匠。凡屋脊兩罿搏風,皆以塼爲之。堂成七間,後爲列屋,以處秀姬、管絃。製樂度曲,皆極精妙。用度無算,將持鉢於諸大閫,會其所養兄之子與其所生親子妾通,事泄,即幽其妾,絕其飲食而死。又使一隷偕此子以行,授以毒藥及一劍,曰:“導之無人之境,先使仰藥;不可,則令自裁;又不可,則擠之於水中。”其隷僞許而送之所生兄之寓鄂渚者,歸告事畢。已而浸聞其實,隷懼而逃,秦并購之。於是罄其所蓄白行,且求其子及隷,將甘心焉。語人曰:“我且齎十萬錢如揚,惟秋壑所以處我。”既至,遍謁臺幕,洪恕齋勲爲憲,起而賀曰:“比傳令嗣不得其死,今君訪求之,是傳者妄也。可不賀乎?”秦不爲答。久之,賈爲宛轉得瓊州,行未至,怒迓者之不如期,取馭卒戮之。至郡數月罷歸,所攜甚富。已未透渡,秦喜色洋洋然,既未有省者,則又曰:“生活皆爲人攬了也。”時吳履齋在鄞,亟往投之。吳時將入相,使之先行曰:“當思所處。”秦復追隨之。吳旋得謫,賈當國,徐撼秦事,竄之梅州。在梅治政不輟,竟殂於梅。其始謫梅離家之日,大堂前大楣中斷,人謂不祥。秦亡後,其養子復歸,與其弟共處焉。余嘗聞楊守齋云:“往守雪川日,秦方居家,暑夕與其姬好合於月下。適有僕汲水庭下,意謂其窺己也,翌日遂加以盜名,解之郡中。且自至白郡,就欲黥之。”楊公頗知其事,以其罪不至此,遂從杖罪斷遣。秦大不平,然匿怨相交如故。楊知其怨己,每闢其亡而往謁焉。直至替滿而往別之,遂延入曲室,堅欲苟留。楊力辭之,遂薦湯一杯,皆如墨色,楊恐甚,不飲而歸。蓋秦向在廣中多蓄毒藥,如所不喜者必遭其毒手,其險可知也。陳聖觀云。

[(宋)周密《癸辛雜識·續集》卷下,中華書局,1988年,第170—171頁]

《繳秦九韶知臨江軍奏狀》

准中書門下省送到録黄一道,爲秦九韶差知臨江軍,令臣等書行書讀,須至奏聞者。

右臣等竊見九韶除目初下,輿論沸騰。臣等即欲駁論,而録黄旬日始至後省,則聞九韶已爲臺臣所劾罷郡。臣等若可以已,又恐妨同除諸人,黽勉書黄。未發間訪外議,皆謂罪罰未當罪。蓋其人不孝不義,不仁不廉之事,具載丹書。臣等不復縷數,姑以後省舊牘考之。

去秋有江東議幕之除,首遭駁論。其冬又除農丞,前去平江措置米餽,後省再駁其命,遂寢。奉祠猶未一年,以郡起家。若使其真有材能,固不可以一眚廢。今通國皆謂其人,暴如虎狼,毒如蛇蝎。奮爪牙以搏筮,鼓唇吻以中傷,非復人類。方其未出蜀也,潰卒之變,前帥藏匿某所,九韶指示其處,使凶徒得以甘心。人死我活,有愧戴履。倅蘄妄作,幾激軍變。守和販鹺,抑賣於民。寓居雪之關外,凡側近漁業之舟,每日抑令納錢有差,否則生事誣陷,大爲閭里患苦。李曾伯帥廣,委攝瓊管,則九韶至瓊僅百許日,郡人莫不厭苦其貪暴,作《卒哭歌》以快其去。其見於鄉行,見於官業如此。親莫親於父子,九韶有子得罪於父,知九韶欲殺之也,逃生甚密,九韶百計搜求,得之,折其兩脛。其見家於行者又如此,而不自循省,不知歛退。得郡未厭,方且移書修門,雅意本朝。其所以譸張無忌憚至此者,以其所居密邇行都,小舟易服,鑽刺窺伺,無所不用其智巧。後省雖曾駁論,而去歲兩疏,反成薦書,彼將何所懲創而不覆出爲惡乎?

臣等欲望聖斷,將九韶更加鐫黜,屏之遠郡,以懲凶頑,以快公論。庶使今後被臺諫論列,給舍繳駁,得罪未久之人,不敢妄有干請,稍存朝廷紀綱,亦可以清中書之務,不勝幸甚。所有前項録黄,臣雖書名而未發,謹録奏聞,伏候敕旨。

貼黄

臣等今繳奏,止是秦九韶於内,同黄魏近思等,欲乞別項給黄,令臣等書行書讀,謹黏連隨狀繳奏,伏候敕旨。[(宋)劉克莊著,辛更儒箋校《劉克莊集箋校》卷八十一,中華書局,2011年,第3583—3585頁]

……臣所準聖諭秦九韶者,臣本與之素昧,今年正月初,忽至長沙,持淮閫書相囑,令位置之。臣是時即諭以此行入廣恐無可相處,即送之以禮。九韶乃欲索回淮閫之書,謂數千里挈家而來,不可徒還。臣重於違淮閫之意,却之而去,慮其以語言相謀,實亦能深知其人也。未幾,徑來廣中,適瓊筦闕守,應飛亦加從臾,遂令暫權,所以未敢奏申乞與爲真,亦疑之也。今恭奉聖旨,臣即已作書且喚之回幕。目前擇守亦難,其人只得輟幕中之士,令參議官陳夢炎俾往權管,旦夕即便起發。俟九韶到此,臣當厚遺以遣其出廣。如夢炎儒雅而曉暢,必能保海濱之相安。今者,冒炎瘴步鯨波,亦是強其一往,却望聖慈特與早放真命,庶可使人,伏乞睿照。[(宋)李曾伯《可齋續稿》卷六,文淵閣四庫全書本]

《原本數書九章跋》

《數書九章》十八卷,題曰"魯郡秦九韶",舊鈔本。《宋史·藝文志》不列其名,明《文淵閣書目》始著於録。以《永樂大典》本參校,分卷不同,編次亦異,皆館臣所更定。《提要》所謂"疏者辨之,誤者正之,顛倒者次第之"是也。此則猶原本耳,題曰"魯郡",著舊望也。案:韶字道古,秦鳳間人。年十八爲義兵首,後寓湖州,累官知瓊州。與吳履齋契合,爲賈似道所陷,謫梅州而卒。周密《癸辛雜識》敘其事甚詳,毀之者亦甚至,焦里堂力辨其誣。愚謂九韶既爲履齋所重,爲似道所惡,必非無恥之徒。能於舉世不談算法之時,講求絕學,不可謂非豪傑之士。父季樵,寶慶中官潼川守。九韶隨侍,見四川石魚題字。其人乃貴公子,非土豪武夫,其爲義兵首也,當以故家世族爲眾所推。自序所云"際時狄患,歷歲遥塞,不自意全於矢石間"者,當在紹興十二年蒙古破興元府時,至淳祐七年却近十年,故曰"茬茬十襈"也。焦里堂謂爲義兵首不知何年,殆未細考耳。密以詞曲賞鑒游賈似道之門,乃姜特立、廖瑩中、史達祖一流人物。其所著書謗正人,而於侂胄、似道多恕詞,是非顛倒可知。觀九韶所作《十系》,洞達事機,言之成理,其於經世之學,實有所得,惜宋季競尚空談,不能用其長耳。《大典》本題作《數學九章》,明《文淵閣目》同。此本作《數書九章》,豈明以後人所改歟?[(清)陸心源《儀顧堂書目題跋彙編》卷八,中華書局,2009年,第116—117頁]

《同治烏程縣志跋二》

同治八年上元,宗湘文源瀚權知湖州,邀余及汪謝城、廣文丁寶書處士同修《湖州府志》,以三年之久。謝城僅認"鹽桑"一門,餘皆余與寶書任之。及《府志》成,郡人議修縣志,謝城籍隸烏程,隨以《烏程志》屬之。其各傳皆取材於《府志》,而於"宋寓賢"增《秦九韶傳》。考九韶之爲人,有不孝、不義、不仁、不廉之目。先有議幕之除,首遭駁論,又除農丞,措置平江米餉,後省再駁,其命遂寢。後村謂其人暴如虎狼,毒如蛇蝎,非復人類。方其未出蜀也,潰卒之變,前帥藏匿某所,九韶指示其處,使凶徒得以甘心,守和販□,抑買於民。寓居雪川之關外,凡側近漁舟,每日抑令納錢有差,否則生事誣陷,大爲閭里患苦。李曾伯帥廣,委懾瓊管,僅百許日,郡人莫不苦其貪暴,作《卒哭歌》以快其去。有子得罪於九韶,折其兩脛,見《劉後村集》卷八十一《繳駁九韶知臨江軍狀》,與周密《癸辛雜誌》所言大略相同。周密與九韶同寓湖州,或有鄉里私怨，後村氣節文章，名重當世，且見之奏駁，必非無影響者。故余修《府志》，於《寓賢》不爲立傳，而謝城矜爲獨得，不免變亂是非矣。九韶爲潼川守橆之子，見寶慶三年《四川石魚題字》。橆，普州安岳人，紹熙四年進士，嘉定十七年官秘書省校書郎，除秘書少監。寶慶元年，除直顯謨閣，知潼川府。謝城以博洽負時譽，竟不知九韶爲四川人，而沿周密之誤，以爲秦鳳間人，殊可笑也。[《儀顧堂書目題跋彙編》卷八，第 368 頁]

謝興甫

《涪州太守題名石記》

凡官寺必書前人名氏，非以備故實、資博聞也。大書而深刻之，將使後之人習其讀而問焉，必曰：某爲循吏，某爲廉吏，某爲能吏。不則曰：是爲酷，爲貪，爲庸。蓋見賢而思齊，見不賢而内自省。夫人皆有是心焉耳。斯其爲懲勸，不已多乎？江出汶山，合西南衆水，至重慶受嘉陵水，至涪陵受黔水，故涪陵在今爲要，況又郡之西南，接畛黔、南平諸郡，民夷雜揉，綏御維難，故郡守之寄，在今爲不輕。長沙謝興甫繇太學博士外補，繼守是郡。郡雖有壁記，尚多刓缺，博士乃稽諸郡乘，訪於耆舊，自孫侯熙而下得五十一人，攻石而鑴之，移書某俾識其首。夫《春秋》之法，直書其事而善不善自見。題名之凡例，亦姑記氏名年位耳，而賢否之在人心，雖數百年猶炯炯如見。然則居是官者，可不思其職分之所當爲者乎！[魏了翁《渠陽集》卷六，第 78 頁]

謝興甫《中庸大學講義》三卷。[《宋史》卷二百〇二，第 5052 頁]

《奏舉蕭遵施桐姜注謝孫復謝興甫邰夢祥乞加録用狀》

……從事郎、全州州學教授謝興甫文行華美，氣質粹和，謹重好修，學術甚正。爲殿試第五名，十年不調，今始分教清湘。到官以來嚴於教養，士子賴其作成。[（宋）衛涇《後樂集》卷十三，文淵閣四庫全書本]

（淳熙十五年十一月）二十八日，秘書省著作佐郎、兼權刑部郎官黄灝，太學博士謝興甫，并與宫觀，理作自陳。以臣僚言："灝已玷白簡，不知懲艾，顧猶妄作；興甫庚辰校藝南宫，私取交朋，不顧法理。"[《宋會要輯稿·職官七三》，第 5033 頁]

開禧元年五月二十二日，詔："新及第進士第一人毛自知特補承事郎、簽書鎮東軍節度判官廳公事，第二名趙甲、第三名求淳并文林郎、節察推判官，第四名張寅之、第五名謝興甫并從事郎、防團推判官，第六名以下、第二甲、第三甲、第四甲、第五甲并迪功郎、諸州司户簿尉。"[《宋會要輯稿·選舉二》，第 5283 頁]

十三年正月二十五日，命禮部侍郎宣繒知貢舉，右諫議大夫俞應符監試，禮部侍郎楊汝明，起居舍人李安行同知貢舉。國子司業王楘、吏部郎中林岊、太常丞兼度支郎官臧格、著作郎兼尚左郎官陳德豫、司農寺丞馮多福、樞密院編脩官兼右司方猷、著作佐郎何應龍、秘書省校書郎兼翰林權直徐鳳參詳；國子博士王藻、將作監丞李鼎、軍器監丞李畏、秘書省正字盧祖皋、宗正寺主簿何剡、大理寺主簿牛斗南、太府寺主簿趙汝仮、幹辦諸軍審計司應鏞、太學博士許應龍、周端朝、陳公益、太社令宋倚、軍器監主簿曾噩、武學諭陳無損、主管戶部架閣文字徐範、國子監書庫官皇甫曄、浙西安撫司幹辦公事林楘、兩浙轉運司幹辦公事謝興甫、臨安府府學教授楊邁、從事郎潛敷點檢試卷。主管禮兵部架閣文字陶崇、主管刑工部架閣文字范鍾點檢、考校宗子試卷。避親別試，監察御史張次賢監試，吏部員外郎鄭自誠考試，武學博士劉孟虎、太學錄葛從龍、主管吏部架閣文字楊璘、臨安府府學教授周直方點檢試卷。[《宋會要輯稿・選舉二　》，第5655頁]

楊坤之[1]

《跋楊參議與家書後》

資中楊侯東叔自涪陵罷歸，携其先君子參議公手澤以示余，爲之憮然曰：臺諫許風聞言事，此本先朝良法美意也，然既務博采，故亦時有譖人之詞得以乘間竊售者。且歐陽公一世大儒也，而一再以閨門事得奇謗，故最後公自列之疏，謂"臣苟有之，是犯天下之大惡；無之，是負天下之至冤。"神考亦曰"豈有致人大惡，便以風聞爲託"，卒正其事。嗚呼！楊侯東叔其亦處於大惡至冤之未明者乎！茹而不言，則所加之詞乃蓋載不容之惡也；抑窮辨而力白之，則風聞之地無可辨之理。然則將何以自明也？

昔者唐人柳珪遷右拾遺，而蕭仿諸人謂其不能事父，封還詔書。其父仲郢訴之曰："謂珪冒處諫職則可，謂不孝則誣。"夫人謂珪爲不孝而父謂人言爲誣，使仲郢而偶不逮見也，珪將得爲全人乎？今楊氏之謗不若仲郢，不幸而偶不逮見矣，故未有以明也。然亦幸而手澤歷歷若存也，玩其詞蓋兼之以教愛，訰惻而詳盡，極天下之真情者也。楊侯持是以立於世也，其亦無覥矣乎！

雖然，已事無可復言，所謂勇於從而順令者，今固無及矣，若體受而歸全，則侯尚勉之，以復於親，以信於人。[《鶴山全集》卷六十一]

王櫃

鄭於發。新寧縣人。王櫃。達州人。上俱淳祐進士。[《(雍正)四川通志》卷三十三]

---

[1] 楊坤之，字東叔。

端平二年乙未科吴叔告榜……王櫨。達州人。[《(嘉慶)四川通志》卷一百二十三]

張應有

張應有……承信。綿州人。上俱紹定進士。[《(雍正)四川通志》卷三十三]

附紹定中進士年分無考者……張應有。郫縣人。[《(嘉慶)四川通志》卷一百二十三]

鄧季寅

鄧季寅。字東叔。淳祐二年判官。[《涪陵縣續修涪州志》卷九]

張　霽[1]

紫巖張明父領尉未兩旬,奉憲檄行四境諸刹,因成訪古,觀覽殆遍。[《綿州石堂院題刻》,轉引自《古驛魏城》,魏城鎮人民政府編印,2004 年,第 23 頁]

何行可

何行可。字元達,江陽人,淳祐九年通判。[《涪陵縣續修涪州志》卷九]

趙汝廩

知涪州,歉歲則貸公庚,豐年則貯義倉,勸農興學,民立生祠於學宫,以配程、黄、尹、譙四賢。[《(雍正)四川通志》卷六]

《趙使君汝廩刊〈易學啟蒙〉於涪屬予爲跋》

《易》有象有數與理氣而已矣。聖賢著書立言,發鑰是焉者也。氣理妙於無迹,體由象數而立,象數顯而可見,用該理氣而神,精粗顯微,何往而非道哉。

某年四十,從性善先生游,得其家塾《啟蒙》善本,心悦而日玩焉。逾年少有得,性善令往從蓮蕩先生問《易》奥旨。先生教人,言近而遠,約而肆,於日用常行,研究天理造化之精微。某拳拳服膺,有以見夫《啟蒙》之作,首《河圖》以著道之全體,次《洛書》,次伏羲、文王《卦圖》、孔子《易書》,而明之以康節諸儒之説,以盡《易》之妙用,然後詳著乎《蓍法》,而以《變卦》終之。

夫全體立而妙用存焉,妙用達而全體寓焉。有能貫通乎是書之藴,以之曲成萬物焉可也,範圍天地焉可也,窮理盡性至於命焉可也,豈徒曰啟蒙而已哉!

---

[1]　據題刻所記,張霽,字明父。

金沙趙公賢而樂道,常遣其子今重慶節判崇權從某問《啟蒙》,而樂其説。公今守涪,祠蓮蕩於北巖,并刻《啟蒙》書於涪,介來命予跋。某識見淺陋,何足以盡文公之旨,姑以所聞於師者識其末。性善家塾所刊,有《周子太極通書》、張子《西銘》云。

［(宋)陽枋《字溪集》卷八,文淵閣四庫全書本］

《祭趙景賢使君文汝廩》

何其乎蒼蒼,哲人萎兮邦之良。期德業之久大,慨修短其無常。仁不必壽,德不必昌。深培何係乎完久,邁種豈偕乎綿長。襟春風兮芳辰早歇,稟厚氣兮急景飄揚。展也視履,嗟乎考祥。使樂善之日沮,而悖德之滋狂。關風俗兮盛衰,係正理兮行藏。公止於此,云胡不傷。公資稟高明,才華卓出。好語開口,妙句落筆。貫百家而剖析,飽信史而涉歷。齊漢儒兮不群,董謫仙兮俊逸。厭華摘實,反求六籍。咏《詩》之性情,用《禮》之文質。《語》、《孟》觀其會通,《典》、《謨》究其精一。既又即日用常行,而參之於《易》。戰野於銅峽之遇敵,設險於渝江之城壁。秀屏禦寇兮擊蒙,昌溪井收兮勿幕。涪會廣振民之惠,黔巂公施溥之溢。歲晚兮理益明,官窮兮志愈立。公於《易》蓋自得之,力行之,非但言辭綴葺而已也。惓惓心期,約予歲寒,方欲講大有之盛,進匪躬之言,明得輿之義,贊碩果之全,期公以美在其中,發於事業,而膺黃裳之元。公今已矣,予又奚言。嗚呼!善政時事也,興學任職也,社粟方惠也,叢塚漏澤也,殆公之善者幾也。北山維麓,渠渠巖瞻,輪焉奐焉,實光於前。熏山谷之香,嗣蓮蕩之賢,揚紫陽之帖,彰樂活之傳。山高矗天,江流成淵。公之心與伊川之《易》,曠如萬古之長存。嗚呼哀哉!公其歆旃。［《字溪集》卷九］

寶祐元年癸丑,公(字溪先生)年六十七,與税巽父論《啟蒙小傳》,與湖北漕袁君鼎東論《進學》,與紹慶守趙公汝廩論《易》。趙守延公講學,公辭。［《字溪集》卷十二］

劉叔子

《劉叔子將作監丞》

本朝之制,史無專官,自修撰、檢討至校勘、檢閱,率以他官兼之,不稍遷擢則滯矣。爾仕已至牧守,朕以其老於文學,使與聞汗青之事。久在館下,用未盡才,於是晉丞大匠。夫舍麟筆而掌雄工,雖不如汗簡之清,然猶可執藝而諫。可。［(宋)劉克莊著,辛更儒箋校《後村集箋校》卷六十六,中華書局,2011年,第3125頁］

《劉叔子除太府寺丞》

爾丞匠監未久,朕以其才業優而資歷深,又進之外府焉。夫丞一也,然寺則高於

監矣。繼是又有高於外府者以待汝。可。[《後村集箋校》卷七十,第3272頁]

《謝涪陵劉君舉使君見委北巖堂長詩》

雪片冬深玩易編,正公和氣理尤渾。八分寫就龍蛇走,巖藤澗樹常蜒蜿。蓮蕩飄裾紫陽學,歸來拂拭苺苔痕。巖前世事幾興廢,道無今古終長存。新來五馬栽桃李,生平伊洛期窮源。下車一笑撫江閣,片心飛度蒼崖根。生香動盞滿幽谷,秋叢濯雨抽蘭蓀。露華滴晴舞夜鶴,雲葉卷霽吟朝猿。衰翁白首野人服,不愛市井憐山村。太守招來説好語,翠蘿有路猶堪捫。聽終不敢謝疲茶,瘦筇強拄巖檐門。遺書欲傍梅花讀,只恐使人昭昭己昏昏。[《字溪集》卷十]

李春叟,字子先,東莞人。寶祐丙辰省試中選,以誤書謹對黜,廷紳交薦,乃授惠州司户,有賢能聲。景定間,廣東提刑楊允恭狀奏,除肇慶府司理,常辦冤獄,當路不從,即投告身於庫請歸,事竟得白,郡守劉叔子嘆服。尋除德慶教授,秩滿而歸,絶意仕進,乃著《論語傳説補》。[(清)屠英等修《(道光)肇慶府志》卷十六,光緒二年重刊本]

《洞霄宮莊田記》

……咸淳九年六月吉日,朝奉大夫、直寶謨閣、知鎮江軍府、兼管内勸農營田事、節制軍馬家鉉翁記,朝議大夫、軍器監兼左曹郎中劉叔子書。[(宋)鄧牧《洞霄圖志》卷六,文淵閣四庫全書本]

度宗咸淳中,廣東提刑劉叔子命祠於邑學,有子三人各通一經,能世其業,長春叟最知名,次得朋,官至法曹,季松叟,有文聲,早卒。[(清)阮元等修《(道光)廣東通志》卷二百七十,道光二年刻本]

《次劉叔子總幹夜坐感秋韻》

秋風遠客歡飄零,滿鏡吴霜故故明。酒盞論心疏舊約,詩筒到眼快新評。短檠伴我夜深静,長笛何人月下横。步繞空庭吟未竟,隔林鸔鵒又傳更。[(宋)陳思編《兩宋名賢小集》卷三百七十,文淵閣四庫全書本]

劉叔子,字君舉,長寧人。寶祐二年,知重慶府。[《宋詩紀事補遺》卷七十一]

端平改元歲大□□□□劉叔子等挍藝是□□□古靈巖之勝□□,淳祐辛亥春正□□西,自潼江劉□□來寓精舍,僧□□□榮貳車李□□□。[《金石苑》卷五]

蹇材望

《繳趙汝譽通判淮安州奏狀》

准中書門下省送到録黄一道,爲朝奉郎趙汝譽差通判淮安州,替蹇材望改差闕,令臣書行，須至奏聞者。

　　右臣竊見汝礜兩經按劾，勿與親民差遣。前一次已經改正外，後來一次雖已該赦，尚未改正。淮安雖未係邊郡，通判却是親民。若與放行，恐援例者衆。兼汝礜居鄉兜攬公事，人所不齒。太常博士鄭良臣，汝礜招致其畔主之僕，又謀以女婿良臣之子，鄉人尤薄其所爲。欲乞睿斷，將汝礜新授差遣寢罷，所有録黄，臣未敢書行，謹録奏聞，伏候敕旨。[《後村集》卷八十一，第 3588 頁]

　　（咸淳九年）左藏東庫蹇材望上書言邊事大可憂者七，急當爲者五。不報。[《宋史》卷四十六，第 915 頁]

　　蹇材望，蜀人，爲湖州倅。北兵之將至也，蹇毅然自誓必死，乃作大錫牌，鑴其上曰："大宋忠臣蹇材望。"且以銀二笏鑿竅，并書其上曰："有人獲吾尸者，望爲埋葬，仍見祀，題云：'大宋忠臣蹇材望。'此銀所以爲埋瘞之費也。"日繫牌與銀於腰間，只伺北軍臨城，則自投水中，且遍祝鄉人及常所往來者。人皆憐之。丙子正月旦日，北軍入城，蹇已莫知所之，人皆謂之溺死。既而北裝乘騎而歸，則知先一日出城迎拜矣，遂得本州同知。鄉曲人皆能言之。[《癸辛雜識·續集》卷上，第 139—140 頁]

　　（丑冠帶上）寧爲太平犬，莫作亂離人。忠臣不怕死，怕死不忠臣。下官湖州太守蹇材望，四川人也，起家黄甲，性愛青蚨。聞得北兵將到，不免打起精神，做一個正人君子……（雜）老爺難道真個要做忠臣麽？（丑）狗才，元兵一到，我就投水而死。（雜）報報報，元兵已打破南門，進到駱駝橋下了……（丑）如今没法了，只好拿了官銜手本，迎接去罷。（雜）爺才説要投水做忠臣，怎變了卦？（丑）狗才，不過説説罷了。投在水裏，可不灌殺了。況且六君子中，黄鏞、曾唯都降了，陳宜中做宰相也逃了，靠我個不通進士擺個甚的架子！快去跪道伺候，若得一官半職，豈不依舊興頭起來。（唱）[正宮過曲·四邊静]官場花面便宜最，趨吉凶當避。笑罵任他人，吾身且榮貴。道旁一跪，馬頭雙泪。遺體不曾傷，忠孝兩無愧。[（清）蔣士銓《清容外集》，中華書局，1993 年，第 17 頁]

元明題名人

咬尋通義。至順三年忠翊校尉同知涪州事。[《涪陵縣續修涪州志》卷九]

劉沖霄

南陽府(同知)……劉沖霄。四川内江人,舉人。[(清)田文鏡、孫灝等纂修《(雍正)河南通志》卷三十二,雍正十三年刻本]

歐陽士麟

洪武十七年甲子科……歐陽士麟。新寧人。[(清)李瀚章等纂修《(光緒)湖南通志》卷一百三十八,光緒十一年刻本]

黄　壽

黄壽。字純仁,號松崖,江西南城進士。萬曆中,由黄州判以異政擢涪守,尚儉革俗,期年而六事孔修。[《涪陵縣續修涪州志》卷九]

《江心石魚》　黄壽

正德間州牧,朝暮焚香危坐,凡百念慮動,處事皆符應,世因號爲神官。[《(同治)重修涪州志》卷十五]

劉昌祚

劉昌祚,號瀛臺,美豐儀,精詞翰,雖屢試臺省,毫無貴介氣。神宗朝以祖忠懋公之蔭,屢旨起用,皆高尚不就。時有七叟爲侶,共聯題咏,今江心石魚尚存,七叟勝游之刻。[《(乾隆)涪州志》卷十]

劉昌祚,號瀛臺,司諫劉澇之孫,恬雅工辭翰,無貴介氣,神宗朝以祖蔭召用,弗就,結七叟爲友,日事觴咏,白鶴梁刻有“七叟勝游”四字。[《涪陵縣續修涪州志》卷十五]

郭　惢

成化丁酉科(進士)。郭惢。肥鄉人,仕至保慶府同知。[(明)翁相修,陳榮纂《(嘉靖)廣平府志》卷十,嘉靖二十九年刻本]

盛應期

盛應期,字思徵,吳江人也。弱冠,舉弘治癸丑進士,授都水主事,管濟寧閘,令行者艦相銜尾以進,無得爭先。吳公寬以少宰召,猶爲宿留,終不以權貴有所撓。吳甚賢之，中貴人奉使往來，咸望風欲戢，挾私者輒没入之。時太監李廣嬖用事，諸中貴群翕於廣，廣固衒之，而廣之家人私市鹽數十艘，聞其嚴，悉投之水。廣益怒，乃嗾太監秦文誣奏阻薦時物船，以闕宗廟禮大不敬詔逮獄。謫雲南安寧驛丞，遷知雲南禄豐縣，古録瑲地也，烏蠻蠻所居。俗獷悍，習盗不靖，夷其民，教以禮法，而弛捕盗之禁，盗咸首伏化爲良民。升順慶通判，主糧賦，稽逋摘伏，宿蠹盡革。父喪歸，升武昌同知。服除，升雲南僉事、分巡金滄、洱海。景東知府，土官也，父子信讒，至相仇殺，乃縛其讒人，置之重辟，曉以大義，父子如初。鎮守太監梁裕貪虐無厭，乃與御史張璞、副使晁必登共禁制之。裕誣奏，俱逮下制獄，張竟杖死，諸大臣及言官連章申救。會乾清宮災，赦出，尋升河南按察使，轉陝西左布政。鎮守監廖鑾漁奪民財，侵盗官帑，奸賕狼籍，有司脅息，莫敢問以法。剪其羽翼，廖不憚，思中傷之。檄督造絨罽，費且鉅萬，按籍知廖前侵費數萬，不以上供，乃持數以示廖，將奏之。廖悼恐，跽謝，遂不復造。武皇帝將蹕榆林，衆洶洶議加賦以備供億，持不可，請於正賦內以丁糧爲差，出米銀若干聽准來歲賦入之數。比至供億，坌湧取辦，俄頃晏然，民不知勞。扈從諸倖氣焰薰炙，撫監重臣無敢吐氣，獨暇整不爲憚，請求皆裁以法。時司徒李在行間歎曰：承勛自謂男子，乃今知不逮矣。雖上亦亟稱良吏才。明年升右副都御史、巡撫四川。時高文林數寇蜀，而流人謝文義亦糾僰蠻爲亂，皆討平之。捷聞，璽書褒諭，賜以銀幣。丁繼母憂歸。世宗馭極，起爲江西巡撫。江西當濠亂之後，歲饑民窮，寇盗充斥，而鄱湖尤爲盗藪，多屬漁舟以爲鄉導。乃編號驗其出入，而調遣官軍防邏之，立團保之法，使互相覺察。盗無所容，一時迸散。於是輕徭賦，議賑貸，奏免雜調緡錢者數十萬。歲連稔，漕遂充溢繼上。時留都方匱，得以濟其乏，而儲以待不時者又百餘萬。大司農以能神國計奏上，特賜羊、酒、幣、帛勞之，且以激示諸方岳。升兵部侍郎、兼都御史，總督兩廣軍務。前任者多通土官餽謁，號令隳弛，蠻寇竊發。比至大閲軍實，鈎稽簡料，凡中貴及總戎私役者，悉勒歸伍，且檄下兩省及湖廣諸路，凡所調遣，悉聽關白。由是二府不悦，大興讒構矣。劇賊李文積爲亂，發兵討捕，斬獲千五百餘級。劉召據思恩以叛，討破之，俘斬千餘，召赴火死。初，二府蓄憾，騰謗於當道。當道者欲事調停，遂除工部侍郎，提督易州山廠，實奪之權也，遂乞疏致仕。會河決徐沛間，壞漕渠，進右都御史、總理河道，辭，不允。而大司空議於昭陽，以東接沙河，別開支渠，而黃縮、霍韜各陳便宜，俱下治河隄者，乃與所司履行其地相度，所開延袤百四十里，圖上形勢。又與監撫使者及諸長吏謀，既恊，乃疏言河之爲患與江異者，由地夷衍無所滙，故弘治前分爲三，其二由汴之南會泗水經淮入海，一則由汴以北東至兗又分而二，一出沛之飛雲，一入徐浮橋以入漕渠，會淮入海。今獨以一徐受之，奔溢趨沛，橫流爲害。夫爲河計者有四：曰疏者，決上游殺之也；濬者，順其故道也；築者，築堤以障之也；改則別爲道，而不與之爭也。奏下如議，於是分地賦任程事。發功甫四月，計可成八九，會讒間大作，有詔罷役而謝任歸矣。時大司徒、大司寇交疏爭之，不得功垂就而廢，咸悼惜焉。〔（明）過庭訓《本朝分省人物考》卷二十一，續修四庫全書本〕

　　盛應期。直隸吳縣人，進士。嘉靖四年，以工部右侍郎督廠事。〔（明）雷禮輯《國朝列卿紀》卷六十七，萬曆徐鑒刻本〕

　　吳人盛應期起田間，爲總河都御史，謀疏趙皮寨支河，綿亘數百里，以濟運道。乃趙皮寨爲上流地，高於河，土皆沙，疏隨淤，功弗就。應期日夜止宿水次，益卒數萬治之，益無成。百姓怨應期，坐免歸，乃命工部左侍郎、兼僉都御史潘希曾往代。〔（明）何喬遠《名山藏》卷四十九，崇禎十三年刻本〕

《妄言誤國乞恩認罪疏》　胡端敏

　　臣上年九月蒙取到京，道經沛縣，見彼運道久被河流沙壅，屢開屢塞，而開者避怨因循，莫敢致力。彼時，敕命總督都御史盛應期，候敕未到，臣因慮此國家餽運咽喉之路，日唯撈沙水中，終恐無益。一時謬見，具本建議欲令水退昭陽湖暫可通船之日，截其上流，乾其下土而并工挑築，旬月可開。又慮此既被沙淤，來歲或憂再塞，若不趁冬水涸冰凍船阻不行之時，照依南旺湖式樣，於昭陽湖中兩面築堤，開河一帶來歲通漕，與舊道二處隨便行舟。而又妄慮河水入湖，亦能帶沙被塞，莫若於昭陽湖東岸滕、沛、魚臺等縣地方之中，擇其土堅無石處所，另開河一道，南接留城，北接沙河口，就取其土，厚築西岸，以防河流之漫入，山水之漫出，而隔出昭陽湖在外。以爲河流漫散之區，其河新開，止通二舟之交行，來冬冰結船止之時，更加濬闊，以爲運道，就彼撥夫接遞，以暫寬豐、沛之民，而稍息咽喉之氣。至於補給民田，措置財力，招募夫役等項，亦皆輒爲妄議。而以地之高下，土之堅疏，勢之難易，不曾親驗，欲乞敕下總督都御史親驗可行，趁今興役開掘此河，或此河難開，則止開沛縣舊河及湖中近河，二道兼行，以防一道之塞。彼臣奏下工部行勘，公文雖未到彼，而盛應期先因僉事江良材有奏，偶與臣合，一時官屬又皆聞臣過，彼有言到京有奏，一皆倚重臣言，遂爾奏報新河宜開。得旨，料集工力於今歲三月，遂開此河。原議工程六箇月，本不爲急，而盛應期勇於集事功，止四月遂成。八九官吏嚴督，怨讟并興，朝議以安人心爲重，亟止其事，財力空費。方當罪責，而應期猶奏乞再加一月，保其成功，紛然衆笑其愚。而臣獨昏昧執迷，乃猶疑其人之見謗。惜其事之中止，意欲奏差忠實不欺一人，假以旬月之功，到彼勘實，而後爲行止賞罰，懲昔躁妄不敢也。今聞應期與管河郎中柯維熊皆因此罷職，臣心驚惕,無地自容,節查柯維熊與臣揭帖,則報新河已開一百二十里,止有二十餘里未及原擬尺寸,見奉明文停止而言沛河三淤三通,以見其不足爲倚而新河不當止之意。又言近論當道者曰:督責過嚴,怨聲載道,此皆奉行者致,然而忌者不少,其與他處揭帖,則甚言應期開河害人之致怨,此其反覆變詐,陰陷大臣,私誤國事,其罪當不止此。至論應期平日執性過嚴,所至物情不體,非遇寬大之朝,固亦不止罷黜之罪,今得此非爲不幸也。但論自古國家,凡遇大事之誤,必追責首議之人。今以應期之廉勤,果毅受任,數月之間,沛縣運河既通,黃河上流趙皮寨亦開,比常固當加勞,而乃因臣妄言請開新河之誤,得罪以去,蓋臣不惟誤彼徒費工力,而使後任事之人皆以應期爲戒而莫肯盡力,則臣之一人所誤不小也。竊聞人臣之義,有罪不敢逃刑。今臣之罪,不當在應期後,雖荷聖德寬容,未行查究,而臣心日慚惶,不敢欺隱。伏願聖明日月,容臣從寬認罪,亦同應期罷黜,而或更加重擬,或薄示降調,使天下後世皆知我皇上馭臣賞罰之公。愚臣雖死,不敢有欺之義,不勝感戴天恩之至。臣冒死待罪,無任戰慄。奉聖旨覽卿所奏,已悉至情,但應期受命治河,委任非人,督責過嚴,以致怨聲載道,不能無罪,已着冠帶閒住了,卿宜安心辦事,不必引咎自責,該部知道。〔(明)胡世寧《胡端敏奏議》卷八,文淵閣四庫全書本〕

　　盛應期,字斯徵,蘇之吳江人。弱冠舉弘治癸丑進士。歷官兵部侍郎兼都察院右副都御史,總督兩廣軍務。

　　前任兩廣者,多通土官餽竭,土官多玩易之,號令廢弛,而蠻寇竊發。公至大閱,鈎稽簡料,凡太監及總兵私役軍者,悉勒歸伍。而兩府官屬之暴橫,悉痛抑之。且檄下兩省及湖廣諸路,凡所調遣,悉廳關白乃行。由是二府不悅,大興讒搆矣。歸善縣賊李文積據桃子圍爲亂,發兵討捕,生擒文積及其黨李萬全等,斬首一千一百三十級,俘四百餘人。土官劉召據思恩以叛,討破之,斬首一千九十七級,俘五百餘人,半赴火死,餘黨悉平。田州土官岑猛作亂,事聞,下公體勘,公上疏陳方略,下兵部覆議,而公已改官矣。初,二府蓄憾,騰謗於當道,當道者欲事調停,遂除公工部侍郎,提督易州山廠,實奪之權也,乃引疾致仕。〔(明)郭棐撰,黃國聲、鄧貴忠點校《粵大記》卷九,廣東人民出版社,2014年,第242頁〕

　　盛應期,字思徵,吳江人。弘治六年進士。授都水主事,出轄濟寧諸牐。太監李廣家人市私鹽至濟,畏應期,投鹽水中去。會南京進貢內官誣應期阻薦新船,廣從中搆逮應期及主事范璋下詔獄。璋筦衛河,亦忤中貴者也。獄具,謫雲南驛丞。稍遷祿豐知縣。

正德初，歷雲南僉事。武定知府鳳應死，其妻攝府事，子朝鳴爲寇。應期單車入其境，母子惶怖，歸所侵。策鳳氏終亂，奏降其秩，設官制之。寢不行，後卒叛。與御史張璞、副使晁必登抑鎮守太監梁裕。裕劾三人，俱逮下詔獄，璞竟拷死。會乾清宮災，應期得復職。四遷至陝西右布政使。擢右副都御史巡撫四川。討平天全六番招討使高文林。會泉江獠蠻普法惡作亂，富順奸民謝文禮、文義附之。法惡死，指揮何卿等先後討誅文禮、文義。應期賚銀幣，以憂歸。

嘉靖二年起故官，巡撫江西。宸濠亂後，瘡痍未復，奏免雜調緡錢數十萬，請留轉輸南京米四十七萬、銀二十萬，以食饑民。又令諸府積穀備荒至百餘萬。尋進兵部右侍郎，總督兩廣軍務。將行，籍上積穀數。帝以陳洪謨代，而獎賚應期。後洪謨積益多，亦被賚。

應期至廣，偕撫寧侯朱麒督參將李璋等，討平思恩土目劉召，復賚銀幣。朝議大征岑猛。應期條上方略七事，言廣兵疲弱不可用，麒等恚。會御史許中劾應期暴虐，麒等因相與爲流言。御史鄭洛書復劾應期賄結權貴。應期已遷工部侍郎，引疾歸。

六年，黃河水溢入漕渠，沛北廟道口淤數十里，糧艘爲阻，侍郎章拯不能治。尚書胡世寧、詹事霍韜、僉事江良材請於昭陽湖東別開漕渠，爲經久計。議未定，以御史吳仲言召拯還，即家拜應期右都御史以往。應期乃議於昭陽湖東，北進江家口，南出留城口，開濬百四十餘里，較疏舊河力省而利永；夫六萬五千，銀二十萬兩，剋期六月。工未成，會旱災修省，言者多謂開河非計，帝遽令罷役。應期請展一月竟其功，不聽。初，應期請令郎中柯維熊分濬支河，維熊力贊新河之議，至是亦言不便。應期上章自理。帝怒，詔與維熊俱奪職。世寧言：“新河之議倡自臣。應期剋期六月，今四月，功已八九。緣程工促急，怨讟煩興。維熊反覆變詐，傾大臣，誤國事。自古國家債大事，必責首議，臣請與同罷。”帝不許。後更敕，復官致仕，卒。應期罷後三十年，朱衡循新河遺迹成之，運道蒙利焉。［(清) 張廷玉等撰《明史》，中華書局，1974 年，第 5863—5865 頁］

祁　瓛

祁瓛、吳仲善、楊廷傑、范府。貴州舉人。以上正德中任 (雅州知州)。［《(雍正)四川通志》卷三十］

袁宗夔

趙之先本涿人，宋初徙長沙湘潭，元季始徙石首。曾祖葵，爲四川達縣丞，娶楊氏，少保文定公女弟也。祖遂，廣西巡檢。父□，蓬州學正，封户科給事中。封君生四子：孟希最長，次士能、士俊、士偉。令各習一經。孟希以《書》舉。士俊以《詩》舉丙辰進士，爲長垣知縣。孟希娶曾氏，封孺人。二子：長中道，亦以《書》舉乙丑進士，繼爲庶起士，今改署户部郎中，謹厚類其父；次中涵。女一，适□□府同知袁宗夔子裒。〔（明）李東陽《李東陽集》卷八，嶽麓書社，2008年，第228頁〕

劉用良

正德年舉人……劉用良、方斗。俱涪州人。〔《（雍正）四川通志》卷三十五〕

舉人。正德甲子科。劉用良。〔《（乾隆）涪州志》卷九〕

文　行

通判文行墓。長里花垣壩。〔《（同治）重修涪州志》卷二〕

文行。涪州人。歲貢生。湖南辰州府通判。〔《涪陵縣續修涪州志》卷十五，民國十七年重慶都郵街公司鉛印本〕

文羽麟

知州文羽麟墓。在長里朱沙坪。〔《（乾隆）涪州志》卷一〕

張　楫

（潼川州知州）張楫。鍾祥舉人。〔《（雍正）四川通志》卷三十〕

江應曉

江應曉，字覺卿，歙縣人。以貢通判涪州，厭苦簿書，歸就駐蹕山築室，博覽群籍，著有《對問編》、《嚚嚚集》，學者稱“山城先生”。〔（清）何紹基等修纂《（光緒）重修安徽通志》卷二百二十四，清光緒七年刻本〕

《對問編》八卷。副都御史黄登賢家藏本。明江應曉撰。應曉字覺卿，徽州人。嘉靖末官涪州州判。是書刺取史籍所載天文、地理、人物、雜事分條立説，議論多偏駁不純。前有自序一篇，文頗聱牙。蓋亦沿歷下瑯琊之習者也。〔（清）紀昀總纂《四庫全書總目》卷一百二十七，河北人民出版社，2000年，第3298頁〕

曾彦甲

劉志德、劉道、曾彦甲、陳文常、夏可洲、羅瑛。俱年近百歲，名鐫白鶴梁。〔《（同治）重

修涪州志》卷十]

夏可洲

夏可洲,號海鶴,博通詞賦,讀書大渠灝,架草亭於江岸,日吟咏著述。渝州倪司農遇同顔其居曰埜史堂,因贈一聯云:"有才司馬因成史,未老虞卿已著書。"始名猶露副榜,繼則身達城市,人號"野史名儒"。[《(乾隆)涪州志》卷十]

羅　瑛

歲貢……羅暎。已仕。[《(同治)重修涪州志》卷七]

劉　道

歲貢……劉道。已仕。[《(同治)重修涪州志》卷七]

清代題名人

王士禎

王士禎,字貽上,山東新城人。幼慧,即能詩,舉於鄉,年十八。順治十二年,成進士。授江南揚州推官。侍郎葉成格被命駐江寧,按治通海寇獄,株連衆,士禎嚴反坐,寬無辜,所全活甚多。揚州齹賈逋課數萬,逮繫久不能償,士禎募款代輸之,事乃解。康熙三年,總督郎廷佐、巡撫張尚賢、河督朱之錫交章論薦,内擢禮部主事,累遷户部郎中。十一年,典四川試,母憂歸,服闋,起故官。

上留意文學,嘗從容問大學士李霨:"今世博學善詩文者孰最?"霨以士禎對。復問馮溥、陳廷敬、張英,皆如霨言。召士禎入對懋勤殿,賦詩稱旨。改翰林院侍講,遷侍讀,入直南書房。漢臣自部曹改詞臣,自士禎始。上徵其詩,録上三百篇,曰《御覽集》。

尋遷國子監祭酒,整飭教,屏饋遺,獎拔皆知名士。與司業劉芳喆疏言:"漢、唐以來,以太牢祀孔子,加王號,尊以八佾、十二籩豆。至明嘉靖間,用張璁議,改爲中祀,失尊崇之意。《禮》:祭從生者。天子祀其師,當用天子之禮樂。"又疏言:"自明去十哲封爵,稱冉子者凡三,未有辨別。宋周敦頤等六子改稱先賢,位漢、唐諸儒之上,世次殊有未安,宜予釐定。"又疏言:"田何受《易》商瞿,有功聖學,宜增祀,鄭康成注經百餘萬言,史稱純儒,宜復祀。"又疏言:"明儒曹端、章懋、蔡清、吕柟、羅洪先,并宜從祀。絳州貢生辛全,生際明末,以正學爲己任,著述甚富,乞敕進遺書。"又請修監藏經史舊版。疏并下部議,以籩豆、樂舞、名號、位次,俟會典頒發遵循;增祀明儒及徵進遺書,俟《明史》告成覈定;修補南北監經史版,如所請行。

二十三年,遷少詹事。命祭告南海,父憂歸。二十九年,起原官,再遷兵部督捕侍郎。三十一年,調户部。命祭告西嶽西鎮江瀆。三十七年,遷左都御史。會廷議省御史員額,士禎曰:"國初設御史六十,後減爲四十,又減爲二十四。天子耳目官,可增不可減。"卒從士禎議。

遷刑部尚書。故事,斷獄下九卿平議。士禎官副都御史,争楊成獄得減等。官户部侍郎,争太平王訓、聊城于相元、齊河房得亮皆得減等。而衡陽左道蕭儒英,則又争而置之法。徐起龍爲曹氏所誣,則釋起龍而罪曹,案其所與私者,皆服罪。及長州部,河南閻焕山、山西郭振羽、廣西竇子章皆以救父殺人論重辟,士禎曰:"此當論其救父與否,不當以挺刃定輕重。"改緩決,入奏,報可。

士禎以詩受知聖祖,被眷遇甚隆。四十年,乞假遷墓,上命予假五月,事畢還朝。四十三年,坐王五、吳謙獄罷。王五故工部匠役,捐納通判;謙太醫院官,坐索債毆斃負債者。下刑部,擬王五流徙,謙免議。士禎謂輕重懸殊,改王五但奪官。復下三法司嚴鞫,王五及謙并論死,又發謙囑託刑部主事馬世泰狀,士禎以瞻徇奪官。四十九年,上眷念諸舊臣,詔復職。五十年,卒。

明季文敝,諸言詩者,習袁宗道兄弟,則失之俚俗;宗鍾惺、譚友夏,則失之纖仄;軼陳子龍、李雯,軌轍正矣,則又失之膚廓。士禎姿稟既高,學問極博,與兄士禄、士祜并致力於詩,獨以神韻爲宗。取司空圖所謂"味在酸鹹外"、嚴羽所謂"羚羊掛角,無迹可尋",標示指趣,自號漁洋山人。主持風雅數十年。同時趙執信始與立異,言詩中當有人在。既没,或詆其才弱,然終不失爲正宗也。

士禎初名士禛,卒後,以避世宗諱,追改士正。乾隆三十年,高宗與沈德潛論詩,及士正,諭曰:"士正續學工詩,在本朝諸家中,流派較正,宜示襃,爲稽古者勸。"因追諡"文簡"。三十九年,復諭曰:"士正名以避廟諱致改,字與原名不相近,流傳日久,後世幾不復知爲何人。今改爲士禛,庶與弟兄行派不致淆亂。各館書籍記載,一體照改。"[(清)趙爾巽等修《清史稿》卷二百六十六,中華書局,1977年,第9952—9954頁]

陳廷璠

陳廷璠,號六齋,涪州人,以孝廉補粤西。藤縣素多盜,捕戮殆盡。偶乘舟外出,泊荒洲,寢後聞有人連呼,速起,披衣,開窗,起視無人。旋聞舟前群盜洶湧而來。踰窗登岸,匿林中。賊入,執役問官所在,入見衾枕宛然,疑其尚卧,衆刃交下,碎榻而去。後偵知官竟無恙,驚爲神佑,盡避去。民爲立生祠。[《聽雨樓隨筆》卷四,第 239 頁]

陳廷璠。乾隆丁酉中庚子科。[《(乾隆)涪州志》卷九]

陳廷璠,字六齋,乾隆庚子舉人,嘉慶辛酉大挑一等,分發廣西。歷任荔圃、藤縣知縣。父于宣。兄弟俱早喪。[《涪陵縣續修涪州志》卷十二]

朝議大夫陳廷藩墓,長里寶帶溪。[《(道光)涪州志》卷一]

陳廷藩,煦之本生父,封朝議大夫。[《(道光)涪州志》卷九]

(陳廷藩)性廉正不苟,取治荔浦時,俗好起親屍骨,人甕停葬爲作正葬,嚴諭止之。藤素多盜,設法彌禦。又修培書院課士,文風大振。種種善績,出自醇儒。子五,皆顯宦,迎養署中,勗以清廉。嘗令分俸以助族戚貧乏,里黨中無不仰其德範,崇祀鄉賢。[《(道光)涪州志》卷九]

《新建藤州書院碑記》　陳廷璠

人才關乎學校,設成均以造士,立教之大端也。國朝仍漢唐之制,首善自京師始,外省會府州縣皆建立書院,其最著者則楚之嶽麓,豫之嵩陽,江右之鵝湖、白鹿,講貫指授,率有師承,其英才輩出,亦皆隆於前古。蓋人才散處,獨學無友,則孤陋寡聞,故設爲講院以整齊之。處之燕閑之地,示以遜志之方,俾知博習親師、論學取友,相與敬業樂群、觀感興起。我朝廷作育人才、磨礱成就之至意,至深且遠也。

余於嘉慶九年秋自荔浦移宰茲土,筮日謁文廟,將登講學之堂,進諸生與之申明教學相長之道,則南城之隈,敗屋數椽,榛莽翳塞,詢縣之人士,知講院之隤廢數十年於茲矣。夫藤號名區,自進士李公堯臣、殿撰馮公京而後,英才輩出。茲雖繼起有人,而講院之設,墜焉弗舉,是亦政之未備也。爰告紳士,捐廉俸爲闔邑倡,邑紳士咸願輸助經紀其始終。乃擇地於黌宮之旁,諏吉於建西之月,工不鳩而集,材不斬而豐,并建文昌專祠於講堂之後,以爲諸生展拜之所。兩廊構廂室十六楹爲學舍,庖湢、井匽皆具。閱八月而工告竣,用則四千有奇,財無冒濫,工不粉飾。山回水抱,風氣完厚,翬飛鳥革,簷楹森聳,輪焉奐焉,多士攸賴。此雖一邑之講院,而經明行修,儒風振起;子衿輟咏,巾卷充衢。聖天子壽考作人,昭回雲漢,鼓之以和風,化之以時雨。紹修正學,休暢皇風;昌期五百,名世間出,誠治統道統合一之會也。講院之成,適際其候事既蕆,鄉人士請誌顛末,紀歲月以垂永久,乃係以辭曰:

鬱此藤州,據劍水上游,襟帶縈遼,其源孔悠。適有講塾,以襄棫樸;作堂翼如,五典爲勵。惟廉茂是育,或峨其冠,或袞其祛。擁經而前,育唐孕虞。歷有年載,墊塗圮毀。爰諗多士,屏棄湫隘;更諸爽塏,背嶺臨江。惟夫子宮牆,近聖人之居,宜廬其旁。粵在旐蒙赤奮,若衆志咸恪,亟建鼖鼓。是究是度,維此邦之士,如痿思起,祺然薾然,願執綱紀。閱數月而塾成,兼奎閣是營。舳稜嶙峋,浮柱連甍,以啟文明。爰進諸生,偕來瞻仰。攻木叩鍾,成材發響。孰非髦士而不向方?孰甘老畎畝?孰勿思觀國光?斯塾既鞏,薰陶涵養,絃誦移風,匪倚而講,縫掖在斯。顧名而思,刻石紀始,視此聲詩。〔(清)邊其晉等修纂《(同治)藤縣志》卷八,同治六年刻本〕

朱之璉

一等侯朱之璉,漢軍正白旗人,明太祖第十三子代簡王桂俊。雍正二年十二月,特旨加恩,封-等侯,奉歲祀。乾隆十四年八月,贈一等延恩侯,世襲。朱震,朱之璉子。雍正九年四月襲。朱紹美,朱震子。乾隆十一年二月襲,十四年八月襲一等延恩侯,緣事革職。朱儀鳳,朱紹美姪,乾隆四十年十二月襲。〔(清)嵇璜、劉墉等編纂《清文獻通考》卷二百五十四,文淵閣四庫全書本〕

朱麟禎

康熙九年五月,内部覆四川涪州知州朱麟禎等戴罪造冊援赦銷案一疏,溯查原案,則康熙六年因清丈地畝造冊遲延一事也。〔(清)姚文然撰《姚端恪公集》卷五,康熙二十二年刻本〕

杜同春

杜同春。江南拔貢,康熙五年任(黔江縣知縣)。〔《(雍正)四川通志》卷三十一〕

黔江縣治,康熙六年知縣杜同春重修。〔《(雍正)四川通志》卷二十八中〕

劉之益

劉之益。聞見博洽,康熙癸亥年(康熙二十二年)創修涪志。〔《(乾隆)涪州志》卷十〕

劉之益,號四仙,忠愍五世孫也。素有文名,明獻賊破涪,會永曆正號於粵,之益自念家世忠孝,乃間關赴行在,授直州牧,升禮部義制司員外郎,旋升貴州思仁道僉事,監營軍。〔《涪陵縣續修涪州志》卷十二〕

《訪丈雪老人》劉之益

六十餘年復此游,記今八秩雪盈頭。蜀宮帝子知誰去,竺國衹人弗假修。疇昔恨無白足侶,喜兹盡是赤髭儔。徘徊欲宿談前事,凡骨未仙不敢留。[(清)釋中恂修《重修昭覺寺志》卷六,光緒二十二年刻本]

文　珂

文珂。字奚仲,涪州人,歲貢生,康熙二十二年纂修州志。[《涪陵縣續修涪州志》卷二十七]

知縣文珂墓。長里花垣壩。[《(同治)重修涪州志》卷一]

蕭星拱

涪州治。康熙六年知州朱麟建。二十二年,知州蕭星拱復修。[《(雍正)四川通志》卷二十八中]

蕭星拱。江西吏員,康熙三十年任(重慶府知府)。[《(雍正)四川通志》卷三十一]

蕭星拱。江西吏員,康熙二十一年任(忠州知州)。[《(雍正)四川通志》卷三十一]

蕭星拱、孟時芬。浙江監生。康熙三十一年任(涪州知州)。[《(雍正)四川通志》卷三十一]

蕭星拱。南城人,康熙四十一年知東川府,勤於政事,整飭地方。以東川土地空曠難守,乃於東門截築土城,約退三十餘丈,捍衛賴之。[(清)潘錫恩等修《(嘉慶)重修一統志》卷四百八十九,道光二年刻本]

河工關係重大,修築疏浚,必資群才恊助,蚤圖安瀾,以奏平成至意。從前之工程極敝,目前之修理紛紜,如堵塞六壩,挑挖運河等處,大工興舉,在在需人,臣前題帶王謙等十員委不敷用,而見在河工効力之員如傅鴻業、夏宗堯、寧維邦、王登魁等未有黏帶工程錢糧不清之處,量才委用。臣於素所深知之外,又虛心博訪,得有才猷敏練,堪理河務,見任陝西醴泉縣知縣裴陳珮,見任浙江西安縣知縣陳鵬年,見任浙江武康縣知縣南夢班,見任江西清江縣知縣徐斯適,見任山東博興縣知縣陳之琦,見任浙江太湖營守備牛斗,見任甘州右衛守備呂飛熊、候補主事王英謀、候補中書張百行,原任重慶府知府蕭星拱,原任金華府同知劉光業,原任浙江嚴州府同知施世驥,原任通州知州武登科、候選州同楊兆僑等,皆係賢能之員,懇祈敕部將各員調往河工,以便分派工程,遇有相當員缺,保題升補,其見任者,仍照原銜食俸。[(清)張鵬翮《治河全書》卷二十,天津古籍出版社影印天津圖書館所藏鈔本,2007年]

楊名時

教諭楊名時墓。在洗墨溪。[《(乾隆)涪州志》卷一]

楊名時。綿竹縣訓導。[《(乾隆)涪州志》卷九]

徐上升

徐上升,字殿旭。[《(乾隆)涪州志》卷九]

(徐氏進士)徐彥章、徐天照、徐上升、徐仕鵬、徐玉書。李渡徐氏一脈顯貴爲文,五進士多出此房。[《涪州徐氏家譜》,重慶圖書館藏清鈔本]

董維祺

董維祺。鑲白旗監生,康熙四十三年(涪州知州)。[《(雍正)四川通志》卷三十一]

涪州儒學。在州南,明宣德景泰間建,萬曆中守憲陳大道增修,廣置學田,明末圮。國朝康熙四十六年,知州董維祺重建。[《(雍正)四川通志》卷五中]

黄志焕。涪州人,事父母以孝稱。康熙己丑夏,五城中失火,延燒民居,父適病卒,志焕先扶母置他所,復冒烈焰入負父屍以出,州牧董維祺目擊之,額其門。[《(雍正)四川通志》卷十下]

董維祺。奉天人,康熙四十三年知州,留心教養,續修州志。[《涪陵縣續修涪州志》卷九]

羅克昌

雍正七年己酉科……羅克昌。高郵人。[(清)黄之雋等修纂《(乾隆)江南通志》卷一百三十四,文淵閣四庫全書本]

羅克昌。江南高郵進士。留心教養,建書院,課農桑,貴心爲政,書誠字於鈎深書院之講堂,宁體延丈,以爲學者的焉。[《涪陵縣續修涪州志》卷九]

張師範

張師範,字司諫,一字蒿村,桐鄉歲貢生,著有《蒿村詩抄》。[(清)潘衍桐輯《兩浙輶軒録補遺》卷六,光緒十七年浙江書局刻本]

四川涪州牧張師範,缺分應得外絲毫不濫取,勤聽訟,嚴緝匪,附近州縣户民往往遷涪居住。張佐雜出身,用人何可拘資格。[(清)吴熊光《伊江筆録·下編》,清光緒廣雅書

局刻本〕

（嘉慶八年九月初二日）同日，上諭内閣曰：勒保奏，查明川省歷年承辦軍務出力文員，懇請分別鼓勵，着照所請……達縣知縣余永寧、廣元縣知縣葉文馥、彰明縣知縣張宏軒，原任榮經縣丁憂，留川候補知縣張師範，加恩以知州升用，先換頂戴。〔（清）慶桂等編《剿平三省邪匪方略・續編》卷十八，嘉慶十五年武英殿刻本〕

姚覲元

字彦侍，歸安人，道光癸卯舉人。官至廣東布政使。著《大臺山房詩存》。

《緝雅堂詩話》：彦侍丈與余先世有交，能承家學，不媿祖德。所刻《咫進齋叢書》歿前尚以寄余，并及湖州詩。事未幾竟返道山。許星臺丈《武林耆英》詩册中存古近體數首，亟以登録《秋夜》《古柏》二章，殊有身世之感。〔（清）潘衍桐輯《兩浙輶軒續録》卷三十八，光緒刻本〕

丁亥二十三日平旦。大雷雨。禺中止日昳晴，復卿送來加級紀録單，銓部所查也，似當有失載。附録於後：四川川東道姚任内有常，仍隨帶加四級戶部員外任内，郎中任内捐二級。又，軍工加三級員外任内，同治三年光復金陵捷報。又，記録七次京官加級改。又，黔撫保力理糧餉，出力從優議敘加一級，紀録二次。同治十三年九月十五日接旨奉。〔《弓齋日記・乙亥日記》〕

濮　瑗

江蘇溧水進士，咸豐三年任，實心爲政，不事粉飾，士民畏威懷德，卒於官，州人立祠祀之。〔《涪陵縣續修涪州志》卷九〕

《（咸豐）簡州志》。十四卷。國朝濮瑗撰刊本。〔（清）丁立中編《八千卷樓書目》卷七，國家圖書館出版社，2009 年，第 402 頁〕

嘉慶戊寅，（丁）晏以諸生應試，學使爲蕭山師，策問《易》之爻辰，《禮》之袀襲，《大學》格物，《論語》正名。晏詳對二千言，試府學第一。覆試經題“五聲、六律、十二管，旋相爲宮也”，并蒙嘉賞。己卯，以優行貢成均。道光辛巳，再主江南試中式舉人。丙戌會試，師爲總裁，將填草榜，得江南一卷二三場，頗詳贍。師疑爲晏，夜起披衣撤一卷，以此卷易之。及拆名，乃余同年濮瑗也。余卷爲鄭朗如太史薦蒲州王相國閱定。〔（清）丁晏《頤志齋感舊詩》，咸豐五年頤志齋刻本〕

濮文昇

濮文昇，瑗次子。同治十年任。初莅涪，人德其父，頗愛之。文昇多情任性，重世誼，凡其父之門生，不問賢否，虛心聽受，往往淆曲直。於是富人投所好，重贄拜門下者五六人，在外爲威福，始終庇之。一年調任去，十二年繼施牧後回任，十三年又調任去。光緒三年冬，繼吳牧後回任。歷練既深，較平正。七年預徵八年捐輸，據州人之請，棄復完糧徵銀舊例，剔除徵錢浮價之積弊，足以晚蓋，惜次年即卒於官。[《涪陵縣續修涪州志》卷九]

（同治十二年冬十月）戊戌，諭軍機大臣等，前據總理各國事務衙門奏，川省黔江縣民人毆斃法國司鐸教士，請飭查辦。當諭令魁玉等，將此案詳細實情先行具奏，并將案内正凶及從犯嚴緝，務獲訊明懲辦。茲據魁玉等奏稱，法國主教范若瑟，遣教士張紫蘭潛赴黔江縣，私買民房建堂傳教，該縣民人將司鐸余克林、教士戴明卿毆斃，與總理各國事務衙門前奏情形大略相同。見已拿獲正凶陳淙發等六名，飭令酉陽州知州羅亨奎等提犯研究下手正凶，稟候查辦，餘犯仍飭嚴緝，并飭涪州知州濮文昇前赴黔江，會同覆行相驗等語。此案究竟因何起釁，該將軍等并未敘明。如謂買房建堂以致民教不和，滋生事端，該地方官事前豈毫無見，聞已獲之陳淙發等六人是否實係下手正凶，亦應確切根究，不得遷就了事。[（清）王先謙編，張式恭校《（同治朝）東華續錄·同治九十八》，上海古籍出版社影印上海圖書館藏清刻本，2007 年]

（光緒元年）四月丁丑朔。陰雨。濮涪州交卸來渝，將往署峨邊通判也。[《弓齋日記·乙亥日記》]

濮文暹

《欽加三品銜河南升用道南陽府知府濮公行狀》陳作霖

曾祖某，貤贈奉直大夫。祖某，誥贈奉直大夫。父瑗，誥授奉直大夫，晋贈中議大夫。公濮氏，諱文暹，字青士，晚號瘦梅子。先世由衞輝遷溧水。宋淳祐中，有諱知明者，以義行著。數傳至友文公，當元季世，歷采石山長，江寧、武康教諭，國亡不仕，辟居棣溪，子孫繁衍，遂爲望族。父琅圃公，以進士官四川涪州牧，循聲卓著，有子四人，公其長也。長身鶴立，秀頰疏髯，目炯炯若巖下電，性極警敏，淹通經史，工詩、古文辭，并善鼓琴。初名守照，補縣學生，隨父任至蜀。以時方多事，宜務有用之學，從汪純甫明經游，舉凡天文、算數、地理、壬遁諸術，以及刀稍擊刺，靡不通曉。時粤賊久據金陵,省試中輟,乃改今名。應京兆試,與弟文昶同中式咸豐己未舉人。同治乙丑,又同成進士,聲名藉甚。權貴某,欲羅致門下,以詞林餌公,公謝不往,以故弟用知縣,而公得主事。籤分刑部,尋隨崇文勤公實赴盛京查辦事件,章奏文牘,公悉掌之。差旋補提牢廳。刑部向置南北二監,例以舊囚爲頭目管轄新囚,恒虐待之,官吏不敢誰何,恐其縱囚越獄也。公至巡兩監,互調其頭目,則易地而皆無權矣。一年之間,興利革弊,著《提牢瑣記》,後來奉爲成法。内監某擅出宫門,侍衛力阻之仆地,反以毆傷上訴,奉諭旨重懲侍衛。公得其情,援祖制以争,請兩懲之。某尚書不從,會侍講陳某别奏,與公議合,遂減侍衛罪責,革内監,不少貸。公在部日久,居心平恕,察事精詳,再遷至郎中,凡欽派重案皆得參決。光緒癸未年,簡放潼關道堂官,以部有河南大獄,留公襄辦平反。後吏部援府道并用例,補授南陽府知府。人皆爲公惜,公坦然不以介意也。既抵豫,長官知公有聽斷才,留清積案十餘起,不旬日而竣事,觀者有白面包公之目。逮蒞本任,胥吏聞風不敢舞文,幻訟皆息。文武府試,童子進身階也,亂時修城團練無費,十三縣希前列者,必捐貲以充公用,久沿爲例。故南陽有十萬之名,公盡革之,由是寒士得自奮而無倖售者矣。桐柏縣屬角子山,地極險僻,夙爲盜藪,歷任官無敢入者。公巡閲至此,率輕騎周覽形勢,召集父老温語拊循,僉喜曰:不圖今日得見父母也。遂爲之清户口,嚴保甲,設汛兵,民得安堵無恐。郡境極東有胎簪山,爲淮水之源,建瓴而下,泌、淯諸流交匯其間,水道久不浚治,民苦沮洳。公察其經行處,築隄防以障之。工成,上官諭各屬取爲法。當是時,西洋教入中國,教士安西滿住郡中,莠民從教者衆,遇事輒左祖以撓官。權桐柏徐令誤笞二教民,教民上訴,公驗其傷重,慮無能治者。俄安西滿來請治徐令罪,公漫應之,而稱西醫之神技,令療二人杖創,教士允諾。公私謂人曰:“入我彀中矣。”二人幸不死,徐令之罪可逭也。及教民愈,僅坐徐令以誤笞平民罪,而案結矣。既而新岡教士請修城以衛教堂,公力持不可,許築土圍以代之。事已得解,乃總理衙門代教士奏准,公歎曰:“敗國家大事者,總理衙門也。”遂撥款令教士自修,以免保固之累。凡在南陽先後十餘年,政通人和,百廢具舉,積勞加三品銜,賞戴花翎,以道員在任升用。中間攝開封者三,彰德者一。雖辦結撫院親軍誤傷命婦及臨漳縣令病狂殺妻之案,人所稱爲神明者,在公則當機立斷,恢恢乎游刃有餘也。夫公以名父之子,家承治譜,令問著聞,内行尤極肫篤。嘗侍父病,剖臂和藥以進,秘不告人,刀痕宛然。繼母張太夫人,迎養來署,出郊扶輿,觀者欽歎。三、四兩弟作令楚、浙,官虧各數千金,公出私囊爲填補。愛養諸姪,與己子同。在開封時,以五世同堂受扁額文綺之賜,紳民榮之。比奉内諱,年逾耆艾,哀毀不勝,守制家居,杜門不出。服闋,或勸其復仕,公曰:“世事日非,亂在旦夕,何官爲?”適書院改新章,當道延爲府學堂總教習,注重經史,而以科學佐之。子衿、子佩,彬彬如也。晚年研精内典,雅擅辨才,議論風生,聽者忘倦。每逢春秋佳日,與諸老友作文酒之會,蒼顏白髮,有香山洛社之風焉。生平志耽山水,南涉楚蜀,北極燕遼,宦轍所經,洞壑峰巒,游覽殆遍。厥後就養伯子山東官所,猶攜一童,挾一笠,登泰山絶頂,觀日出而歸。宣統己酉年十一月,八十生辰,賓朋奉觴上壽,忽成一聯云:"就養東來,且了却兒孫大事;歸真西去,那管他風雪殘年。"人皆驚訝,急以他語亂之。逾月初九日,天大雪,果遘微疾卒,是殆有先見耶。妻陳氏,封淑人,温雅工詩,先公卒。丈夫子三:長賢恪,同治甲戌考取謄録,議叙山東知縣。次賢慈,光緒乙酉舉人,以中書出爲湖南同知。三賢恒,光緒己丑舉人,以部郎出爲廣西知府。孫十二人,曾孫八人。著有《見在龕詩文集》《石話雜記》《算草》各若而卷。作霖辱承公愛,數與讌游,略知公之梗概。今令子賢慈又奉公事實乞文,不敢以荒陋辭,謹泚筆而爲之狀。[(民國)閔爾昌編《碑傳集補》碑傳集補卷二十五,1932 年燕京大學國學研究所鉛印本]

濮文曦

唐炯奏:"礦務事體繁重,兼以庫帑出納,亟需群策群力,始免貽誤。查有海防先候選知縣濮文曦,深通化學,諳習開廠辦礦事宜。該員見在京候選四川機器局委員。巡檢商啟文精於製造機器,該員曾經已故督臣丁寶楨奏保四川越巂廳同知。鄧林明晰鉤稽,諳練鼓鑄,該員籍隸江西,見已告病開缺回籍,仰懇天恩飭下吏部,及四川、江西督撫臣,飭令該員等迅速來滇聽臣差遣,用資臂助。[《(光緒朝)東華續録·八十三》]

屈秋泰

臣屈秋泰,陝西同州府大荔縣進士,年四十歲。由庶吉士散館引見,以知縣用令籤掣四川茂州汶川縣知縣缺,敬繕履歷,恭呈御覽。謹奏。同治七年十月二十八日。[秦國經主編《清代官員履歷檔案全編》第 27 册,華東師範大學出版社,1997 年,第 11 頁]

(同治四年)三月朔,晴,風。李所商、趙良秀、石應韶、李德亨、郭登瀛、陝西門人屈秋泰皆來見。[(清)翁同龢撰《翁同龢日記》第一册,中西書局,2012 年,第 407 頁]

(同治四年五月)初九日。晴,申刻大雷雨。未刻詞甫來,同往價人處,啖湯餈、豐豆等品,甚佳。雨過方歸。見新進士引見單,江蘇入館選者九人:吳仁傑、朱以增、費延釐、臧穀、顧奎、顧雲臣、朱福基、馮光勳、陳本枝也;分部四人:張曾亮、陳敏秀、施人鏡、濮文暹也;中書一人:薛尚義。餘俱即用知縣,劉恩溥、李璠、汪鳴鑾、楊泰亨、朱丙壽、楊紹和、李汝霖、温紹棠、柳長庚、屈秋泰、彭泰毓、黃中瓚、張端卿俱入館選。薛煥賞假三個月,回籍省親。[(清)翁曾翰撰《翁曾翰日記》,鳳凰出版社,2014 年,第 91—92 頁]

(咸豐八年九月)廿四日,客至如雲,晤者林岵瞻、沈棟泉、曹星槎、譚鳳山能高、任挹春兩同年,許壽鷥,壬午世兄。徐鏐其父曾爲河帥,崇綏裕秀岩子、舉人郭樹起、張慰曾、趙績、屈秋泰。飯後擬出門,忽右足發脹,脱靴,水流不止,竟夕疼。[《翁同龢日記》第一冊,第 41 頁]

(光緒十三年)樂至縣知縣鄭廷卿,庸懦無能;墊江縣知縣蕭銘壽,心地糊塗;大竹縣知縣屈秋泰年力就衰,均着開缺以教職歸部銓選。[《清實録·德宗實録》卷二百三十九,中華書局,1987 年影印本]

施繒雲

派名光繒,號鶴松。行三,同堂行十。咸豐癸丑年六月初五日吉時生,四川重慶府涪州拔貢生。民籍,原籍湖北黃州府麻城縣……世居(涪州)州下六十里深溪善人里。[《光緒朝會試履歷》]

孫 海

字吟帆,秦安人。咸豐辛酉拔貢,官遂寧知縣,有《欲未能齋詩存》。[(民國)徐世昌編《晚晴簃詩匯》卷一百五十七,民國十八年(1929)退耕堂刊本]

孫海,字吟帆,少有雋才,與天水郭瑞岐、吳蜀江齊名,由拔貢仕四川,歷署閬中、成都、富順等縣事。實授遂寧,因案罷官。著述甚富,卒後多散軼。尤善書片隻字,至今人見之,必爭購焉。[姚展等修纂《秦州直隸州新志續編》,蘭州國民印刷局民國二十八年(1939)鉛印本]

黎尹聰

字班孫、貴州遵義人。黎庶昌之子。性情温良,嗜古學,不喜科舉制藝,最好搜藏各式金石書畫,舉凡漢玉、古印、鍾鼎、碑版、字畫等,搜羅極富。對古代錢幣(古泉布)蓄藏尤多,而且搜求論述古泉的著述,自晉至清凡 115 部,751 卷。對古代錢幣進行精心研究,寫成兩部學術專著:一是《古泉經眼圖考》一卷,一是《古泉書録解題》三卷。這是金石目録中別開生面的專著,很有學術價值。[侯清泉主編《貴州近現代人物資料續

集》,中國近現代史史料學學會貴陽市會員聯絡處編印,2001 年,第 302 頁]

胡毓蕃

官班法政學堂本科畢業學員銜名。縣丞胡毓蕃 衍甫(浙江)。[(清)傅崇矩《成都通覽》,巴蜀書社,1987 年,第 168 頁]

侯顯廷

贈武德騎尉。妻廖氏,贈宜人。[《(同治)重修涪州志》卷八]

施紀雲

(宣統三年十一月)乙丑,命前署湖北提法使施紀雲、前光禄寺少卿陳鍾信四川團練。[《清史稿》卷二十五,第 1002 頁]

劉子冶

(劉)子冶。署廣東普寧縣知縣。[《涪陵縣續修涪州志》卷十四]

大竹縣知事。民國十年。劉子冶。[陳步武等修纂《(民國)續修大竹縣志》卷九,民國十七年(1928)鉛印本]

餘編

姚覲元傳

姚覲元,字彦侍,浙江歸安縣人,道光癸卯舉人,户部郎中,同治九年任川東兵備道。時蜀亂粗定,覲元振興文教,不遺餘力。其家富藏書,覲元出資翻刻,世所傳姚刻三韻《集韻》《類篇》《禮部韻略》,即東川官舍重刊者,并有咫進齋諸叢刻,遵義鄭知同、黄岡洪良品、江陰繆荃孫輩延致幕中爲司校讎。合川秦氏雕成《大徐本説文》有僞誤,覲元出金購其版,付幕客審校,而以庋之府學,爲治小學者傳習。孔廟禮樂器不備,怒焉心憂,謹按制度詳考訂,檄候補知縣余恩鴻監工精製若干事,自撰《重置禮器碑記》(見《金石》四)。明天一閣所藏石鼓文,北宋本也,擬仿石鼓舊狀,橅其文,陳列學宫如國子監。以鼓大石材劣,不可奏刀,乃選儲鈎摹拓爲精本傳海內,碑石及石鼓模形并存府學尊經閣。更於東川書院置四部典籍,使學子得遍觀博覽,覲元惠也。又樹桑浮圖關,勸民蠶,起蠶神祠,詳《農桑篇》。縣人遂名浮圖關爲姚公場焉。在官久,擢湖北按察使。平生喜金石,傳聞木洞晋楊府君碑爲所取去,於涪陵詳考石魚文字,成一書(據《采訪》)。[《(民國)巴縣志》卷九]

錢保塘傳

錢保塘,字鐵江,號蘭伯。幼時應童子試,仁和曹金籀在州署閲卷,得其文,大加歎賞,以女字之後以第一人入泮,旋食廪餼。咸豐已未舉於鄉。庚申下第,歸,寇氛方熾,鄰邑有孫姓者,主賊中會計,招以書,夤夜奔避。館京師數載,名動公卿間。同治戊辰,以教習得知縣,籤分四川。大府重其名,聘主尊經書院。光緒己卯,攝清遠縣,以防峨邊功,奏保直隸州。壬午,攝定遠縣。戊子,補大足縣。縣屬龍水鎮,洋人教堂在焉,民教素不相能。庚寅夏,教堂梁柱忽被雷折,僉謂是堂天人交憤,群聚火之。奉檄開缺,留緝啟釁之人,卒能分別良莠,不輕誣人罪,民心始安。癸巳,復補什邡縣。縣多盜,下車即設法捕治,盜風漸熄。嗣以禽獲鄰境巨盜,勸辦順直賑務,奏給内獎,并加知府銜。省中教案起,什邡境内之洋房亦同時被毁,洋人多方要挾,幾費調停,始得無事。謂其子曰:"吾之精力一再疲於教案,古人六十致仕,吾亦可以退矣。"未及卸篆而卒,年六十有五。保塘歷宰劇邑,遇詞訟,立予審斷,從不拖累積壓。又刊頒《農桑衣食輯要》一書,教人耕種。五次分校秋闈,所得皆知名士。生平博極群書,吏治之暇,仍手不釋卷。所著書甚夥,已刊者有十三種,未刊者尚有十餘種,皆藏於家。據行述。〔(清)李圭等修纂《海寧州志稿》卷二十八,民國十一年(1922)排印本〕

繆荃孫傳　柳詒徵[1]

　　繆荃孫,字炎之,號筱珊,晚榜所居堂曰藝風,世稱爲藝風先生。祖廷槐,嘉慶乙丑進士,甘肅平慶涇兵備道。父焕章,道光丁酉舉人,貴州候補道。荃孫少隨父居蜀,以華陽縣籍舉同治丁卯鄉試,登光緒丙子進士第,授編修,記名以道府用,加四品卿銜。宣統中,以學部參議候補。性直而和,好學若命,工文詞與詩及騈體文,均能抗中晚唐人。貌豐樸,能飲酒,善談謔,豁如也。

　　同光間,海内敉平,朝士盛説學,常熟翁同龢、吴縣潘祖蔭、南皮張之洞、順德李文田,咸以博涉嗜古起翰林至大官。荃孫從之游,專攻考證碑板目録之學,旁羅山經地志,洽聞有清一代朝野人物政壇逸事,故其學博貫衡綜,洪織畢洞,繼朱彝尊、全祖望,紀昀、阮元、王昶,黄丕烈、顧千里、錢儀吉之緒而恢溢之,收藏宋、元、明、清舊鈔舊刻書十餘萬卷,周秦訖元石刻一萬八百餘種,皆手自校勘題識,得一秘籍新碑,欣然忘飲饌,飛書千里詫朋好。館閣故家孤本佚文,海内不經見者,必鈎取迻鈔始快,都賈海客氈椎綫裝之匠,日奔走其門,舉世服其瞻博無異詞。法蘭西、日本人治漢學者,胥崇禮之,時時稱舉其所考訂焉。

　　初,荃孫在翰林,充國史館提調總纂,以論學忤總裁徐桐,偃蹇不得志,遂出都,歷主江陰南菁書院、常州龍城書院、江寧鍾山書院,士尊之,匹盧文弨、姚鼐。庚子,徐桐等以右拳民禍國,各省競興學堂,張之洞督兩江,奏改鍾山書院爲江南高等學堂,荃孫率學者之日本考察其學制歸,訂規章甚備。端方督兩江,荃孫説之購杭州丁氏善本書,倡立江南圖書館。尋京師議立圖書館,張之洞管學部,奏以荃孫主之,發内閣書庋之館,復輦敦煌石室唐寫卷子,購歸安姚氏藏書,都十餘萬卷。當是時,新學小生苴葛故籍,諸老先生流風浸衰矣。而南北二館,後先巋立,號爲册府,篤古之士猶得鑽仰賸沫其間,不令中國歷代鉅刻珍鈔、萬國希覯之瑰寶,流放沽鬻於東西都市者,荃孫力也。辛亥國變,避居上海,爲富家校刊叢書以自給。趙爾巽延爲清史館總裁,審定目

---

　　[1]　該文係柳詒徵先生遺著,刊於《歷史文獻研究·北京新一輯》,北京燕山出版社,1990年。

例,獨任儒學、文學、隱逸、土司諸傳及康熙朝大臣傳,信核有法。己未冬十月卒,年七十有六。

荃孫生平爲人編刻之書甚多,率署他人名,若張之洞之《書目答問》,其少作也。所自爲書,有《藝風堂文集》八卷、《續集》八卷、《外集》一卷、《辛壬稿》三卷,《藏書記》八卷、《續記》八卷、《金石目》十八卷、《日記》若干卷、《讀書記》若干卷。所撰刻有《常州詞録》三十一卷、《續碑傳集》八十六卷、《遼文存》八卷。所校輯有《雲自在龕叢書》五集百有五卷、《藕香零拾》九十卷。所總纂地志有《順天府志》若干卷,《湖北通志》若干卷、《江蘇通志》若干卷,而《江陰縣志》爲最後,未及成。［卞孝萱、唐文權編《民國人物碑傳集》卷七,團結出版社,1995 年,第 537—538 頁］

陸增祥傳

陸增祥,字星農,太倉人。道光三十年一甲一名進士,授修撰,至辰永沅靖道。踵王昶《金石萃編》成《金石補正》百二十卷,凡三千五百餘通。又著《𤩽録》一卷。其訂正金石款識名物,何紹基服其精。［《清史稿》卷四百八十六,第 13421 頁］

《湖南辰永沅靖兵備道陸君墓誌銘》

德清俞樾撰文,族叔懋宗書丹,陽湖汪學瀚篆蓋。

君諱增祥,字魁仲,號星農,姓陸氏,江南太倉州人。康熙間有諱毅者,以進士官御史,歿,祀鄉賢祠,君六世祖也。曾祖諱錫蕃,恩貢生。祖諱廷珪,鹽運司知事,鄉飲介賓,歿,祀孝子祠。考諱樹薰,舉人。皆以君貴,贈通奉大夫,妣皆夫人。君以兄弟行居二,其生也,知事公夢見"魁"字,以爲祥也,君名字取此。幼見父作篆籀書,效爲之,父喜,授以六書之學,輒通曉其義。道光十三年,父卒京師,君時年十八,匍匐迎喪,悲感行路。十六年,兄弟并補學弟子員。會壽陽祁文端公視江蘇學,以君兄弟皆通漢唐注疏之説,餼之。二十四年同舉於鄉,時有"二陸"之譽。兄名增福,尋卒。君先世席中人産,及君已中落,至是益不支,事母奉寡嫂,無進取意。道光三十年會試,將不赴,母錢太夫人責之曰:"爾父爾兄皆賫志以歿,今所望惟汝矣!余與汝嫂汝婦恃十指猶不至餓死,汝奈何不往?"乃行,其年成進士,以廷試第一人授翰林院修撰。咸豐元年,丁錢太夫人憂。三年,土寇劉麗川據上海,周立春應之,襲嘉定、犯太倉,君以團練保危城,復嘉定。既服闋,將入都,寓書巡撫吉勇烈公,陳方略甚悉。明年,上海平，詔加君五品銜，以贊善即補。六年充會試同考官，歷充國史功臣方略諸館纂修、起居注協修、文淵閣校理、本衙門撰文奏辦院事、庶常館提調。八年，京察一等，記名以道府用。十年，授廣西慶遠府知府，行及湖南，巡撫毛公鴻賓重其才，疏留之。同治二年，擢道員，歷署糧儲道、鹽法長寶道，經理厘捐十餘年，軍府度支悉賴以濟，積功加布政使銜，賜二品封典。其權糧儲道也，湘漕改徵折色，起運款目往往名存實亡，州縣相爲侵匿，君廉正率屬，整紛剔蠹，吏不敢欺。及受代日，庫儲倍蓰於舊。光緒二年，補辰永沅靖道，所轄乃漢五溪蠻地，與黔蜀錯壤，林麓黝儵，爲群盜淵藪。君名捕其首置之法，陰使人偵盜踪所至，檄所屬掩捕，無脱者。境内苗民寨二千餘所，皆循謹守法度，内地豪右或從而魚肉之，君曰："此亂所由起也。"凡民與苗之獄，必持其平，虐苗者治無赦。苗疆有書院六，君益廣其額、優其禮而勤督課之，士益向學。在官四年，減徭役，勸耕作，與民休息。見有種罌粟者罪之。山地不宜五穀，使易種茶，以廣民利。前使者方鑿沱江，議采石炭，君度沱江通水道便民，出俸錢踵成之，開采繁費無益，罷其役。五年秋，解任回籍省墓，會君次子繼焯典湖北試畢，乞假歸，君顧諸子曰："吾老矣，汝曹勉之!"其明年，遂以疾告。君居官固不廢學，至是益事撰述，成《金石補正》百三十卷、《札記》四卷、《元金石偶存》一卷、《磚録》一卷、《吴氏筠清館金石記目》六卷、《篆墨述詁》二十四卷、《楚辭疑異釋證》八卷、《紅鱗魚室詩存》二卷。晚年作《古今字表》，謂與《篆墨述詁》相表裏，未卒業而君卒矣。其卒以光緒八年六月丁卯，年六十有七。娶徐氏，生子五：繼德，候補郎中；繼煇，同治十年進士，翰林院編修；繼烜，候選通判，先君卒；繼賢，浙江候補布政使理問，升用知州；繼常，中書科中書。孫男十有三：長佑、長康、長葆、長偉、長序、長葰、長佐、長廉、長蓓、長泰、長廞、長春、長陰。孫女十有三。諸子以光緒十年三月甲申，葬君於州之二十五都下一啚雲字圩庚山甲向。先期以狀乞銘，余自入學及領鄉薦成進士，無不與君同歲。君歿之年，猶至杭州訪余於俞樓，不謂别未數月，而君之訃至也。玉堂舊事，恍如夢寐，同年之友，亦落落如晨星矣！余何忍銘君邪！雖然，誼固不得而辭。銘曰：

道光之季，咸豐之始，文廟御極，首選得子。宜參鼎沸，回翔朝右，遽辭槐棘，出采蘭茝。徘徊邊瑣，至於暮齒，得無榜運，有亨有否。庸知不然，視其人耳，惟君領袖，乃杞乃梓。一麾而出，名譽鵲起，大府曰才，民曰父母。尤邃於學，金石淵海，摩挲鼎鍾，下及甎瓿。文字光怪，俗目所駭，藏之名山，以俟千載。君於仕學，兩無所負，我作銘詞，傳之永久。下告幽宫，上告青史，文廟知人，冠君多士。金匱錢邦鏜鎸石。［據太倉博物館藏墓誌引録，圖版見《蘇州文博論叢》2011 年總第 2 輯］

況周頤傳

《清故通議大夫三品銜浙江補用知府況君墓誌銘》

慈谿馮幵撰文

歸安朱孝臧書丹

寧鄉程頌萬篆蓋[1]

君諱周儀，以避國諱，更儀爲頤，字夔笙，臨桂況氏，明蘇州知府鍾之裔孫也。鍾籍江西靖安，數傳徙湖南寶慶，明末有一幾者，復由寶慶遷廣西，是爲君之七世祖。曾祖世榮。祖祥麟，嘉慶五年舉人，并封通議大夫。父洵，道光二年進士，官河南按察使，授通議大夫。母許淑人，生母李淑人。君受天雅性，髫齔姻學，神解超朗。目所染著，胸即儲之，心所披豁，手即隨之。十一歲，成諸生，文采琦瑋，辟易曹耦，學使者榜書矜異，目爲瑰寶。年十八，充優貢生。二十一，中式光緒五年鄉試，遵例官内閣中書，邅回京曹，靡所抒渫，尋以會典館纂修敘勞，用知府分發浙江，并加三品銜，不概於懷，浮湛而已。南皮張文襄公之洞督湖廣，瀋陽托活洛忠敏公端方督兩江，欽君才望，先後禮聘，署之賓職，文移箋奏，率與參懷。君從容贊畫，動中倫脊。嘗爲忠敏斠訂金石零文隊簡，多所諟正，旁籀博稽，莫不贍舉。夙昔尤精聲律，官京曹日與同里王給事鵬運以詞學相摩撳，託音閒寫，互有述造，闋約要眇，悉協分刌。伶倫播其芳逸，文流以爲職志，清尚高致，靡得而睎已。

辛亥而後，栖遲海濱，憂生念亂，但有喟息。性故豪曠，酒歌合沓，放於所好，遘會輈張，浸斂恒度，察言避色，恐恐若浼。盛會稠坐，樂笑喧豗，往往仰屋卷舌，不羼一詞。執謙自詭，益巽益激。内鑠於孤憤，而夷坦以窮年，兹可謂憂心悄悄，危行言孫者也。春秋六十有八，以丙寅七月十八日病殁上海寓次。配趙淑人，繼配周淑人、卜淑人。子二：維琦、維璟。女二：長適平湖陳咢。次字慈溪馮貞用。皆卜出。君生母李，前葬湖州道場山，君殁一年所，維琦、維璟用遺命，奉君柩與周、卜二淑人附葬焉。側室施，歸數月而君殁。施銜哀矢志，克葆端操，貞疾侵尋，馴至奄忽。距君殁未一稘，隨瘞茔左，從其志也，法宜附書。其銘曰：

有瑋者況，蔸於桂林。曾曾纓紱，滂澤下覃。誕育夫子，玉質金心。弱年發藻，卓犖北南。京華孤宦，委佗微省。隨牒南圖，蹙蹙靡騁。質齇文肆，天假之鳴。珠玉脱

[1] 原書撰者、書者、刻者均不録，今據拓本補入。

吭，瓏玲其聲。匪曰昌辭，究極墳典。意林説苑，蔚其述撰。晞發海濱，高峨自顯。惜誦致愍，反其晼晚。道場鬱鬱，永閟天才。谷音於邑，萬古造哀。吳縣周梅谷刻。〔卞孝萱、唐文權編《民國人物碑傳集》卷九，團結出版社，1995 年，第 657—658 頁〕

《況蕙風先生外傳》

蕙風先生姓況氏，名周儀。旋以避宣統諱改頤字。字夔笙，別字蕙風，廣右臨桂人也。少有夙慧，讀書輒得神解。六齡已授《爾雅》，垂髫應府縣學試，冠其曹，舉案首，同考或竊竊私語：“何以稚子，獨爭上流。”府中至榜示謂“廣右以靈淑所鍾毓，誕此英才。所望該家長者，善爲掖進。俾以有用之身，致國家之用，則宦轍所至，亦復與有榮”云。九歲釋褐，十三齡舉拔貢，十七登賢書。即以文學，馳譽鄉里。其童時嘗侍父行，登獨秀峰，涉筆爲詩，驚其耆宿。十三歲省姐氏，偶得《蓼園詞選》讀之，試爲小詞，而沈浸者以日深。其集中附有《存悔》一卷，即十七前作也，輕倩流慧，理境兩絶，有曰：“春小於人，花柔似汝，雲涯悵望知何處？”每謂神來之筆，若有所感。至於垂老追念，都難爲懷。娶於趙氏，浚儀郡，伉儷綦篤。夫人擅雅樂，因并習操縵，儼然理曲。既而堂上見背，宦游京國，用内閣中書。一時名俊，都在薇省，同聲相應，著作日積。凡所輯刊《薇省同聲集》《薇省詞鈔》，傳誦彌廣。維時王半唐前輩鵬運方同值，以提挈詞學爲己任，一開宗風，輯刊名集，因得獲交，誼逾骨肉。半唐老人固同貫籍，兼爲葭莩之親，因訂譜焉。王氏刊書至三十餘家，爲汲古閣後所未有，先生任校勘者獨多；其《漱玉》《蛾術》諸集，猶出所藏以足成之。當時海宇澄清，人物豐穰，廠肆購書之樂，葦灣清游之勝，裙屐畢集，似可終古。半唐笑傲烟霞，一鐙斗室，先生尤以詞學相砥礪，得益抵於大成。而先生亦并傳半唐之鐙，其文具并半唐所饋遺也。先生并治金石文字，凡有碑板，無不羅致，得萬餘本，龍門造像得千餘本，至今獲存。又長於許氏《説文》，名聲訓詁，潛造精研。故其治碑板，并爲淵源之學，兼工考據。於書自經籍百家，至於禪官家言，無不涉歷。讀書決疑，片言立折。旋歷參張文襄、端忠敏幕府，兩公愛才重士，與先生均有沆瀣之合。陶齋尤多收藏，輒自先生鑒定之，《藏石》一記，盡出手纂。又嘗任夔府中學、兩湖師範、兩江師範教習，悉心指授，學子無不樂承訓誨，相與德之。南北汗漫，所與訂文字之交者，歸安朱彊邨尤篤，蓋并世詞家，聲氣類感，投贈之作，集中累什可徵。辛亥以還，遁迹海上，賃廡一椽，漸漸不繼，設娜福書肆，以不善經紀，又致耗蝕，遂定值鬻文。而一時諸老，多來寄迹，晨夕素心之樂，正亦不可倖致。彊村翁往還尤密，一詞屬稿，必相品定，晦明風雨，陶寫自娛。庚申北上交伶官梅畹華，延賞備至。翌年辛酉，畹華南來，香南雅集，排日聽歌，爲詞張之，幾二百闋，所謂

《修梅清課》，飲井水者，庶咸知之。畹華藝特高，不必以詞增重，而詞之足以重畹華者實多。彊邨翁并相投和，雖集一卷，至五十餘家。其後每來，亦必相見，投以珠玉。而世之求先生詞者，趾踵日接，無不工勝卓絕，匪言可喻。嘗自謂"世界無事無物，不可入詞，但在余自運途其筆，使宛轉如意耳"。十年栖息，家國之感，身世之情，所觸日深，而詞格亦日遒上。方之古人，庶幾白石，亦自謂五百年後，得爲白石，庶復相類也。甲子喪其配卜夫人，傷神獨絕，摒擋一切，益復瑣集，遂棄上海，移吳閶，以爲傍夢窗楊柳閶門之勝，可拾古歡。吳中名流，聞風相至，過從無虛日，李印泉將軍尤雅重之。繼又來海上，并攜一姬，同人公宴觴之，或饋以詞，方之子野。乃者七月暑淊，遽染微疴，甫三日，委頓不能堪，每作譫語，醫者危之，遽於十七日寅刻謝世，壽六十有六。而環堵蕭然，尤復可念。溯先生之學問，具足人天。而先生之境遇，則特多困阨，亦天之固以慳於才人者。至如此耶！嗚呼傷矣！[1]［1926 年 8 月 28 日《申報·自由談》］

---

　　［1］　原文作《況蕙風先生外傳》。

附

録　金石分地編目
　　白鶴梁文字録

《金石分地編目》

清繆荃孫編目。三十二卷。該書爲繆荃孫按朝代次序依照《藝風堂金石文字目》體例，編寫的所見金石拓本目録。全書共見石魚題刻名一百零八段，以及涪陵北巖題刻八段。今據鳳凰出版社《繆荃孫全集》整理本引録。

宋

石魚題刻一百八段。在城北五里大江中。

谢昌瑜等申状 正書。開寶四年歲次辛未二月辛卯朔十日丙□。

朱昂詩 正書。端拱元年十二月十有四日。

劉忠順等詩 恭士爕正書。□□元年正月十二日。據《蹇材望題詩序》，知爲皇祐元年。

武陶等題名 正書。額正書。嘉祐二年正月八日。

劉仲立等題名 正書。嘉祐二年仲春月。

郡徒事馮□等題名 正書。治平丙午正月二十□日。

徐莊等題名 鄭階平篆書。熙寧元年正月二十日。

韓震等題名 正書。熙寧七年正月二十四日。

黃覺等題名 正書。熙寧甲寅孟春二十九日。

鄭顗題名 正書。元豐乙丑正月十三日。

鄭顗等再題名 吳縝正書。元豐九年歲次丙寅二月七日。

王珪直等題名 正書。元祐五年正月十五日。

楊嘉言等題名 正書。元祐六年辛□□□望日。

姚珏等題名 正書。元祐癸酉正月中澣前一日。

涪翁題名 行書。元符庚辰。

朱仲隱等題名 孫羲叟正書左行。崇寧元年正月廿四日。

楊元永等題名 賀致中正書。崇寧元年。月中澣後一日。

龐恭孫等題名 韓翱正書。大觀二年正月壬戌。

王蕃詩 正書。政和壬辰正旦明日。

蒲蒙亨等題名 正書。政和壬辰孟春二十三日。

蒲蒙亨等再題名 正書。政和二年正月二十三日。

通判軍州事常彦等題名 吴革正書。宣和四年十二月十三日。

毋丘兼孺等題名 正書。宣和乙巳正月八日。

陳似等題名 正書左行。建炎己酉正月二十一日。

劉公亨等題名 正書。建炎□□。

文悅等題名 正書左行。中有周受卿、劉公亨，均見建炎題名，故附於此。

趙子遹等題名 正書。額篆書。紹興壬子正月三日。

何夢輿等題名 正書左行。紹興壬子正月四日。

郡守王擇仁等題名 蔡惇正書。紹興壬子開歲十有四日。

劉意彦等題記 种慎思撰。行書。紹興壬子季春初六日。

李宜仲等題名 正書。無年月。宜仲見前題。

張宗憲等題名 正書。紹興二年十二月初八日。

賈公哲等題名 正書。紹興二年卜二月望日。

蔡興宗等題名 正書。紹興乙卯正月十九日。

宋艾等題名 正書。紹興丙辰正月□五日。

賈思誠等題名 正書。紹興丁巳十二月中休日。

賈思誠等再題名 正書。紹興丁巳季冬十有二日。

戊午己未題記 正書。紹興己未正月十□日。

張仲通晁公武等題名 孫仁宅正書。紹興庚申首春乙未。

張仲通等題名 正書。紹興庚申正月丙申。

晁公武等題名 正書。紹興庚申正月二十日。

張仲通晁公武等題名 正書。宋興一百八十年。按：宋以庚申受命，百八十年正紹興庚申也，與前題名同時。

潘居實等題名 正書。紹興庚申正月廿三日。

周詡等題名 堯覺先篆書。紹興庚申歲二月丙午。

張彦中等題名 正書。紹興庚申仲春十有二日。

張宗忞等題名 正書。紹興庚申二月癸丑。

李景尋等題名 正書。紹興十三除前二日。

杜肇等題名 正書。紹興甲子正月四日。

張瑶（珆）等題名 正書。紹興甲子六日。

李景尋等再題名 正書左行。紹興甲子春正月晦。

晁公遡題記 正書。紹興十五年正月廿八日。

楊諤等題名 正書。紹興乙丑仲春上休日。

杜與可等題名 正書。紹興十有八年中春望日。

鄧子華等題名 正書。紹興戊辰中春□□。

吳克舒題名 正書。紹興癸西書雲日。

高祁等題名 張縮正書。紹興乙亥□□初五日。

張維題名 張縮正書。紹興乙亥人日。

張維等再題名 張縮正書。時紹興乙亥戊寅丙辰。

盛景獻題名 正書。紹興歲乙亥正月七日。

張松兑等題名 正書左行。紹興丙子。

黄仲武等題名 正書。時紹興丁丑元宵後五日。

童子向之問等題名 正書。乾道三年立春後一日。

合陽王宏甫題名 男桂老正書。乾道丁亥口口二日。

賈振文等題名 正書。乾道三年人日。

玉牒趙彦球等題名 正書。乾道丁亥元日越三日。

盧棠等題名 正書。乾道辛卯元日。

劉师文等題名 陶仲卿正書。淳熙五年正月三日。

馮和叔等題名 分書。淳熙戊戌人日。

閬中朱永裔等題名 正書。淳熙己亥。

夏敏彦等題名 正書。淳熙甲辰人日。

徐嘉言題名 正書。慶元戊午中和節。

玉牒(趙)時僟題名 正書。壬戌仲春。考爲嘉泰二年。

澶渊賈復等題名 行書。戊辰開禧元宵前。

曹十中題名 正書。嘉定庚辰。

李公玉等題名 分書。寶慶丙戌穀日。

李公玉等再題名 正書。寶慶二年正月十二日。

旁刻“瑞鱗古迹”四大字 正書。

丙戌殘題 分書。寶慶丙戌。

□鎬等題名 正書。紹定□□正月五日。

谢興甫等題名 正書。紹定庚寅上元後一日。

張霽等題名 正書。淳祐癸卯嘉平既望。

王季和等題名 正書。癸卯甲辰臘月念肆日。

鄧剛等題名 正書。淳祐戊申正月望日。

郡守趙以（汝）廪詩 正書。淳祐庚戌正月八日。

民掾劉仲益題名 正書。淳祐□年二月。

蹇林望和劉轉運詩 正書。寶祐貳年嘉平下澣。

劉叔子和劉轉運詩 男從龍正書。寶祐三年季春王正月乙巳。

何震午等題名 行書。寶祐戊午正月戊寅。

李可九（久）等題名 行書左行。戊戌中春七日。

雷轂題名 正書。乙酉仲春二日。

盛芹等題名 正書。歲丙子上元後二日。

禄幾復等題名 正書。戊辰上元。

甲子春題名 正書。甲子春正月。

姚昌運（遇）等題名 正書。

李襲題名 鄭階平篆書。

傅端卿題名 正書。

董時彦題名 正書。

王漢老題名 正書。

周品級、文玉章題名 正書。乙丑辛日。

徐朝卿題名 正書。

太守楊公詩 正書。

江應曉詩 正書。

楊名時詩 正書。

高應乾詩 正書。

金國祥詩 正書。

徐上昇等詩 正書。

駢文殘刻 行書。

北巖題刻八段

"鉤深堂"三大字 黄庭堅正書。

王庶詩 行書。《輿地紀騰》已載。

□居安題名 正書。紹興庚申。

知公石龕題字　正書。淳祐三年癸亥。

劉濟川等題名　正書。淳祐辛亥三月既望。

邰陽袁逢龍題名　正書。寶祐丙辰。

程遇孫詩　正書。□□庚午春之七日。

知興州軍何□□題名　正書。

七言古詩　正書。詩中有"吾皇駐驛浙江西"句，定爲宋刻。

"龍樹"二大字　王龜齡正書。

伊川祠記 曹彦時記。王冠朝正書。陳苹篆蓋。紹興五年十二月十五日。

元

石魚題刻五段

萬州知州臭（奧）魯等題名[1]聶文焕正書。至大辛亥三二月。

宣侯題名　正書。天曆庚午王正上元日。

涑陽等題名　正書。天曆□午。

張八歹木魚記　正書。下刻木魚圖。至順癸酉仲春十有三日。

蒙古題字　國書。

［卷三十］

---

[1]　繆荃孫所錄蓋誤。據今存拓本，當作"奧魯"，指古代蒙古人出征時，留在後方的家屬、輜重。又寫作"阿兀魯黑"，複數爲"阿兀魯兀惕"，譯作"家小""老營"或"老小營"，設奧魯官進行管理。

白鶴梁文字録

一、謝□□題記

　　□□□□□□□□□大夫、檢校太子賓客兼監察御史、武騎尉□□□黔南左都□□、銀青光録大夫、檢校太子賓客兼監察御史、武騎尉□□知黔州事、銀青光録大夫、檢校工部尚書、上柱國謝□□據左都押衙謝昌瑜等狀申："大江中心石梁上□古記及水際有所鐫石魚兩枚。古記云：'唐廣德□春二月，歲次甲辰，江水退，石魚出見，下去水四□問古老，咸云：江水退，石魚見，即年豐稔。時刺史□州團練使鄭令珪記。自唐廣德元年甲辰歲，至開寶四年歲次辛未二月辛卯朔十日丙□餘年，今又復見者"。覽此申報，遂請通判□徒、巡檢、司徒、軍州官□等，因命舟檝□古記實不謬矣。於戲美哉，盛世直逢□昭代，斯乃呈祥，有以表吾皇之聖化，遠□□□□□□記之，兼尋具奏聞訖。時大宋開□西□□官、銀青右班□直郎奉議郎、守宣德郎、守監

二、朱昂題詩記

　　涪州江心有巨石，隱于深淵，石傍刻二魚。古記云：魚出，歲必大豐。端拱元年十二月十有四日，昂自瞿塘回，遵途於此，知郡琅琊王公□云："石魚再出，來歲復稔。"昂往而觀之，果如所説，因歌聖德，輒成一章。朝請大夫、行尚書庫部員外郎、峽路諸州水陸計度轉運使、柱國朱昂上。欲識豐年兆，揚鬐勢漸浮。只應同在藻，無復畏吞鈎。去水非居轍，爲祥勝躍舟。須知明聖代，涵泳杳難儔。

三、劉忠順等倡和詩

　　留題涪州石魚詩一章轉運使、尚書主客郎中劉忠順七十二鱗波底鐫，一銜蓂草一銜蓮。出來非共貪芳餌，奏去因同報稔年。方客遠書徒自得，牧人嘉夢合相先。前知

上瑞宜頻見，帝念民饑刺史賢。無逸謹次韻和轉運郎中留題涪江雙魚之什尚書屯田員外郎、知梁山軍水丘無逸誰將江石作魚鑄，奮鬐揚鬐似戲蓮。今報豐登當此日，昔模形狀自何年。雪因呈瑞爭高下，星以分宮較後先。八使經財念康阜，寄詩褒激守臣賢。聖宋□□元年五月十二月，□軍州事鄒霖命工刊石，新授安州雲夢縣令恭土爕書。

四、武陶等題記

游石魚題名記二行。尚書虞曹外郎、知郡事武陶熙古，涪、忠州巡檢、殿直侍其瓁純甫，郡從事傅顔希聖，嘉祐二年正月八日謹識。

五、劉仲立等題名

民掾劉仲立正臣、憲掾劉煥仲章、涪陵宰王卿伯良輔。嘉祐二年仲春月游此，謹誌。教授徐爽□之監鐫。

六、馮玠等題名

□從事馮玠君錫、監征王震伯起、督郵高概秉節、涪陵令黃君□□□□□耆□□□□□□瑾公琰。大宋治平丙午正月二十□日，同觀石魚于此。謹誌。

七、徐莊等題名

大宋熙寧元年正月二十日，軍事判官徐莊，同巡檢供奉王安民、監稅殿直王克岐、知樂溫縣鍾浚、涪陵縣令趙君儀、司理參軍李襲，觀石魚題名，涪陵尉鄭階平書。二石魚在江心石梁上，古記云：出水四尺，歲必大稔。袁能刻。

八、韓震等題名

都官郎中韓震靜翁、屯田外郎費琦孝琰、姪伯升景先、進士馮造深道、盧覯彥通，暇日因陪太守、駕部員外郎姜齊顔亞之，同觀石魚。按：舊記，大和洎廣德年，魚去水四尺，是歲稔熟，今又過之，其有秋之祥歟。熙寧七年正月二十四日題。

九、黄覺等題名

夔州奉節縣令、權幕通川黄覺莘老，户掾平原李綬公敏，掌獄鄴都梁鈞佐袞臣，熙寧甲寅孟春二十九日泛輕舟同觀石魚于此。

一〇、吳鎮題記

元豐九年歲次丙寅二月七日，江水至此魚下五尺，權知涪州、朝請大夫鄭顗愿叟，權判官石諒信道同觀，權通判黔州、朝奉郎吳鎮廷珍題。石作王明。

一一、王珪直等題名三段

王珪直太原游以忠元祐五年正月十五日公執

一二、楊嘉言題名

聖宋元祐六年辛□□□望日，聞江水既下，因率□□判官錢宗奇子美、涪陵縣令史詮默師、主簿張微明仲、縣尉蒲昌齡壽朋至是觀唐廣德魚刻并大和題紀，朝奉郎、知軍州事楊嘉言令緒題。

一三、姚珏等題名

元祐癸酉正月中澣前一日，郡守姚珏率幕賓錢宗奇、涪陵令杜致明、主簿張微、縣尉蒲昌齡、武龍令袁天倪游覽，因記歲月，巡檢王恩繼至。

一四、涪翁題名

元符庚辰，涪翁來。

一五、符直夫題名

崇寧元年正月廿四日，同雲安符直夫、臨江宇文深之來觀故□相朱公留題，裵回久之，四世孫仲隱、李□。孫義叟敬書。致君、致□侍行。

一六、楊元永題記

□之西津江□□□□□□□□，自唐以前至本□□□□□□□兆。大宋崇寧元年□□□□□□考驗□刻悉符，人□□□□□□□□□泛舟來觀，至者十一人，知□□□□楊元永剛中，奉議郎、河□□□□叔，從事、江陵孫義叟敦□□□□原王正卿良弼，涪陵令、雲安符正中直夫，録參、穎川蔡忱節信，樂温令、會稽賀致中真發，理掾、祥符楊緯文叔，民掾、京兆田子良漢傑，涪陵簿、冀陽張延年希逸，尉、趙郡宇文湛深之。是月中澣後一日，致中□命書。

一七、龐恭孫等題名

大宋大觀元年正月壬辰，水去魚下七尺，是歲夏秋，果大稔，如廣德、大和所紀云。

二年正月壬戌，朝奉大夫、知涪州軍州事龐恭孫記。左班殿直、兵馬監押王正卿，將仕郎、州學教授李賁，通仕郎、録事參軍杜咸寧，通仕郎、涪陵縣令權簽判張永年，將仕郎、司理參軍黃希説，將仕郎、涪陵縣主簿向修，將仕郎涪陵縣尉胡施，進士韓翱書。

一八、王蕃題詩

□解□□□，道出涪陵，司馬机才孺爲□陵督郵，實攝郡事。政和壬辰正旦之明日，拉觀石魚，且率賦詩，遂爲一篇。沂國王蕃。冬旱江成渚，維魚記石棱，滋濡春遂足，狼戾歲將□。

一九、蒲蒙亨等題記

閬中蒲蒙亨彦開、通川牟天成聖俞同觀石魚，政和壬辰孟春二十三日。

二〇、又（蒲蒙亨等題記）

政和二年正月二十三日，司理蒲蒙亨率涪陵令周禧、尉牟天成同觀石魚。

二一、吴革題記

《易》以包無魚爲遠民，民固可近不可遠。余牧是邦久矣，今歲魚石呈祥，得以見豐年而知民之不遠也。即塵顯妙，有開必先，余樂斯二者，遂率賓僚共爲之游。時宣和四年十二月十五日，朝散大夫、通判軍州事常彦，奉議郎、前通判達州、權司録事李全，修武郎、兵馬都監曹縮，宣教郎、權司士曹事王拱，迪功郎、涪陵縣尉張時行，朝奉郎、權知軍州事吴革題。

二二、毋丘兼孺等題名

閬中毋丘兼孺、南榮句惇夫、眉山劉大全、孫伯達，宣和乙巳正月八日同來，毋丘光宗、孫若訥、若拙侍行。

二三、陳襲卿題記

□炎己酉正月二十一□，憲屬陳似襲卿還恭，攝郡事王拱應辰送別江皋，僚友不期而會□周祉受卿、劉純常大全、孫之才伯達、林琪子美，因觀石魚，薄暮而歸，時魚去水六尺。襲卿書。

二四、文悦等題名

成都文悦理之、周祉受卿，唐安周南廷、向文登、劉蒙公亨，眉山劉純常大全，姪庚明孺、孫之才伯達同□。

二五、劉公亨等題名

□□美建炎□劉公亨、孫伯達、史時□、周受卿。

二六、趙子遹等題名

觀石魚題名
趙子遹述道、崔煒叔明、閻璟國華、李去病仲霍、李宗賢師德、陳革子正、王俶德初、虞中立和甫、王駿德先、鄧奇穎伯、董天成常道，紹興壬子正月三日同游。

二七、何夢與等題名

金沙何夢與、泉山王惪升,紹興壬子正月四日偕來。

二八、王擇仁題記

紹興壬子開歲十有四日,涪陵郡守、平陽王擇仁智甫招雲臺奉祠、夷門李敏能成之,郡丞、開封李寅元輔,太平散吏、東萊蔡惇元道,過飲公堂。酒罷,再集江口,泛舟中流,登石梁觀瑞魚。古□,邦人以見魚爲有年之兆,惟□□善政,民已懷之,桑麥之歌,□□載道,是以隱於數年而見,□□□,故惇喜,爲之記。

二九、劉意等題名

□□劉意彥至、豹林种□進慎思,皆以職事趨郡,遇故人江西李尚義宜仲還自固陵,种法平叔來自南賓,相率拏舟載酒,游北巖及觀石魚,竟日忘歸,客懷頓釋,殊不知薄宦飄零,江山之牢落也。紹興壬子季春初六日慎思題。

三〇、李宜仲等題名

李宜仲率劉彥至,同种慎思游。

三一、張宗憲題名

宋紹興二年十二月初八,汝南張宗憲、李□

三二、賈公哲等題名

大宋紹興二年十二月望，賈公哲、曲安祖、李去病、出孝孫、杜伯恭、蔡興宗、張稷、張宗憲觀石魚。

三三、蔡興宗等題名

蔡興宗、耿宗弼、張宗憲，紹興乙卯正月十九日同觀石魚。

三四、邢純等題名

□艾、邢純、劉遘、李□□、王冠朝，有宋月□興丙辰正月□五日來。

三五、賈思誠題記

涪陵郡城下，大江之中流有石魚焉，見則爲豐年之兆，父老相傳舊矣，事雖不經，偶兹旱歎，斯民艱食，天或垂憫，既以有年，千里之□幸也。爰因休暇，乃率別乘賈公傑千之、田景怒希賢、趙子巘景温、張振孫厚之、王虞子欽來觀，而石魚出水面數尺，傳言之驗，將與斯民共慶之，是可書也。紹興丁巳十二月中休日，左朝散郎、知軍州事澶淵賈思誠彦孚題。

三六、又（賈思誠題記）

賈思誠彦孚、賈公傑千之、趙子巘景温、張仲通彦中、張振孫厚之、潘無隔大方、段洵直邦彦，紹興丁巳年冬十有二日，同觀石魚。

三七、戊午己未題記

歲在戊午，□魚出淵，□□□□實維豐年，紹興八年正月初□日□人記，是歲果大稔，明年再到，後昔時十有三日，□已肥美，己未正月十□日書。

三八、張仲通等題名

二月初七日，張仲通、張修、晁公武、趙子巘來觀，時宋興一百八十年，姚邦孚紀至，宋元高匪懈。

三九、孫仁宅題記

涪陵江心石上，昔人刻魚四尾，旁有唐識云："水涸至其下，歲則大稔。"隱見不常，蓋有官此至終更而不得睹者。紹興庚申首春乙未，忽報其出，聞之欣然，庶幾有年矣。邀倅林琪來觀，從游者八人：張仲通、高邦儀、晁公武、姚邦孚、仁宅之子允壽，公武之弟公退、公適、邦儀之子寧祖。郡守孫仁宅題。

四〇、晁公武等題名

晁公武邀外兄高邦儀，外弟孫允壽，弟公榮、公退、公適，姪子員，表姪高寧祖，甥王掖同觀石魚。紹興庚申正月二十日。

四一、張仲通等題名

張仲通、陳靖忠、馮忠恕同□石魚，紹興庚申正月丙申。

四二、潘居實等題名

潘居實去華、袁顏晞□、王良子善、金湯德源、路謙子益、高永子□、錢之諒益友，共游觀石魚。紹興庚申正月念三日也。

四三、周詡等題名

周詡、种彥琦、彥端、姚邦榮、邦孚、李春、杜時發、李恬。紹興庚申歲二月丙午來。龔覺先書。

四四、張宗忞等題名

汝南張宗忞、長安种彥琦，東平姚邦榮、邦孚，石城林玠琼、古雍程覺，紹興庚申二月癸丑來觀。

四五、李景尋等題名

古汴李景尋、鄧褒、趙子澄、趙公曚，右四人。紹興十三除前二日俱來。魚在水尚一尺。

四六、杜肇等題名

杜肇、亻師宏、張文遇、張携、龐价孺、杜建、鄧褒，紹興甲子正月四日俱來，杜肇之子彥攸侍行。

四七、張珤等題名

唐安張珤、上邽崔慶、固陵冉彬、陽翟蔡适，右四人同觀瑞魚，實紹興甲子六日，以識其來也，故書。

四八、李景孚等題名（再題）

紹興甲子春正月晦，魚全出，李景孚、鄧褒、趙子澄載來，冉彬與焉。

四九、晁公遡題記

江發岷山，東流入于巴，其下多巨石，霜降潦收，則石皆森然在水上。昔涪之人，有即其趾刻二魚，或考其時，蓋唐云。其後始志其出，曰：其占有年。前予之至，嘗一出，已而歲不宜于稼。及予至，又出，因與荊南張度伯受、古汴趙子澄處度、公曒景初、李景孚紹祖、楊侃和甫、西蜀張瑤廷鎮、任大受虛中往觀。既歸，未踰月而旱。予竊怪其不與傳者協，豈昔之所爲刻者，自爲其水之候而無與於斯耶！抑其出，適丁民之有年，而夸者附之以自神耶！將天以豐凶警于下，而象魚漏之，則懼其不必于政，而必于象魚，故爲是不可測者耶！於是歸三十有六日，乃書此以告後之游者。是歲，紹興十五年正月廿八日也，嵩山晁公遡子西。

五〇、楊諤等題名

紹興乙丑仲春上休日，石魚出水四尺。按古記，大有年矣。使院□□，楊諤、杜嶢、孟宗厚、王注、康□、朱繼臣、幸永、張猷、張□□□、馬顔、何玠、□□同觀，□□繼至。

五一、杜與可題記

戊辰春，五馬以雙魚出水，率郡僚同觀。邦人杜與可、楊彥廣、蒲德載、董夢臣繼至，因思王仲淹“時和歲豐，通受其賜”之語，固知燮理陰陽、秉鈞當軸者，優爲之矣，乃刻石以紀歲月焉。紹興十有八年中春望日。

五二、鄧子華等題名

鄧子華、种平叔、趙子經，紹興戊辰中春十□□來。

五三、何憲盛辛唱和詩

　　□□□□□出水三尺餘。通□□□□觀，因成拙詩一章，繕寫拜呈，伏□笑覽。知涪州軍州事何憲。何年天匠巧磨礱，巨尾橫梁了莫窮。不是江魚時隱見，要知田稼歲凶豐。四靈效瑞非臣力，一水安行屬帝功。職課農桑表勤惰，信傳三十六鱗中。歲將大稔，雙魚出景，邦人縱觀，以慰維魚之占也。戊辰正月二十有八日，魚出水數尺。知府、學士置酒瑞鱗閣，邀賓佐以樂之，又蒙出示佳篇，以紀其實。辛雖非才，輒繼嚴韻，斐然成章，但深慚惡，伏幸采覽。權通判軍州事盛辛。巨浸浮空無路通，雙鱗紀瑞杳難窮。昔人刊石留山趾，今日呈祥表歲豐。衆喜有年歌善政，獨慚無補助成功。須知顯晦將千載，往哲標名歲大中。唐宣宗年號也。縣令王之古謹刻，判官龐仔孺書。

五四、吳克舒題名

汴陽吳克舒，以紹興癸酉書雲日挈家來游。枏、棉侍行。

五五、高祁等題名

　　郡幕高祁子敏、令張維持國，簿譚詢永叔、尉蒲□□之同來，宋紹興乙亥□□初五日，張縮處權題。

五六、張維題名

宋紹興乙亥人日，前涪陵令張維持國，挈家觀石魚，弟縮處權謹題。

五七、又（張維題名）

前涪陵令張維同弟縮，拉郡人孟彦凱、高永、許萬鍾，重游石魚，共喜豐年之兆。是日，縮搦毫題石以記歲，時紹興乙亥戊寅丙辰。

五八、張松兑等題記

紹興丙子□□□，□□□□張松兑率□□□□□□□□王定國，太□□□□□□□□□□回，濮國黃□□，自北巖泛舟迤邐來觀，石魚去無尺許，已見鱗鬣□□□□。

五九、黃仲武等題名

濮國黃仲武梁公、壽春明宋子應小艇同來。是日積雨初晴，江天一碧，徘徊終日而歸，時紹興丁丑元宵後五日。

六○、向之問等題名

乾道三年立春後一日，童子八九人刺船來觀，庚光、堂弟□、□□，向之問書，弟之望、之才、之□顯□，向益捧硯。

六一、王宏甫題名

乾道丁□□□二日，合陽王宏甫來觀石魚，孫男桂老侍行并書。

六二、賈振文等題名

乾道三年人日，賈振文率鄧和叔、李從周、孫養正、庚□卿、張□卿來觀，姪德象、甥向仲卿侍行。

六三、趙彦球題記

石魚不出，十有八年矣。乾道丁亥，玉牒趙彦球攝守是邦，魚復出。是歲元日，大晴，人日，亦如之，率僚屬游北巖。越三日，遂觀石魚。水痕尤瘦，古刻宛然。涪人曰：一旬而三美具，此大有年之兆，而賢太守德化之所感也，在屬吏其敢不書？從游者五人：□陽王如慈、古渝何肅、眉山宋中和、玉牒趙伯□□□□，御前□□□□□□翊王浩。

六四、向仲卿題記

涪陵江心石梁刻二魚，古今相傳，水大落魚出見，則時和歲豐。自唐廣德間，刺史鄭令珪已載其事，而魚之鐫刻莫詳何代，蓋取詩人“衆維魚矣，實維豐年”之義。淳熙五年正月三日，劉師文相約同勾晦卿、□清卿來觀，時水落魚下三尺，□人舟楫往來，賞玩不絶，因書以識升平瑞慶云。向仲卿題。

六五、馮和叔等題記

淳熙戊戌人日，郡守、劍浦馮和叔季成，郡丞、開封季□德輔，率前忠守、河内向士价邦輔，涪陵令、武信胥挺紹祖，郡幕、東平劉甲師文，來觀石魚，以慶有年之兆。

六六、朱永裔題記

詩人以夢魚爲豐年之祥，非比非興，蓋物理有感通者，涪郡石魚出而有年，驗若符契，比歲頻見，年示婁豐。今春出水幾四尺，乃以人日躬率同僚教官、相臺李衍，郡幕、七閩曾稷，秋官、武信胥挺，武龍簿、東平劉甲來觀，知今歲之復稔也，因識其喜云。是歲，淳熙己亥，假守閬中朱永裔書。

六七、夏敏彦等題名

郡守、眉山夏敏彦博，文學掾、荆州董天常可久，以人日□民，因觀石魚，慶豐年之祥,淳熙甲辰。

六八、徐嘉言題名

慶元戊午中和節,屬吏從尉史君,送別新憲使劉開闔建臺臨按,自小荔園旋觀石魚,歷覽前賢留刻,蓋自唐迄今五百餘載,郡人每以魚之出,兆年之豐事,既有驗於古,可以卜今歲之稔,無疑也。涪陵宰、臨汝馮愉端和,置酒與僚友更賀,從容半日,盡興而返。同游者八人:前郡掾、蘄春張慶延元祚,郡從事、穎昌王邦基廷堅,州文學掾、龜陵申駒致遠,糾曹、漢嘉瞿常明孺,縣佐、汶江彭楠國材,征官、上邽左延慶椿老,郡文學掾、南郡徐嘉言公美識。

六九、趙時偢題名

玉牒時偢丞郡于兹,石魚兩載皆見之。壬戌仲春,携屬同妹夫王倬游,男若金侍。

七○、賈復等題名

澶淵賈復同姪衍之、徽之,男翼之、姪婿郭知□春聚等來觀石魚,承先人州判留題,遺迹雖未目睹,手澤或可意窺,以江痕尚□故也,時戊辰開禧元宵前。

七一、禄幾復等題名

判官禄幾復、兵官王世昌、趙善暇、知録郝烜、縣令楊灼、司理孫震之、司户李國緯、主簿何吽、縣尉鄧林,歲戊辰上元同來。

七二、曹士中題名

嘉定庚辰,江東曹士中觀。

七三、李公玉題記

　　寶慶丙戌穀日，涪陵石魚出水面六尺，郡太守唐安李公玉，喜其爲□年之兆，挈男澤□□□覺民載酒來，□□□□叔咏，眉山□□□□□白子才、張□□□□□。

七四、又（李公玉題記）

瑞鱗古迹
　　郡守李瑀公玉、新潼川守秦季樞宏父、郡糾曹掾何昌宗季文、季樞之子九韶道古、瑀之子澤民志可同來游，石魚閲八年不出，今方瞭然，大爲豐年之祥，此不可不書。寶慶二年正月十二日，涪州太守。

七五、寶慶題字

　　寶慶丙戌，水齊

七六、□鎬等題名

　　□鎬、星江□□□、潼川馬驥、□□□錢釋之、浚儀□□潮彦診，紹定□□正月五日同觀。

七七、謝興甫等題名

　　長沙謝興甫起□□、資中楊坤之夷叔、□人虞會和叔，紹定庚寅上元後一日來觀石魚，子籛侍。雙龍鱗甲奇，變化待何時圉

七八、張霽等題記

石魚報稔之瑞，曠歲罕見。淳祐癸卯冬，水落而魚復出，既又三白呈祥，年豐可占。郡太守山西張霽明父，率同僚來觀，通判開封李拱辰居中、教授古通王櫄鈞卿、判官古黔鄧季寅東叔、録參長沙趙萬春伯壽、司理鳳集孫澤潤之、司户□□趙與扔仲器、監酒潼川李震發子、華□安□應午子酉、監税資中張應有嗣行、涪陵縣令武信趙廣僖公叔、主簿合陽李因夏卿、尉合陽馮申龍季英、忠州南賓簿尉開漢王季和和父、節幹成都周儀可義父、節屬益昌張申之西卿、郡齋奉節王建極中可與焉。時嘉平既望謹識。

七九、王季和題記

山西張侯來鎮是邦，癸卯、甲辰，魚出者再，邦人皆謂前所罕見，屢書以識其異。忠南郡幕、開漢王季和，偕所親張文龍，郡齋、益昌張申之，奉節王建極，侍太守來觀，臘月念肆日也。

八○、鄧剛等題名

大宋淳祐戊申正月，石魚呈祥，郡守、廬陵鄧剛季中，率通判、江陽何行可元達同觀，望日謹誌。

八一、趙汝凜題詩

淳祐庚戌正月八日，郡守開封趙汝凜觀石魚，賦五十六言：預喜金穰驗石鱗，□能免俗且怡神。曉行鯨背占前夢，瑞紀龜陵知幾春。拂石已無題字處，觀魚皆是願豐人。片雲不爲催詩黑，欲雨知予志在民。

八二、蹇材望題詩記

涪以石魚之出，占歲事之豐，以歲事之豐，彰太守之賢尚矣。長寧劉公叔子鎮是邦，又出，夫豈偶然？別駕、潼川蹇材望廣皇祐劉轉運詩以紀之。宋寶祐貳年嘉平下澣書。

何代潛鱗翠琰鑴，雙雙依藻更依蓮。夢符端報屢豐兆，物盛魚麗美，萬物盛多宜歌大有年。玉燭調和從可卜，金刀題咏又開先。渾如潑剌波心躍，感召還知太守賢。粵明年人日重游。

八三、劉叔子題詩記

鑑湖之石魚，唐人所刻也，《圖經》謂三五年或十年方一出，出則歲稔，大率與渝江晋義熙碑相似。聖宋寶祐貳年歲次甲寅蠟月立春後一日，郡假守長寧劉叔子君舉，偕別駕蹇材望君厚送客江上，過石魚浦，尋訪舊迹，則雙魚已見，實維豐年之兆，因披沙閱古碣，得轉運使尚書主客郎中劉公忠順所題一詩，叔子感慨頹波之滔滔，激節石魚之砥柱，而轉運公之佳句，與之相爲無窮，敬嗣韻以識盛事，尚庶幾《小雅》歌“牧人”之意云爾。

衔尾洋洋石上鐫，或依于藻或依蓮。夢占周室中興日，刻自唐人多歷年。隱見有時非强致，豐凶當歲必開先。太平誰謂真無象，罩罩還歌樂與賢。三年春王正月乙巳，侖男貢士從龍書。

八四、李可久等題名

李可久偕弟光錫、光福，蔣伯禹，古廷輔來觀，戊戌中春七日，廷輔之子鎡侍。

八五、盛芹等題名

盛芹率張适游，弟張遜同來，子姪德公、孝胄、興宗侍，歲丙子上元後二日。

八六、周品級等題名

乙丑辛日四字橫列。周品級、文玉章游此。

八七、姚昌遇等題名

吴興姚昌遇、彭城錢好問，偕侍親觀故迹。

八八、徐朝卿題記

銅鞮徐朝卿太原。

八九、王漢老題記

無諍居士王漢老來觀。

九〇、傅端卿題記

遂寧傅端卿游此。

九一、董時彦殘刻

董時彦游。

九二、楊公題詩

太守楊公留題。邀客西津上，觀魚出水初。長江多巨石，此地近仙居。所記皆名筆，爲詳舊奏書。豐年知有驗，遣秉利將舒。戲草春波静，雙鱗樂意徐。不才叨郡寄，燕喜愧蕭疏。

九三、安固題記

皇元至大辛亥十二月，奉訓大夫、夔一行路萬州知州兼管本州諸軍奥魯、二行勸農事安固，奉省檄整治各路三行水站賦役，事畢，偕忠翊校尉、同知四行涪州事咬尋進義，副尉、涪州判官五行楊輝，敬謁伊川先生祠，因觀石六行魚，中旬三日聶文焕謹書。七行

九四、宣侯題記

天曆己巳春，水去魚下二尺，歲大熟，庚午復去五尺，監郡宣侯爱及同僚洎邦人士游慶記耳，王正上元日題。

九五、淶陽□等題字三種

淶陽□題至元天曆□午石魚現涪州

九六、張八歹木魚記

《涪陵誌》：江心石魚，出則大稔。予守郡次年一行始獲見。率僚友來觀，方拂石間，適有木魚二行依柳條中流浮至，衆驚喜曰：石魚自三行古爲祥，木魚尤爲異瑞也，請刻之以四行示將來云。至順癸酉仲春十有三日，五行奉議大夫涪守張八歹謹識。六行

九七、蒙古題字

九八、劉沖霄詩并序

　　昔大明洪武十有七年，歲在甲子正月人日，奉訓大夫、涪州知州劉沖霄，承務郎、涪州同知李希尹，從仕郎、涪州判官范莊，吏目顏亮、學正黃思誠、訓導張敬先、驛丞王青，因水落石魚呈瑞，游觀，遂書於石，以紀一時之盛事云。詩曰：石魚見處便豐年，自我居官亦有緣。願得從今常獻瑞，四民樂業永安然。

九九、黃思誠題記

　　□公事于涪，學正黃公思誠，□涪州□江有□石，有魚與□斗，□□□人皆有題記，□之是□□夢□□□□□索予記游，成四句而□□日即□□□□黃公，公亦奇之，乃命□□□□□□。黃公言□□□□□□□維□□乃出之□□□勒銘，民安□□。洪武二十一年正月□□□。□□□出□□□川等□□□□從之□□□。

一〇〇、雷穀題記

　　予知是州，視篆初，有告曰：江心有石魚、秤、斗，出則年豐。是歲甲申水涸，率僚屬以游觀，得睹者魚，而雙秤斗猶漬之水。時果稔，輸用足。乙酉仲春二日，同僚友徵仕郎陳子仲致中、從仕郎苟仕能復覽，魚去水五尺，秤、斗不見如昨時。朝使、江右晏孟瑄，洎州學正、古邵歐陽士麟，訓導、西陵易巽，義陵張致和，古邰成禮同游。生員萬琳等侍。奉訓大夫、涪陵守古邑雷穀運通志。

一〇一、戴良□題記

祥魚出水羨豐年，踪迹規模萬載傳。何代遺形留石上，至今詩咏滿江邊。行商來往停舟覷，節使周回駐馬鐫。予輩幸臨觀咏後，靈鰲准擬化龍天。時天順三年仲春月吉旦，重慶府陰陽學正術戴良□題。涪陵良工肖鼎鐫。同舍人范守正、傅廷用樂游。

一〇二、晏瑛詩并序

予湖□□□，自景泰四年癸酉來牧是邦，嘗聞石魚、秤、斗在□□□石上，恨未獲見。父老相傳，出則爲稔歲。至天順三年己卯，奉□□□□遂率諸僚友往觀，其魚果顯，魚在□□□□□□□，而水見，一覽□餘，□□□□□，於是遂作成鄙詩一律，以爲□□之迹焉：前人刻石作魚鐫，沉在中流歷幾年。今日呈祥表豐歲，何時變化處中天。商徒舟過。邀觀古，騷客身游寫賦傳。天順三年□□□率僚登覽賦詩聯。涪州通判晏瑛題，時同女婿□□游。

一〇三、成化鈔寫古文詩記

成化辛卯二月望日，涪州太守□公遣差吏張本仁、王□抄寫古文詩記。

一〇四、李寬觀石魚記

江心有石焉，層見疊出，矻然於萬流之中，而其深不知□千萬仞，固不可窮也。涪爲西蜀岷江之匯，當春夏之交，江□漲溢，其石淹没而不可見，至秋冬或猶然，間或水落石，☒其年必豐。昔之好事者，因刻石魚，題咏於上，以爲大有。☒自唐迄宋迄元以至我☒，☒鉅卿，騷人墨客，悉皆有詩有記。銀鈎鐵畫、瓊章玉句，隱☒江波之中，歷數千載而不磨滅，蓋天地間一奇迹也。正☒寅仲春既望，予偕叙州府同知陳旦、保寧府同知郭嵒、☒府通判盛應期、德陽縣知縣吳璉、新繁縣知縣祁瓛、江安縣知縣徐崧、皆奉☒

☒於涪,簿書獄訟既倦,於勤鬱不得暢時,州守袁宗夔來告於予。曰"江中石魚,今忽復見,州民皆以爲豐年之祥,盍往觀之"。予於是遂泛舟逆流而上,衆亦相繼來觀,石魚果見。自☒公雄文傑制累累可數,而其隱伏於江波之中而未見□□不知其幾也。嗚呼! 真天地間一奇迹哉,是不可以不記,□□乎書☒。大明正德丙寅仲春既望,四川按察司僉事、懷□李寬記。

一〇五、黄壽石魚詩

時乎鸞鳳見,石没亦是豐。時乎鷗鴞見,石出亦是凶。豐凶良有自,奚關水石踪。節用愛人心,胡爲有不同。大明正德庚午,涪守江西南城黄壽書。

一〇六、聯句和黄壽詩

魚出不節用張瓚,年豐難爲豐劉用良。魚没知節用文行,年凶未必凶文羽夏。造化存乎人蔣建辰,豐凶豈無踪劉是。神官儉且廉吳崇夔,小子心當同張儒臣。黄公博學六經,尤精於書。登京榜筮仕,判黄州,以異政擢爲涪守,尚儉革弊,期年而六事孔修。庚午元日,渡江拜伊川先生祠,舟還次江心,觀石魚留題。蓋以歲之豐歉,不關於石魚之出没,惟係於國用之儉奢。其輔相天道,收束人心之美意,不其茂哉。時瓚等侍行,庸是續貂,相誓晋周,亦當崇黄公之儉德,而不敢倡豐亨豫大之説也。公名壽,字純仁,號松崖,江右南城人。朝暮焚香危坐,凡百念慮動處而事皆符應,世因號爲神官云。

一〇七、張楫題詩

江石有雙鱗,沉浮驗年歲。隱微宜自規,凶樂正相係。古人形此鎸,覽者發長喟。勿謂仰無聞,順理終有瀉。大明正德庚午郡人張楫題。

一〇八、和涪守黄壽詩

石魚隨出没,民安即是豐。一州蒙作福,百姓免遭凶。張弛誰能測,奸横自斂踪。

天工奪造化，屈指幾人同。大明正德庚午涪人張楫拜和。

一〇九、涪州同知題記

正德□年二月二十九日，李□，□涪州同知記□。

一一〇、羅奎詩并序

萬曆己丑上元後一日，予偕江、金二別駕往觀石魚。讀宋淳祐中劉太守同塞別駕廣劉轉運詩，因步韻以紀事云：神魚翠壁托奇鐫，不落池塘豈傍蓮。春雨漲江翻巨浪，晴波浮石兆豐年。漁人把釣空垂餌，太史占祥慶有先。惟願此中相繼見，公餘同咏附前賢。惠陽羅奎。

一一一、江應曉詩記

扁舟江上覓神鐫，結社何須訪白蓮。水底影浮剛一尺，畎中兆協已千年。沉碑我識杜元凱，博物誰同張茂先。別駕重來廣轉運，風流太守是前賢。新安江應曉

一一二、金國祥詩記

江石之魚何代鐫，江頭之石擁青蓮。呈奇偏遇上元節，題句因書淳祐年。來去豈爲簑笠引，浮沉不作黿鼉先。今人漫續古人咏，他日還傳此日賢。新安金國祥

一一三、七叟勝游

七叟勝游。劉□□、劉道、曾彥甲、劉昌祚、陳文煒、夏可洲、羅瑛，俱郡人，時年近期頤，大明天啟七年丁卯上元之吉。錢□道、向雲程、□□翁、□□□。

一一四、秦司正題記

秦司正，崇禎庚辰。

一一五、張棋題記

石鯉呈祥出水中，老天有意報時豐。雖然造化先消息，還自黃侯變理功。張棋官石匠吴仲一

一一六、王士禎石魚詩

康熙十一年典試四川鄉試、户部郎中王士禎題。涪陵水落見雙魚，北望鄉園萬里餘。三十六鱗空自好，乘潮不寄一封書。後學陳廷璠書

一一七、蕭星拱觀石魚記

涪江之心有石魚，春初魚見，可卜豐稔。州之八景云石魚兆豐稔者，即其所也。甲子春正月，忠州守朱世兄自巴渝返。舟過此，其尊人與余誼屬師弟，而其叔朱羽公諱麟禎者，初官于涪，士民德之，亦嘗來此。余因携觴偕往，以續舊游。見石魚復出，則是年之稔可知，因舉觴相慶曰"國之重在民，民之重在食，而食之足，又在樂歲之有餘，則吾儕之此一游也，非但以游觀爲樂，直樂民之樂也"云爾，於是乎記。大清康熙二十三年甲子春正月二十九日，同游知忠州事、三韓商玉朱之璉、浙江慈溪寅凡周允奇。郡守盱江蕭星拱題。

一一八、張天如鑴石魚題記

清康熙年甲子履端後五日，郡人明德張天如敬鑴雙魚爲誌。

　　　　　邑人陳世道
同游　　門人吳珂、吳玫
　　　　　工人黃俸朝

一一九、蕭星拱重鐫雙魚記

　　涪江石魚，鐫於波底，現則歲豐。數千百年來，傳爲盛事。康熙乙丑春正，水落而魚復出。望前二日，偕同人往觀之，仿佛雙魚，蕖蓮隱躍。蓋因歲久剥落，形質模糊，幾不可問。遂命石工刻而新之，俾不至湮没無傳，且以望"豐亨之水兆"云爾。時同游者，舊黔令、雲間杜同春悔川，州佐、四明王運亭元公，盱江吳天衡高倫，何謙文奇，西陵高應乾侣叔，郡人劉之益四仙，文珂奚仲。涪州牧盱江蕭星拱微翰氏記略。

一二○、高應乾題記

　　訪勝及春游，雙魚古石留。能觀時顯晦，不逐浪沉浮。守介難投餌，呈祥類躍舟。胥歸霖雨望，千載砥中流。西陵高應乾侣叔氏題

一二一、徐上升、楊名時詩記

　　預兆豐年約賦石魚江上鐫，伊人佳句比青蓮。留形遠垂建炎代，多誌由考淳祐年。潛見何心關運會，人材有意贊今先。民依可念愁魴尾，題石故願刺史賢。涪庠士徐上昇同兄上□、上朝和。

　　江上魚兮石上鐫，浪生鱗甲擁爲蓮。鑒湖不游驚魚笛，白鶴將鳴和有年。在藻興歌時已遠，臨淵難羡鈎誰先。風流刺史懸魚節，化作游鱗頌今賢。涪庠士楊名時和清康熙乙亥人日刻魚和書。

一二二、董維祺題記

　　溯清流而漱甲，砥洪波以安瀾。旋因止水，住爲依山。留卜豐年之兆，待作化龍

之觀。皇清康熙丙戌春正五日,江心石魚報出,土人云"見則歲稔"。余因偕僚友往觀,并勒銘以誌其兆云。内閣纂修實録、涪刺史、千山董維祺題。

一二三、羅克昌題記

古涪江心卧石梁,梁上鑿魚魚徜徉。豈是王餘留半面,非同沙内曳紅裳。三十六鱗形質全,聞説在昔唐人鎸。鎸石成魚魚賴水,胡爲失水偏有年。嗚呼噫嘻知之矣,紀聞紀見俱至理。白魚入舟周載祥,聖嗣鍾靈獨夢鯉。講堂鸑鷟集三鱣,公卿象服説非俚。太人占之曰維豐,比事更與瑞麟通。獨繭芒鈎强不起,石文潛見悉天工。我來涪陵魚常出,歲歲倉箱盈百室。今兹休暇復往觀,魚高水面空厝窟。額手稱慶告農夫,及時舉籽莫荒蕪。聖朝仁愛天心見,人事承麻切自圖。主伯亞旅勤胼胝,三時不懈凍餒無。純孝裂冰雙鯉躍,類推集祉在中孚。我將去矣無多囑,願爾群黎共惇篤。作善降祥魚效靈,江石千年兆人足。乾隆十六年歲次辛未二月初四日,前涪州刺史珠湖羅克昌題。命子元定書。

一二四、乾隆乙未題記

□□□□□□□,判出神漢奏歲豐。浮見同呈□載鎸,藻蓮□□□秋獲。鱗□□□分雲上,□□三才各□□。多少哲賢□□□,□□□□不常逢。乾隆乙未上元戲化□白

一二五、張師范詩記

石鯨自有形,躍入蛟龍宅。霖雨及時行,永顯濠梁迹。嘉慶乙亥春分日,州牧張師范識。

一二六、張師范題詩并記

大江日夜流,陵谷巨雲間。奇石撼波濤,崩雲勝霹靂。北巖水落時,中有白鶴脊。

清淺漾雙魚，豐儉以出没。我來已一載，歲□憫溝瘠。晨夕劇憂惶，富庶慚豪述。今作濠梁游，因撫昆明石。芝草與蓮花，銜出就我側。好風送斜暉，晴巒媚空碧。初春風物佳，瑞見驗秋獲。共有忘筌喜，復尋古篆迹。逸響滿滄浪，騷雅緬疇昔。相與促題詩，俯仰法踽躇。兹邦無苦旱，我欲致河伯。刻劃一鯨魚，飛躍蛟龍宅。來時顯作霖。長渥涪陵澤。吞吐疊烟波，江天恣曠适。大清嘉慶癸酉歲新正四日，偕諸同人往觀石魚，魚已見水面，喜盈於色，作此誌。勝而續風騷，復於白鶴梁之西，續刻巨魚，以卜衆維年豐之兆，且冀雨澤常潤我州，遂命勒石焉。張師范題并書。

一二七、陳鵬翼等題名

嘉慶元年三月十八日，水退至此，猶下八尺多。陳鵬翼、侯顯廷同書。

一二八、姚覲元題記

光緒乙亥冬，魚出。歲其大稔乎？喜而記之。二品頂帶布政使銜、分巡川東兵備道，歸安姚覲元。

一二九、婁檁題記

去者已去，來者又來。萬古如斯，何撫此而徘徊。大清光緒七年正月既望，偕兄樞、中江蔣蘅、桐城姚茂清游此。滇霑婁檁題。

一三〇、濮文昇題記

咸豐癸丑，先大夫琅圃公來治涪州，文昇與兄文暹、弟文昶、文曦侍，三載于兹，頗窮蒐訪，獨以未睹石魚爲憾。同治辛未，文昇復承乏是州，自時厥後，凡三至焉。江山雲物，皆若有情，然終莫見斯石也。今年春，水涸魚出，因偕諸友流覽其上，詩酒之暇，

餘興未已，爰叙顛末，以誌不忘。同游者霑益婁櫋、婺源胡壽春、蕪湖沈福曾、中江蔣
蘅、岳尚先、眉州何晋銑、歸安吳瑜、烏程沈鋅庚、昭文范觀治、營山張元圭及余弟文曦子
賢懋、賢忱、賢恭、賢怡、賢泌、猶子賢愈、妹夫順德張思源、甥寶應朱學曾、順德張元鈺。
清光緒七年辛巳春正月甲子朔二十日癸未，溧水濮文昇記。

一三一、孫海白鶴梁銘

白鶴梁銘長江宛宛，來自汶易。毌渝注夔，匯此巖疆。曰惟涪都，蜀之巨填。鏡
波沖容，碕石蔽暎。惟鶴之梁，在水中沚。惟魚之祥，穀我士女。仙人邈矣，緬想雲
壑。澄潭净淥，珠玉盈碣。我僑此土，駒景鴻泥。陵谷遷變，际此刻辭。秦州孫海譔
并書。歷下朱焜、大荔屈秋泰同游，時光緒七年中春上浣也。

一三二、孫海題白鶴梁

白鶴梁西州孫海題，時辛巳初春也。

一三三、謝彬題記

中流砥柱辛巳二月花朝後三日。邑人謝彬書。

一三四、蔣蘅等題記

彼爾朱之仙人，尚不可□□，□□速□於斯者，又仍可乎求真。蔣蘅題。同游者
朱學曾、濮賢泌、張元鈺。

一三五、蔣蘅再題

石梁猶是，白鶴不歸。江水滔滔，令我長悲。蔣蘅偕朱學曾、濮賢泌到此題。光

緒壬午之正月。

一三六、范錫朋觀石魚記

　　觀石魚記涪江心有石梁，梁下有石魚二，相傳爲唐人所刻。歷代游觀，碑石琅列，僉謂出則兆豐。其上者皆贋迹，顧欲求其真，必伺乎水極淺涸。然水又驟漲落，逾時靡定。故有官斯土者終任不及見，即居是邦之父老，有白首亦不及見者。蓋出而未往，既往而旋没矣。余督涪榷之明年，適值宣統建元閏二月之十有一日，遽聞魚出，急擢舟往觀，至則魚僅浮水面，而碑字猶没水中。閱日，魚尋没不可復睹。噫！何幸而及此一見也。洪維聖人，御宇百物，效靈彼冥頑蒲蓀之倫者，亦將躍恩波而思旱露，昭格所至，祥社萃臻，行看額手而頌太平也。不僅爲此邦瑞已，又豈特摩挲古迹，比重漢洗云爾哉。維時黎大令尹驄、高笫使應摳、胡二尹毓蕃、吳二尹鴻基、曹府經維翰、西席合州茂才陳君瑞、算席段君維崧暨長次子家蔭、家翼，相與偕觀，咸愉愉請詞，而督榷觀察使者桂林范錫朋，遂援筆爲之記并書。

一三七、辛亥殘題

辛亥秋

一三八、聯句詩

　　江上石魚鐫（周），游戲水中蓮（湯）。揚鬐沐□□（□），鳴鼓報豐年（楊）。廣德詩云古（徐），清□識已先（張）。堯民志帝利（□），刑□郡□虞（黃）。□琦、湯又仲、□□□。

一三九、施紀雲題記

　　乙卯正月，江水涸，石魚出。時哀鴻在野，方與官紳籌振恤，喜豐年有兆，亟往觀焉，魚形古拙，鱗有剥落痕。志載其下刻秤、斗，今未見也。同游者鄒進士增祜，劉孝廉子冶，張樹菁、顏廣恕兩茂才，曹純熙上舍與其弟鏞，舊史氏施紀雲記。

一四○、王叔度等題記

民國十二年二月十二即壬戌十二月廿六日也，余與安平王叔度、隆昌張憲星、貴陽李任民□□□□□義周陸□□□□□□□□□□□□□石魚□□□□□□□□□因臨吾家□□□□□□□□□□□□□□□□□□□□□□□□□□□□□□□□□□□□□□□毋丘□□□□□□□□□□□□□□□□□□□□□□□□□□□□天水四□□春暖□□□□□□呼□□□□□□□□魚如□□□□□□□□□□□□□。楊鴻勝鐫。

一四一、顏愛博等題記

神仙福慧，山水因緣。民國辛未春，曲阜顏愛博、江津成肇慶、崇慶楊茂蒼、合川蔣漢霄、周極甫偕游斯梁，歷視往迹，憩而樂之，鐫此紀念。

一四二、民生公司盧學淵等題記

民生公司渝萬河床考察團冉崇高、江世信、李暉漢、魏哲明、羅嘉猷、殷平志、陳資生、趙海洲等廿九人經此留念。重慶水位倒退壹尺六寸，宜昌水位倒退壹尺八寸。民國廿六年三月十三日，盧學淵題。

一四三、文德銘等題記

民國丁丑仲春，偕弟德修、德禄、德禧游白鶴梁，觀石魚。雙魚石出兆豐穰，弟後兄先叙雁行。白鶴不知何處去，長江依舊水泱泱。文德銘題、劉冕階書。

一四四、劉鏡沅題記

白鶴繞梁留勝迹，石魚出水兆豐年。丁丑孟春，江水涸，石魚出。余與陳翼汝表弟、德藩宗兄及石應績、潘俊高、張肇之、郭載之諸兄，冕階、澤金兩弟，載酒來觀，酒後率書以紀勝游云。——大悔劉鏡沅題。

一四五、劉鏡沅題詩

白鶴梁中白鶴游，窗龍飛去幾千秋。祇今皓月還相照，終古長江自在流。鐵櫃峻嶒樵子路，鑒湖欸乃漁人舟。升沉世事何須問，把酒臨風一醉休。民國丁丑大悔劉鏡沅題。

一四六、劉鎔經游白鶴梁詩

游白鶴梁江水西來去自東，浪淘淘盡幾英雄。兩三鳴鶴摩天漸，卅六鱗魚兆歲豐。皇祐序詩劉轉運，元符紀事黃涪翁。遍舟載得潞州酒，醉聽漁人唱晚風。民國丁丑仲春，至山老人劉鎔經題，年七十六矣。邑人劉樹培塗鴉，同游文君明盛、王君伯勛。

一四七、何耀萱白鶴梁記

白鶴梁記民國廿六三月，雨澤稀少，河流枯落，洽西，鑒湖中有石梁橫亘，古鑿有兩石魚於其上，相傳水涸魚出，出則歲豐。公餘之暇，偕曾海清、劉昇榮、王和欣、譚佑甫、蔣慎修、周國鈞、周哲生、劉静禪諸君，命舟渡梁，眺覽弌周，果見魚出。竊思涪陵亢旱，六載於茲，民不聊生，哀鴻遍野。今天心仁愛，示兆於石，斯亦吾民之大幸也。

海清命余爲記而勒諸石。邑人何耀萱記,方伯殳書。

一四八、"世道澄清"題刻

世道澄清。民卅春,軍次涪陵,□郭氏冠三,携涵、洵二兄買舟登點易洞,睞經白鶴梁,觀石魚有感。富春李園。

一四九、抗戰佚名題記

摧伏倭寇,奠定和平,石魚出兮。

一五〇、龔堪貴《卜算子·游白鶴梁》

卜算子·游白鶴梁:涪陵長江心,白鶴梁馳名。相傳石魚唐人刻,還有佛像神。石魚兆豐年,游者題詩稱。儘管有唯心觀點,貴在四代文。涪陵專員公署龔堪貴,一九六三年二月十四日下午。

一五一、林樵題詩

水枯江心石魚現,相傳魚現兆豐年。豐稔豈由魚斷定,戰勝自然人勝天。涪陵專員公署林樵,一九六三年二月十四日。

一五二、涪陵縣文化館題記

紅日艷艷映碧空,白鶴翩翩舞東風。鑒湖泛舟歌盛世,石魚銜花慶年豐。我縣人民在共產黨和毛主席的英明領導下,在總路綫、大躍進、人民公社三面紅旗的光輝照耀下,戰勝了連續三年的特大旱災,使我們的經濟情況日益好轉,去年比前年好一些連續,肯定今年必將比去年更好。

涪陵縣文化館

一九六三年二月十五日

石魚距水：1.45 公尺

長壽水位：零下 0.68M

一五三、通州觀石魚

通州觀石魚

一五四、李從義題記

涪陵驛丞李從義

一五五、南陽公題記

☐陽公司徒☐☐慶前有☐☐前知☐☐徒☐巡檢南陽公☐中流,石梁上古記往觀焉,見古記,石魚☐來,呈於豐歲,錦☐

一五六、文儀等題記

☐是江于春漲☐☐應☐天意☐吾民☐☐出見魚鱗,文儀☐說年豐歲景☐☐石☐☐☐會☐☐曰偕游者☐天☐☐息年☐☐有☐

一五七、李☐元題記

☐勳都☐衛☐☐化縣令☐☐李元☐☐文人許家☐書☐☐李☐元鎸。

一五八、傅春題記

乙卯人日,傅春出游此。

一五九、古泉詩

多少前人佳句□,無非雅頌石魚踪。何知瑞在藻蓮□,猶按紋鱗六□同。☒古泉。

一六〇、彭松年題記

惟汝永年。乙卯涪陵□彭松年。

一六一、高聯題記

誰把游龍江上鐫,爲霖爲雨兆豐年。總看何日金睛點,勝踏雲霓潤大千。涪高聯題,大父高懋桂。

徵 引 書 目

（宋）晁補之撰《雞肋集》，《文淵閣四庫全書》，臺灣商務印書館，1986 年。

（宋）晁公遡撰《嵩山集》，《文淵閣四庫全書》，臺灣商務印書館，1986 年。

（宋）陳俱撰《北山小集》，《文淵閣四庫全書》，臺灣商務印書館，1986 年。

（宋）陳騤撰，張富祥點校《南宋館閣錄》，中華書局，1998 年。

（宋）陳思編《兩宋名賢小集》，《文淵閣四庫全書》，臺灣商務印書館，1986 年。

（宋）陳振孫撰《直齋書錄解題》，中華書局，1985 年。

（宋）鄧椿撰，劉世軍校注《畫繼校注》，廣西師範大學出版社，2015 年。

（宋）鄧牧撰《洞霄圖志》，《文淵閣四庫全書》，臺灣商務印書館，1986 年。

（宋）丁特起編《靖康紀聞》，中華書局，1984 年。

（宋）范成大撰，孔凡禮點校《吳船錄》，中華書局，2002 年。

（宋）馮時行撰《縉雲文集》，《文淵閣四庫全書》，臺灣商務印書館，1986 年。

（宋）郭印撰《雲溪集》，《文淵閣四庫全書》，臺灣商務印書館，1986 年。

（宋）韓淲撰《澗泉日記》，上海古籍出版社，1993 年。

（宋）洪适撰《盤洲文集》，《文淵閣四庫全書》，臺灣商務印書館，1986 年。

（宋）洪咨夔撰，侯體健點校《平齋文集》，浙江古籍出版社，2015 年。

（宋）洪遵輯《翰苑群書》，遼寧教育出版社，2003 年。

（宋）黃庭堅撰《黃庭堅全集》，四川大學出版社，2001 年。

（宋）黃庭堅撰《黃庭堅詩集》，中華書局，2003 年。

（宋）黃庭堅撰，鄭永曉整理《黃庭堅全集輯校編年》，江西人民出版社，2008 年。

（宋）居簡撰《北磵文集》，《文淵閣四庫全書》，臺灣商務印書館，1986 年。

（宋）樂史撰《太平寰宇記》，中華書局，2007 年。

（宋）李燾撰，徐規點校《建炎以來朝野雜記》，中華書局，2000 年。

（宋）李燾撰《續資治通鑑長編》，中華書局，2004 年。

（宋）李流謙撰《澹齋集》，《文淵閣四庫全書》，臺灣商務印書館，1986 年。

（宋）李心傳輯《道命録》，上海古籍出版社，2016 年。

（宋）李心傳撰《建炎以來繫年要録》，中華書局，1988 年。

（宋）李曾伯撰《可齋雜稿》，《文淵閣四庫全書》，臺灣商務印書館，1986 年。

（宋）李埴撰、燕永成校正《皇宋十朝綱要校正》，中華書局，2013 年。

（宋）劉攽撰《彭城集》，中華書局，1985 年。

（宋）劉克莊撰，辛更儒箋校《劉克莊集箋校》，中華書局，2011 年。

（宋）劉時舉撰，王瑞來整理《續宋中興編年資治通鑑》，中華書局，2014 年。

（宋）陸游撰《入蜀記》，《宋代日記叢編》，上海書店出版社，2013 年。

（宋）彭百川撰《太平治迹統類》，《文淵閣四庫全書》，臺灣商務印書館，1986 年。

（宋）錢若水修，范學輝校注《宋太宗皇帝實録校注》，中華書局，2012 年。

（宋）蘇軾撰，李之亮箋注《蘇軾文集編年箋注》，巴蜀書社，2011 年。

（宋）蘇頌撰《蘇魏公文集》，中華書局，1988 年。

（宋）蘇轍撰，陳宏天、高秀芳點校《蘇轍集》，中華書局，1990 年。

（宋）孫覿撰《鴻慶居士集》，《文淵閣四庫全書》，臺灣商務印書館，1986 年。

（宋）汪應辰撰《文定集》，《文淵閣四庫全書》，臺灣商務印書館，1986 年。

（宋）王稱撰，吳伯雄點校《東都事略》，广陵古籍刻印社，1990 年。

（宋）王明清撰，田松青點校《揮麈録》，上海古籍出版社，2012 年。

（宋）王十朋撰《梅溪集》，《文淵閣四庫全書》，臺灣商務印書館，1986 年。

（宋）王象之撰《輿地碑記目》，道光十年（1884）刻本。

（宋）王象之撰《輿地紀勝》，中華書局，1992 年。

（宋）王應麟編《玉海》，廣陵書社，2016 年。

（宋）衛涇撰《後樂集》，《文淵閣四庫全書》，臺灣商務印書館，1986 年。

（宋）魏了翁撰，張京華校點《渠陽集》，嶽麓書社，2012 年。

（宋）魏了翁撰《重校鶴山先生大全文集》，《宋集珍本叢刊》，綫裝書局，2004 年。

（宋）魏齊賢等編《五百家播芳大全文粹》，《文淵閣四庫全書》，臺灣商務印書館，
　　1986 年。

（宋）夏竦撰《文莊集》，《文淵閣四庫全書》，臺灣商務印書館，1986 年。

（宋）陽枋撰《字溪集》，《文淵閣四庫全書》，臺灣商務印書館，1986 年。

（宋）楊萬里撰，辛更儒箋校《楊萬里集箋校》，中華書局，2007 年。

（宋）佚名編，汝企和點校《續編兩朝綱目備要》，中華書局，1995 年。

（宋）佚名編《紹興十八年同年小録》，《文淵閣四庫全書》，臺灣商務印書館，1986 年。

（宋）佚名撰《宋史全文》，中華書局，2016 年。

（宋）尹焞撰《和靖集》，《文淵閣四庫全書》，臺灣商務印書館，1986 年。

（宋）岳珂撰，王曾瑜校注《鄂國金佗粹編續編校注》，中華書局，1989 年。

（宋）曾鞏撰，王瑞來校證《隆平集校證》，中華書局，2012 年。

（宋）翟汝文撰《忠惠集》，《文淵閣四庫全書》，臺灣商務印書館，1986 年。

（宋）張擴撰《東窗集》，《文淵閣四庫全書》，臺灣商務印書館，1986 年。

（宋）張孝祥撰《張孝祥詩文集》，黄山書社，2001 年。

（宋）鄭剛中撰《北山集》，《文淵閣四庫全書》，臺灣商務印書館，1986 年。

（宋）鄭獬撰《郧溪集》，《文淵閣四庫全書》，臺灣商務印書館，1986 年。

（宋）周必大撰《文忠集》，《叢書集成初編》，中華書局，1985 年。

（宋）周敦頤撰《周敦頤集》，中華書局，1990 年。

（宋）周密撰，吳企明點校《癸辛雜識》，中華書局，1988 年。

（宋）朱熹、李幼武輯《宋名臣言行録》，《文淵閣四庫全書》，臺灣商務印書館，1986 年。

（宋）祝穆撰《方輿勝覽》，中華書局，2003 年。

（宋）宗澤撰《宗仲簡集》，《文淵閣四庫全書》，臺灣商務印書館，1986 年。

（元）馬端臨撰，上海師範大學古籍研究所點校《文獻通考》，中華書局，2011 年。

（元）脱脱等修《宋史》，中華書局，1985 年。

（元）俞希魯修《（至順）鎮江志》，民國十二年（1923）刻本。

（明）曹學佺撰《蜀中廣記》，《文淵閣四庫全書》，臺灣商務印書館，1986 年。

（明）陳洪謨修《大明漳州府志》，正德八年（1513）刻本。

（明）陳耀文編《天中記》，《文淵閣四庫全書》，臺灣商務印書館，1986 年。

（明）杜應芳、胡承詔輯《補續全蜀藝文志》，《續修四庫全書》，上海古籍出版社，2002 年。

（明）郭棐撰，黄國聲、鄧貴忠點校《粵大記》，廣東人民出版社，2014 年。

（明）過庭訓《本朝分省人物考》，《續修四庫全書》，上海古籍出版社，2002 年。

（明）何喬遠撰《名山藏》，崇禎十三年（1640）刻本。

（明）胡世寧撰《胡端敏奏議》，《文淵閣四庫全書》，臺灣商務印書館，1986 年。

（明）蔣一葵撰《堯山堂外紀》，萬曆三十四年（1606）刻本。

（明）鄺潘修，熊相纂《（正德）瑞州府志》，正德十年（1515）刻本。

（明）來集之撰《倘湖樵書》，乾隆來廷楫倘湖小築重刻本。

（明）雷禮輯《國朝列卿記》，萬曆徐鑒刻本。

（明）李東陽撰《李東陽集》，嶽麓書社，2008 年。

（明）李汝寬修，晁瑮纂《（嘉靖）新修清豐縣志》，嘉靖三十七年（1558）刻本。

（明）李賢、彭時等修纂《明一統志》，明萬壽堂刻本。

（明）林庭㭿等修《（嘉靖）江西通志》，嘉靖三十五年（1556）增刻本。

（明）凌迪知撰《萬姓統譜》，《文淵閣四庫全書》，臺灣商務印書館，1986 年。

（明）陸應陽原纂，清蔡方炳輯《增訂廣輿記》，清嘉慶七年（1802）聚文堂刻本。

（明）宋濂等修《元史》，中華書局，1976 年。

（明）翁相修，陳棐纂《（嘉靖）廣平府志》，嘉靖二十九年（1550）刻本。

（明）吳之皥等修纂《（萬曆）四川總志》，《文淵閣四庫全書》，臺灣商務印書館，1986 年。

（明）楊慎修《全蜀藝文志》，綫裝書局，2003 年。

（明）張岱輯《夜航船》，中華書局，2012 年。

（明）張自烈編《正字通》，康熙秀水王氏芥子園重刻本。

（清）阿麟修，王龍勛等纂《（光緒）新修潼川府志》，光緒二十三年（1897）刻本。

（清）邊其晋等修纂《（同治）藤縣志》，同治六年（1867）刻本。

（清）陳登龍撰《蜀水考》，清光緒綿竹楊氏刻本。

（清）陳錦撰《勤餘文牘》，光緒十年（1884）增修刻本。

（清）陳祥裔撰《蜀都碎事》，西南交通大學出版社，2017 年。

（清）陳用光撰《太乙舟詩集》，清咸豐四年（1854）孝友堂刻本。

（清）崔邑俊等修《（乾隆）夔州府志》，乾隆十一年（1746）刻本。

（清）德恩修，石彦恬等纂《（道光）涪州志》，道光二十五年（1845）涪州州署刻本。

（清）丁寶楨主編《四川鹽法志》，光緒八年（1882）刻本。

（清）丁丙撰《善本書室藏書志》，臺灣廣文書局，1967 年。

（清）丁仁編《八千卷樓書目》，國家圖書館出版社，2009 年。

（清）丁晏撰《頤志齋感舊詩》，咸豐五年（1855）頤志齋刻本。

（清）定祥等修《（光緒）吉安府志》，光緒二年（1876）刻本。

（清）董維祺、馮懋柱等纂修《重慶府涪州志》，康熙五十三年（1714）刻本。

（清）獨逸窩退士編《笑笑録》，嶽麓書社，1985 年。

（清）端方撰《匋齋藏石記》，宣統元年（1909）上海商務印書館石印本。

（清）多澤厚修，陳于宣等纂《（乾隆）涪州志》，乾隆五十年（1785）刻本。

（清）方象瑛撰《（方象瑛）使蜀日記 》，《叢書集成續編》，上海書店出版社，1994 年。

（清）顧祖禹撰，賀次君、施和金點校《讀史方輿紀要》，中華書局，2005 年。

（清）何紹基等修纂《重修安徽通志》，光緒七年（1881）刻本。

（清）何文煥輯《歷代詩話》，中華書局，2004 年。

（清）黃廷桂等監修，張晉生等纂《（雍正）四川通志》，《文淵閣四庫全書》，臺灣商務印書館，1986 年。

（清）黃之雋等修纂《（乾隆）江南通志》，《文淵閣四庫全書》，臺灣商務印書館，1986 年。

（清）黃宗羲撰《宋元學案》，中華書局，1986 年。

（清）嵇璜、劉墉等編纂《清文獻通考》，《文淵閣四庫全書》，臺灣商務印書館，1986 年。

（清）紀昀總纂《四庫全書總目》，河北人民出版社，2000 年。

（清）蔣士銓撰《清容外集》，中華書局，1993 年。

（清）金埴撰《不下帶編》，中華書局，1982 年。

（清）況周頤撰《蕙風簃二筆》，中國書店，1926 年。

（清）況周頤撰《歷代詞人考略》，《中國公共圖書館古籍文獻珍本匯刊》，全國圖書館文獻縮微復製中心印行，2003 年。

（清）況周頤撰《西底叢談》，中國書店，1925 年。

（清）李蕃撰《雪鴻堂文集》，清康熙五十八年（1719）刻本。

（清）李圭修，許傅霈纂《海寧州志稿》，民國十一年（1922）排印本。

（清）李瀚章等修纂《（光緒）湖南通志》，光緒十一年（1885）刻本。

（清）李鴻章等修《（光緒）畿輔通志》，光緒十年（1884）刻本。

（清）李培謙等修《（光緒）重修曲陽縣志》，光緒三十年（1904）刻本。

（清）李衛等修《（雍正）浙江通志》，乾隆元年（1736）刻本。

（清）李玉宣等修《（同治）重修成都縣志》，同治十二年（1873）刻本。

（清）李元撰《蜀水經》，嘉慶五年（1800）傳經堂刻本。

（清）厲鶚輯《宋詩紀事》，商務印書館，1937 年。

（清）林鈞撰《石廬金石書志》，民國寶岱閣刻本。

（清）劉坤一等修《（光緒）江西通志》，光緒七年（1881）刻本。

（清）劉喜海輯《金石苑》，道光二十六年（1846）刻本。

（清）陸心源撰《宋詩紀事補遺》，山西古籍出版社，1997 年。

（清）陸心源撰《宋詩紀事小傳補正》，光緒十九年（1893）刻本。

（清）陸心源撰《宋史翼》，浙江古籍出版社，2016 年。

（清）陸心源撰《儀顧堂集》，浙江古籍出版社，2015 年。

（清）陸增祥撰《八瓊室金石補正》，民國十四年（1925）吳興劉氏希古樓刻本。

（清）呂紹衣修，王應元等纂《重修涪州志》，同治九年（1870）刻本。

（清）孟超然撰《（孟超然）使蜀日記》，嘉慶二十年（1815）刻本。

（清）繆荃孫撰《藝風堂藏書記》，上海古籍出版社，2007 年。

（清）繆荃孫撰，張廷銀等整理《繆荃孫全集》，鳳凰出版社，2014 年。

（清）潘錫恩等修纂《（嘉慶）大清一統志》，道光二年（1822）刻本。

（清）潘衍桐編纂《兩浙輶軒續録》，光緒十七年（1891）浙江書局刻本。

（清）錢保塘輯《龍脊石題刻》，《石刻史料新編》，臺灣新文豐出版社，1986 年。

（清）錢保塘撰《涪州石魚題名記》，光緒二十一年（1895）《清風室叢刊》刻本。

（清）錢大昕撰《十駕齋養新録》，上海書店，1983 年。

（清）清王士禎撰《帶經堂詩話》，人民文學出版社，1963 年。

（清）慶桂等編《欽定剿平三省邪匪方略》，嘉慶十五年（1810）武英殿刻本。

（清）阮元等修《（道光）廣東通志》，道光二年（1822）刻本。

（清）釋中恂修《重修昭覺寺志》，光緒二十二年（1896）刻本。

（清）宋長白撰《柳亭詩話》，光緒八年（1882）天茁園刻本。

（清）宋鳴琦等修《（嘉慶）嘉定府志》，嘉慶八年（1803）刻本。

（清）談遷撰《棗林雜俎》，中華書局，2006 年。

（清）陶澍撰《蜀輶日記》，嶽麓書社，1998 年。

（清）陶澍撰《陶文毅公全集》，道光庚子（1840）淮北刻本。

（清）田文静、孫灝等修纂《（雍正）河南通志》，雍正十三年（1735）刻本。

（清）屠英等修《（道光）肇慶府志》，光緒二年（1876）重刻本。

（清）王爾鑒修《（乾隆）巴縣志》，嘉慶二十五年（1820）刻本。

（清）王貴德撰《青箱集剩》，巴蜀書社，2014 年。

（清）王夢庚修《（道光）重慶府志》，道光二十三年（1843）刻本。

（清）王培荀撰《聽雨樓隨筆》，巴蜀書社，1987 年。

（清）王士禎撰《池北偶談》，中華書局，1982 年。

（清）王士禎撰《帶經堂集》，清七略書堂刻本。

（清）王士禎撰《居易録》，齊魯書社，2007 年。

（清）王士禎撰《蜀道驛程記》，康熙三十年（1691）刻本。

（清）王士禎撰《漁洋山人精華録》，《四部叢刊》，上海商務印書館，1936 年。

（清）王先謙編，張式恭校《（同治朝）東華續録》，上海古籍出版社，2007 年。

（清）翁同龢撰《翁同龢日記》，中西書局，2012 年。

（清）翁曾翰撰《翁曾翰日記》，鳳凰出版社，2014 年。

（清）吳慶坻撰《蕉廊脞録》，中華書局，1990 年。

（清）吳任臣撰《十國春秋》，中華書局，2010 年。

（清）吳省欽撰《白華前稿》，乾隆四十八年（1783）武昌使院刻本。

（清）吳熊光撰《伊江筆録》，廣雅書局光緒間刻本。

（清）武億撰《金石三跋》，道光二十三年（1843）刻本。

（清）夏詔新修纂《（乾隆）直隸瀘州志》，乾隆二十四年（1759）刻本。

（清）謝旻等修《（雍正）江西通志》，雍正十年（1732）刻本。

（清）徐松輯《宋會要輯稿》，上海古籍出版社，2014 年。

（清）嚴如熤等輯《川陝鄂邊防記》，國民政府委員長南昌行營印行，1934 年。

（清）楊璟等修纂《（康熙）清豐縣志》，康熙十五年（1676）刻本。

（清）姚覲元編《金石苑目》，光緒四年（1878）刻本。

（清）姚覲元、錢保塘撰《涪州石魚文字所見録》，《古學匯刊》，上海國粹學報社，
　　1912 年。

（清）姚覲元撰《弓齋日記》，上海圖書館藏光緒抄本。

（清）姚文然撰《姚端恪公集》，康熙二十二年（1683）刻本。

（清）葉昌熾撰《邠州石室録》，民國四年（1915）嘉業堂刻本。

（清）葉昌熾撰，王季烈抄録《緣督廬日記鈔》，民國二十二年（1933）上海蟬隱廬石
　　印本。

（清）葉昌熾撰《語石》，中華書局，1994 年。

（清）張佩綸撰《澗于集》，民國十五年（1926）張氏澗于草堂刻本。

（清）張鵬翮撰《治河全書》，天津古籍出版社影印天津圖書館鈔本，2007 年。

（清）張廷玉編《駢字類編》，中國書店，1984 年。

（清）張廷玉等撰《明史》，中華書局，1974 年。

（清）張玉書、陳廷敬等編《佩文韻府》，商務印書館，1937 年。

（清）鄭珍、莫友芝等修纂《（道光）遵義府志》，道光二十一年（1841）刻本。

（清）周煌撰《海山存稿》，乾隆五十八年（1793）周氏葆素家塾刻本。

（清）鄒憲章、賀守典、熊鴻謨等編修《涪乘啟新》，光緒乙巳（1905）涪州小學堂刊本。

白眉初主編《秦隴羌蜀四省區志》，北京師範大學史地系印行，1926 年。

陳步武等修纂《（民國）續修大竹縣志》，民國十七年（1928）鉛印本。

重慶中國銀行編《宜昌到重慶》,國光印書局,1934 年。

傅崇矩撰《成都通覽》,巴蜀書社,1987 年。

傅璇琮、張劍主編《宋才子傳箋證》,遼海出版社,2011 年。

劉湘等纂修《涪陵縣續修涪州志》,民國十七年(1928)鉛印本。

閔爾昌輯《碑傳集補》,燕京大學國學研究所鉛印本,1932 年。

秦國經、唐益年《清代官員履歷檔案全編》,華東師範大學出版社,1997 年。

唐文權輯《民國人物碑傳集》,團結出版社,1995 年。

向楚修《(民國)巴縣志》,民國二十八年(1939)刻本。

徐世昌編《晚晴簃詩匯》,民國十八年(1929)退耕堂刊本。

楊鐮主編《全元詩》,中華書局,2013 年。

姚展修《秦州直隸州新志續編》,蘭州國民印書局,民國二十八年(1939)鉛印本。

曾棗莊主編《宋代序跋全編》,齊魯書社,2015 年。

張目寒撰《蜀中紀游》,大風堂鉛印本,1944 年。

張森楷等修《民國新修合川縣志》,民國十年(1921)刻本。

趙爾巽等撰《清史稿》,中華書局,1977 年。

趙熙修《(民國)榮縣志》,民國十八年(1929)刻本。

趙熙撰《趙熙集》,浙江古籍出版社,2014 年。

中國文物研究所、重慶市博物館編《新中國出土墓志·重慶卷》,文物出版社,2002 年。